元華文創

達人心，達人氣

A Study of Zhuang-zi's
"Harmony" Thought

《莊子》
心氣關係交涉中的和諧思想辯證

潘君茂——著

本書《莊子》「和諧」理論的建構，主要起自對「達人心，達人氣」一論題何以可能的探問，從而擴及整部文獻對於如何實踐「和諧」的義理貞定。

作者序

　　文章付梓之際，略書序文，聊述肺腑。回想當時初入道家思想研究，猶如羔羊迷途，僅能在文字表面摸索巡路，幸有東華大學恩師　劉慧珍老師引導，方能奠定道家思想的研究基礎，並以《老子》研究完成碩士學位。爾後，入於北市大恩師　吳肇嘉老師門下，厚實道家研究，完整先秦道家研究之脈絡，並以《莊子》研究獲取博士學位。

　　研究路上，曾經迷惘、困惑，幸有諸多貴人相助、扶攜，更有《老》《莊》相伴，提點我人生智慧，細想來依舊感懷在心。

　　如今，業已為人師，但在生命難題的面前、浩瀚的蒼穹底下，我仍是一戰戰兢兢的學徒。

　　道家思想有其柔軟的一面，亦有其圓潤之智慧，期待在往後的日子裡，不管如鯤鵬展翅，或似螻蟻稊稗，都能應物自然，得真自在。希望此書的出版能稍稍裨益道家研究領域，也不枉當初走過的迷惘時光。

潘君茂

2024.06.01

本書提要

　　本書別於以往自「天和」、「人和」、「心和」的三分論述，在視《莊子》為一部具系統性之文獻的詮釋原則中，透過基源問題的提出，以及無為修養的實踐，統合《莊子》義理之內在脈絡與諸篇之間的橫向連結，予以證成「和諧」理論於《莊子》思想的優位性。並藉由此一「和諧思想」的托出，釐清《莊子》文脈中「氣」的分疏問題，同時括及對「心氣」關係的討論，而此論述亦影響著本書對於「和諧」理論建構的重要性。

　　「和諧」理論的建構，主要起自對「達人心；達人氣」一論題何以可能的探問，從而擴及整部文獻對於如何實踐「和諧」的義理貞定。於此，在以客觀實有之道作為通貫主客、玄同內外的普遍性與絕對性理則之支撐的詮釋思路中，由主體性的爭辯、通達觀的立論、心氣關係的探討，至客觀實有道體的保證，環環扣緊「實踐和諧」的義理內容，於此符應《莊子》「即內聖即外王」的詮釋效度。而《莊子》「和諧思想」的論析，不僅涉及對文獻義理的理解與理論架構的建立，同時在古典新詮的視域當中，展開《莊子》「倫理觀」（物我關係）的論述，以此構築一套莊學特色的倫理觀點，如是，藉由以「和諧」為目標的倫理觀，為道家思想，甚至中國哲學的理論系統比較，提供一個以「和諧範疇」為論題的論述平臺，而以「和諧」作為論域核心的討論便可在此基礎上，拓展、輻輳《莊子》理論的延續性。

目 次

第一章　導論

第一節　研究動機與目的

一、研究動機：問題意識的形成

　　《莊子・人間世》有一段關乎應世思想的文獻寫道：「瞻彼闋者，虛室生白，吉祥止止。夫且不止，是之謂坐馳。夫徇耳目內通而外於心知，鬼神將來舍，而況人乎！是萬物之化也，禹、舜之所紐也，伏戲、几蘧之所行終，而況散焉者乎！」[1]其中，「吉祥止止」實現的前提乃「虛室」－「無為」工夫的實踐後所展現出的遍潤狀態，亦即「生白」的光明乍現，可謂無處不臨照，無物不彰德，換言之，即是「無為」而能「無不為」的明王之治景象。同《老子・第三十五章》曰：「執大象，天下往。往而不害，安平大。」[2]聖人抱一，使萬物自化，猶如《老子》言政治之最高理想狀態「太上，下知有之」[3]，亦同於〈德充符〉所謂：「人莫鑑於流水，而鑑於止水，唯止能止眾止。」成玄英疏：「鑑，照也。」[4]然鑑於止水，意味無心任化，對照成疏於〈應帝

---

[1]　〔清〕郭慶藩撰：《莊子集釋》（臺北：城邦文化事業股份有限公司，2018年），頁114。凡本書所引《莊子》文獻皆出自此書，未免行文繁雜，故後文不多加註標明，僅以篇名呈現。

[2]　本書所選《老子》文獻係根據王弼註本，因王弼本為歷代傳本，據思想史比較意義，而近代所出土之《老子》版本，因研究尚未定論，且研究多作訓詁、考據之探討，故本書以王弼註之義理系統作為詮釋《老子》之基調，原因亦在此研究成果豐碩，且較具解釋權威性。〔魏〕王弼等著：《老子四種》（臺北：大安出版股份有限公司，1999年），頁30。

[3]　〔魏〕王弼等著：《老子四種》，頁21。

[4]　〔清〕郭慶藩撰：《莊子集釋》，頁143。

王〉篇，透過「懸鏡」喻「至人用心」乃「物來斯照，至人虛應。」[5]
物來則鑑，鑑不以心，而「虛」即「心齋」之方法。

　　關乎《莊子》「應世思想」的義理貞定，吳肇嘉先生即以「即內聖
即外王」[6]作為通貫內外、主客和諧的核心旨趣。郭象云：「德充於
內，物應於外，外內玄合，信若符命。」[7]「德」乃得之於道且作為萬
物之本質的「性」[8]，而德的自然湧現，則保證了「無為」工夫後，萬
物自化的「我自然」之狀態，於此，《莊子》言「幸能正生，以正眾
生」，箇中的唯一途徑即是「無為」的實踐所「讓開」後的必然趨向。
而在開宗提及之〈人間世〉引文的「無為」修養，正是化除「心知」後
所臻於之「鬼神將來舍」的「眾止」實現，換句話說，「眾止」之所以
可能，即起自「坐馳」之「能止」。憨山註曰：「若內通融於心體，真
光發露，則不用其妄心妄知。如此，則虛明寂照，與鬼神合其德，故鬼
神將來舍矣，而況於人而不感化乎！」[9]可見聖王之治的樞紐在「徇耳
目內通而外於心知」，換句話說，正是《莊子》工夫論核心段落之「心
氣」論題——「无聽之以耳而聽之以心，无聽之以心而聽之以氣。聽止
於耳，心止於符。氣也者，虛而待物者也。唯道集虛。虛者，心齋

---

[5] 〔清〕郭慶藩撰：《莊子集釋》，頁220。

[6] 「即內聖即外王」：按吳氏曰：「內聖外王只是一事，根本沒有不同工夫。」見吳肇
嘉：《莊子應世思想研究》（臺北：臺灣學生書局有限公司，2011年），頁210。憨山
註亦持此論：「莊子之學，以內聖外王為體用，如前逍遙之至人、神人、聖人，即此所
謂大宗師也。且云以塵垢秕糠，猶能陶鑄堯舜，故云道之真以治身，其緒餘土苴以為天
下國家；所謂治天下者，聖人之餘事也。以前六篇，發揮大道之妙，而大宗師乃得道之
人，是聖人之全體已得乎己也。有體必有用，故此應帝王，以顯大道之用。若聖人時運
將出，迫不得已而應命，則為聖帝明王，推其緒餘，則無為而化，絕無有意而作為
也。」見〔明〕憨山德清著：《莊子內篇憨山註》（臺北：新文豐出版股份有限公司，
2005年），頁431-432。

[7] 〔清〕郭慶藩撰：《莊子集釋》，頁139。

[8] 徐復觀：《中國人性論史·先秦篇》（臺北：臺灣商務印書館股份有限公司，1969
年），頁338。

[9] 〔明〕憨山德清著：《莊子內篇憨山註》，頁310。

也。」（〈人間世〉）此段工夫論文獻，將心氣區別成二個層次，以聽氣為最高應物的修養狀態，同時亦是最高境界的朗現，誠如〈養生主〉「庖丁解牛」的層層遞進，最終能「遊刃必有餘地」，而此正是「依乎天理」之聽氣工夫的體踐。

　　以上，皆可合理地將《莊子》的「心氣」問題，藉工夫論的向度釐清「負面」意義之「心知」如何解消於「聽之以氣」的「應物」思想中，透過「虛」之無為，齋戒心之有為。然而，本書在探討《莊子》之「達人心；達人氣」一問題何以可能時，卻發現此處之「心氣」論題，並非能簡易透過「工夫論」之兩重層次的「心氣」關係而概括同論，換言之，《莊子》在描述「心」、「氣」之哲學問題時，所蘊藏的義理內涵可能並非單純的工夫論內容，或還可衍生出不同的論述向度，藉此繁雜的「心氣」交涉之論題，再觀「聽之以氣」的心氣層次關係，關乎此問題，王邦雄先生在〈《莊子》心齋「氣」觀念的詮釋問題〉著實亦留下了一個未盡的討論：

> 倘若上述所言成立，然則，聽之以耳的耳目官能，與聽之以氣的形氣材質，豈非落在同一層次，何以莊子的「心齋」工夫，會將聽之以氣，安放在聽之以心之上？從人的存在格局而論，氣在心之下，從修養工夫而論，氣反而在心之上，如是《莊子·內篇》所謂的氣，似有兩層的意思，此即「心齋」最難解的問題。[10]

「氣」的論點在《莊子》具備高度複雜的意涵，王氏所謂「心齋」最難解之問題，即是因為「聽氣」段作為「應物」思想的最高修養原則，與「存有論」意義的「氣」便產生兩階層的區別，無法在內篇達致統合。

---

[10] 王邦雄：〈《莊子》心齋「氣」觀念的詮釋問題〉，《淡江中文學報》第14期（2006年6月），頁21。

按王邦雄先生所謂「倘若上述所言成立」一前提，正是因為「氣」在
《莊子》哲學脈絡的多重意義所致，意即，若氣具備「構成物質世界的
基本元素」[11]一內容，那麼，此一層次意義之「氣」則無能作為「聽之
以氣」之最高修養的依據，換言之，於《莊子》內、外、雜三篇作為一
完整哲學系統的設定之下，「氣」的討論勢必牽動著《莊子》哲學架構
的貞定問題。復次，若要進一步與「達人心；達人氣」一段併論，則此
一義理詮釋將更顯繁雜，然而，此一「氣」的論題若要展開且廓清脈
絡，則必得在此問題的詮釋中下足工夫。

　　承上所述，「心氣」問題於《莊子》系統可謂具備交錯複雜的詮釋
風格，而這理論的多重詮釋樣貌亦影響了本書欲重新審視「達人心；達
人氣」此一含藏倫理[12]意義的重要討論。此處所蘊藏倫理學意義之《莊
子》的「心氣」論述，實則關乎著《莊子》「和諧觀」的向度開展，於
〈大宗師〉有一篇關於「交友」之文獻曰：

　　　　子桑戶、孟子反、子琴張三人相與友，曰：「孰能相與於無相
　　　　與，相為於無相為？孰能登天遊霧，撓挑無極，相忘以生，無所

---

[11] 崔大華：《莊學研究》（臺北：文史哲出版社有限公司，1999年），頁110。

[12] 「倫理」一詞，可以「倫類、序別」作解，且可與「道德」合稱為「道德倫理」，誠如
儒家思想講究「倫理」，即是以「五倫」之序列做為穩定社會秩序的架構，其中，「正
名」作為「倫理秩序」的基礎，必然地關涉著名實之間的符應程度。王臣瑞在《倫理
學》一書中提及：「倫字有輩有類的意思，是表示人際間的各種關係；理是紋理或道
理，是說明人際間的關係，不是雜亂無章，而是有條有理、有原則和有標準的。」（參
見王臣瑞：《倫理學》（臺北：臺灣學生書局有限公司，1980年），頁2。）然而，道
家並非無能言「倫理」，而是須將名言系統與現象世界的對應關係解消，使物自正、自
化，而此「和諧」意義之下的秩序關係，或可稱為道家式「倫理學」，意即超越於既定
符號系統與社會架構的秩序內容，以「道」的觀點說明其運作的原則，其因為道家思想
不以經驗界之法則作為終極價值之追求目標，其限制性在經驗乃非普遍、不具超越性的
原則，而道德作為超驗界的存有，乃經驗界之價值根源，具備普遍、絕對、超越的意
義，順此，「倫理」一詞並非儒家專擅，道家就「超越性」立論，故本書雖以「倫理」
一詞說明道家思想中的倫理意涵，但其內容卻不限於經驗界之名言規範而擴及至超越界
的討論，意即，道家並非不可言倫理，而係就超越的意義來說，即「以道觀之」之意。

終窮？」三人相視而笑，莫逆於心，遂相與友。（〈大宗師〉）

「相視而笑，莫逆於心，遂相與友」，然此處「莫逆於心」一句，更帶
出耐人尋味的意思，成玄英以「智冥於境」為疏[13]，意味著「心識」意
念的消彌。而此主觀意境所顯，正是擺脫心知造作後，相互通達之境，
然此造境，即是宣穎所謂「不悅生，不惡死」[14]的豁顯，此段所言
「心」者，顯然與「聽之以心」的工夫論不同，而更近於「聽之以氣」
的「心齋」階段，換言之，唯有能集虛應物，不以心知為依憑，才能有
「無言」卻能「相知」的「莫逆」相處狀態。再者，同篇謂「魚相忘乎
江湖，人相忘乎道術。」可與「莫逆」之義互作闡發，成疏曰：「深水
游泳，各足相忘；道術內充，偏愛斯絕」[15]此處言「忘」，正同於「坐
忘」之脈絡：「離形去知，同於大通」，各足相忘，亦即適性逍遙、兩
不相傷；道術內充而無所偏頗，則係價值齊一、共成一天，總括而論即
是「道通為一」，唯有能「同於大通」，「莫逆之交」方能成立。

　　只是，此處「莫逆」之「心」，與「達人心」者能否通而為一，其
間，能莫逆於心，除了泯除心知外，當中看似有一「情」的體貼，更進
一步探問，這其中，是否還有一「氣」的通貫問題，亦是本書在工夫論
外，所提出的存有論疑問。於此，勢必先析論「達人心」一段：

　　　名也者，相軋也；知也者，爭之器也。二者凶器，非所以盡行
　　　也。且德厚信矼，未達人氣；名聞不爭，未達人心。而彊以仁義
　　　繩墨之言術暴人之前者，是以人惡有其美也，命之曰菑人。菑人
　　　者，人必反菑之。（〈人間世〉）

---

[13]　〔清〕郭慶藩撰：《莊子集釋》，頁190。

[14]　〔清〕宣穎撰：《莊子南華經解》卷一（臺北：廣文書局有限公司，1978年），頁45。

[15]　〔清〕郭慶藩撰：《莊子集釋》，頁194。

「名言」與「心知」為道家所戒慎與超越者，《莊子》更以「凶器」稱論之，成疏曰：「矜名則更相毀損，顯智則爭競路興。故二者並凶禍之器，不可盡行於世。」[16]《老子‧第二章》曰：「天下皆知美之為美，斯惡已。皆知善之為善，斯不善已。」現象界的概念乃相因相待的對待關係，而價值分判即是心知造作所把持的殊異立場選擇，以名言概念相互傾軋，則往往招致「菑人」[17]的後果，抑或以他人之惡顯自身之美，則不僅無能達人心氣，更可能惹禍上身。王邦雄理解此段文獻為：

> 「未達」之癥結，在未有主體之自我消解的工夫。德厚信矼所以未達人氣，名聞不爭所以未達人心，乃因聽之以心而心止於符之故，責求天下人符合自家心知執著的價值標準，正是「彊以仁義繩墨之言，術暴人之前者」（〈人間世〉），凸顯了自家的善德美名，而未有貼心的理解與體貼的感受，你的善在他的心之外，你的美在他的氣之外，是則人世間的救人行動，皆成了以他人之惡而有自家之美的災人。[18]

據王邦雄所言，執著於自身的價值標準，則無法體貼他人的感受，只是，「在心之外；在氣之外」的意思過分籠統，欠缺明晰辯證，換言之，此詮說方式並不能完整而根本地解釋「達人心；達人氣」在《莊子》系統中的哲學價值。那麼，要如何在思想系統的一體性與通貫性上，統合「達人心；達人氣」與「聽之以心；聽之以氣」的複雜內容，並且與「莫逆於心」的問題作一整合，而其中，所可能面臨的問題不僅止於「心氣關係」，尚有「心莫若就；形莫若和」之行為活動的體用論

---

[16] 〔清〕郭慶藩撰：《莊子集釋》，頁105。

[17] 菑人：以己之成見框架於他人之上，並要求其符合自己的脈絡。

[18] 王邦雄：〈《莊子》心齋「氣」觀念的詮釋問題〉，頁19。

層面開展，換言之，這當中所牽涉的論述層面雖然能夠收攝於「和諧思想」[19]一大範疇中而論，並且都聯繫著「和諧」如何可能的哲學意義，但其複雜程度卻不僅是前人研究所能夠清楚講明的，且在前人研究中皆未被系統地提出，甚至尚未有人注意到此一問題的重要價值。

二、研究目的

《莊子》「和諧思想」的研究，歷來並未有一整體而系統性的討論。本書之架構，以「主體性」、「通達觀」、「心氣論」，以及「超越界之道德」的整合，收攝於「和諧觀」的範疇下而進行論述。自方法、工夫論說，為得是闡述「和諧」在《莊子》思想如何達成；自本體論言，為得是說明「和諧」在《莊子》思想何以可能；自境界論講，為得是論清「和諧」在《莊子》思想所臻至的理想狀態為何；而自應世觀說，則是《莊子》之超越原則如何實踐於人間社會而立論。本書之結構，起自對主體性的探析與通達觀之關懷，收攝於道論梳理，這當中，即是一種主客和諧之通達的方向性指涉，意即，《莊子》所言通達者，必有一終極目的的趨向，而此終極目的同時保證了此一實踐進程的必然性與適用於萬物的普遍性依據，其中所論及的「心氣關係」，則是作為義理的肌理內容，貫串整個文本詮釋的脈絡，用以支撐「和諧觀」論述的細緻討論。並且，透過構設一套完整的義理體系，使《莊子》的「和諧觀」能夠在近當代莊學研究中展示其哲學價值與優位意義。

再者，本書自「和諧觀」之範疇討論《莊子》思想，其中，對於「心」、「氣」的關係論述，鑒於前人研究並未有清楚且完整的論述，於此，本書也期待透過〈人間世〉談論「達人心；達人氣」的發端，藉以釐清箇中與「聽之以氣」一段的複雜「位階」關係，換言之，「氣」

---

19 道家論「和諧」可就〈齊物論〉「萬竅怒號」一段為根據，說明萬物自化卻不相害的無待狀態。

一具備存有論意義與工夫論內涵的觀點，何以統合於《莊子》思想的體系之中，使得莊學系統具備一體性與通貫性原理，這亦是本書所面臨與迫切處理的問題。

最後，《莊子》「和諧思想」的討論，在當代莊學研究的歷程中，如何能夠凸顯其義理價值，並藉以詮釋《莊子》的和諧觀念，重新審視《莊子》思想中所具備的「倫理學」內涵，亦是本書所重視的論述向度。換言之，古典哲學的現代詮釋，是本書所欲展現的古典新詮面貌，其如何適用於當代社會的脈絡，並與之產生共鳴，則是古典文獻現代薪傳的文化目的。

綜上而論，《莊子》「和諧思想」的研究，涉及範圍甚廣，本書自「和諧」一核心內容所輻射出的義理討論，建基於歷來對於《莊子》「和諧」思想的論述，並期以開展出更豐富且具體系性的結構建設，除了解決本書所探討的諸多問題之外，也嘗試為《莊子》研究提供更多元的學術聲源。更甚者，本書嘗試透過「和諧思想」的討論，架構一個以「和諧思想」為平臺的對話空間，藉由此一空間的搭建，替未來研究《莊子》「和諧」命題的研究者，構設一個更為廣袤的學術論域，在此論域中，從而進行有效且深具意義的談話。於此，本書所談之「和諧思想」將不僅是侷限於一家之言，而是就多方對談的價值中，[20]產生出更為豐碩的學術能量，這亦是本書創作理念的遠程目標。關乎本書所定義之《莊子》的「和諧」，實則不同於先秦諸家的觀念，而此亦成其特殊之處，本書以為，《莊子》所謂的「和諧」，即指向一種尊重差異、容納多元的和諧觀，而在此互補短長、涵納彼此的共生共榮條件下，使自

---

[20] 誠如張鼎國對詮釋方法的理解，他指出：「所有詮釋的工作，就是在這樣必須不斷興起重新理解的努力，但又不能和原作精神背道而馳的要求下，一種回顧舊有文化遺產而繼續向前探索可能的嘗試。」（參見張鼎國：〈「較好地」還是「不同地」理解？──從詮釋學論爭看經典註疏中的詮釋定位與取向問題〉，《中國文哲研究通訊》第3期（1999年09月），頁108。）

身與他者皆得以自由地活動在一自然的狀態之中，而此即是本書所提出
與定位之「和諧觀」。

第二節　前人研究回顧反思與預期成果開創

一、前人研究回顧與反思

　　《莊子》和諧觀的研究，歷來討論的詮釋範型，主要以「天和」、
「人和」、「心和」為論述範疇進行劃分。[21]綜觀臺灣學界畢業論文，
以《莊子》和諧觀為題的討論僅有二篇：張百文：《《莊子》和諧
觀》、陳文彬：《莊子身心靈和諧觀之研究──以內七篇為中心》。另
外，有置於道家整體脈絡而討論之和諧觀者：胡筱嵐：《老、莊「和」
思想之研究》，亦有強調「天人關係」[22]之和諧論者：張云瑛：《莊子

---

[21] 「三和」的說法按陳鼓應理解，肇因於人與自然的衝突、人與人的衝突，以及人與自身
的衝突，而此三項衝突的和諧，即相應於天和、人和、心和，此三種和諧關係在《莊
子》所開創的「天人合一」之境的格局下，成為了人生哲學的最高境界，而此天人之境
抑是作為人和與心和的終極依歸。以此，陳鼓應進一步指出：「儒家講和諧，著重於納
入『禮制』的範圍；墨家講和諧，著重在人人發揮『兼愛』的互助精神；法家講和諧，
著重在法制的實施和履行。如果我們從哲學的角度來考察，儒、墨、法是在政治社會的
層面來提出人際關係如何和睦相處，也就是說，儒、墨、法各家在『人和』的範圍內提
出和諧的主張，而道家不只重視『人和』，還從一個更為寬廣的思想視野出發提出『天
和』，也就是說道家所關注的人間的和諧是由宇宙的和諧推衍而來的；道家所關注的社
會秩序是由宇宙秩序推衍而來的。由此看來道家所談的人間和諧與社會秩序是以宇宙和
諧與宇宙秩序為主要依據的。」（參陳鼓應：《老莊新論》（臺北：五南圖書出版股份
有限公司，2005年），頁341。）類似的觀點，錢穆亦有所指涉：「儒墨兩家，似乎都
於人道之上又別認有天道。而莊周之於道，則更擴大言之，認為宇宙一切物皆有道，人
生界則僅是宇宙一切物中之一界，故人生界同亦有道，而必綜合此人生界之道，與夫其
他宇宙一切物之道，乃始見莊周思想中之所謂天道焉……。莊周把道的標準從人生立場
中解放，而普遍歸之於宇宙一切物，如是則人生界不能脫離宇宙一切物而單獨建立一標
準。換言之，即所謂道者，乃並不專屬於人生界。」（見錢穆：《莊老通辨》（臺北：
東大圖書股份有限公司，1991年），頁115。）。

[22] 言及《莊子》「天人」之論文，尚有張安東：《莊子天道思想之研究》（臺北：中國文
化大學哲學所碩士論文，1985年）、金白鉉：《莊子哲學中「天人之際」研究》（臺

天人思想探究》。[23]首先，關於以《莊子》和諧觀為題之二篇論文，《《莊子》和諧觀》，其文仍未脫離傳統天、人、心之和諧論，且為文多立基於訓詁字義考據，義理系統性較未能顯出，根據其內文說法，該論文主要在探討如何「由擺脫外在的束縛推展到追求內在安適之實踐方法」[24]，換句話說，其論文主旨仍建立於「修養論」的論述基調，其立論模式依舊不脫傳統「天和」、「人和」、「心和」的三大範疇剖析。再者，其更以「本書要從如何擺脫外界干擾，進而探討如何鞏固內心，讓自己內在生命提升，這是《莊子》一書的主要目的」[25]作為核心論述價值，將外界視為必須「擺脫」的「干擾」，進而追求一種視《莊》書為「自我生命」提升的生命哲學論著。這與本書所把握的核心宗旨：主客和諧、內外和諧相悖，原因在於，本書並不主張將客觀世界「敵意化」，而是主體如何透過工夫實踐，以達致主客相諧共存的理想狀態，而這觀念亦相應於《莊子》「入遊其樊而无感其名」的義理脈絡。

　　另一篇《莊子身心靈和諧觀之研究——以內七篇為中心》，觀諸題名即可知曉，論文係著重於「身心靈」的和諧為要旨，主要以「生命教育」為論文特徵，嘗試提出《莊子》身、心、靈三者之統一和諧如何可能的論調，只是，《莊子》文獻中並未談及「靈」者，僅有「德」的闡述，而此文之侷限也在於其僅止於以傳統「修養論」論《莊》的方式，未能開出除了修養論之外的新意。一如文中所述：「身心靈的統一就是

北：輔仁大學哲學所博士論文，1986年）。然此二篇論文並非以「和諧」為論，且論述重點皆在「修養論」之意義上。

[23] 張云瑛：《莊子天人思想探究》（嘉義：南華大學哲學所碩士論文，2002年）；張百文：《《莊子》和諧觀》（高雄：國立高雄師範大學經學所碩士論文，2008年）；胡筱嵐：《老、莊「和」思想之研究》（臺北：中國文化大學中文所碩士論文，2009年）；陳文彬：《莊子身心靈和諧觀之研究——以內七篇為中心》（嘉義：南華大學哲學與生命教育所碩士論文，2011年）。

[24] 張百文：《《莊子》和諧觀》，頁1。

[25] 張百文：《《莊子》和諧觀》，頁2。

和諧……身心靈三者能夠在吾人的生命中各安其位，互相協調，發揮功能，那就是和諧。」[26]然而，《莊子》究竟有無分割屬身、屬心，以及屬靈的不同修養進路，於文獻中實則並無所據，換言之，何以有身心靈「互相協調」且「發揮功能」的觀點出現於《莊子》詮釋之中，這顯然是西方哲學論述模式的移植，事實上《莊子》並無此說。誠如本書所主張者，《莊子》的工夫僅有一種，那便是「無為」的修養，一旦實踐「無為」，則主體自然「保身、全生、養親、盡年」，如此，內外相和，主客和諧便是一事。

再者，側重自「天人關係」論「和諧」之《莊子天人思想探究》一文，亦承襲陳鼓應論「天人合一」的觀念，即便如此，此文對於天人合一之「和諧」如何可能、以何為依據，皆未有深刻的反省與檢討。最後，以道家內部系統對比之《老、莊「和」思想之研究》，為文雖以《老》、《莊》並立，卻無「比較」之功，換言之，此文僅分別陳述二者，未能從比較中顯出異同之處，而其對《莊子》「和諧」的討論，與上述幾篇幾乎無異，較值得一提者，在於其「和」之作用的發顯應用，此為凸顯《莊子・人間世》性格的筆法，可見其意識到《莊子》之詮釋並非僅能於「內聖」言，可惜的是，其論述方式僅是稍作提點，未能達致系統性的哲學意義統合。

陳鼓應《老莊新論》[27]所提出的《莊子》和諧觀，以天人合一作為天和、人和與心和的終極依據與趨向，其中，按陳氏所言，尤以「心和」及「天和」更為《莊子》所重視：

> 討論莊子的和諧觀，我們可以注意「天和」、「人和」、「心和」這幾個不同的概念。由莊子思想的旨趣所決定，在諸種和諧

---

[26] 陳文彬：《莊子身心靈和諧觀之研究——以內七篇為中心》，頁9。

[27] 陳鼓應：《老莊新論》，頁342。

中，他更強調個人內心之和，並把它與天和聯繫起來。以此莊子
所謂「人和」較多地是為了「與世俗處」。[28]

陳鼓應以為《莊子》所主張之和諧觀，心和與天和的重要性必須同時突
出。然吳汝鈞先生於〈莊子的靈台心與自然諧和論〉中更強調了「天
和」的重要性：

> 天的本質是和，人與心靈的本質也是和。因而有所謂天和與人
> 和。在兩者之中，莊子較強調天和。[29]

吳汝鈞的說法，洵為出自徐復觀的闡述，徐氏在《中國藝術精神》中曾
提出：

> 莊子是以和為天（道）的本質。和既是天的本質，所以由道分化
> 而來之德也是和。德具體化於人的生命之中的心，當然也是和。[30]

引文中徐氏所指涉的「心」，應當作「靈臺」、「靈府」[31]之「非識
知」意義的心而言，徐復觀以本體論為依據，說明道分化為德，且德內

---

[28] 陳鼓應：《老莊新論》，頁345。

[29] 吳汝鈞：〈莊子的靈台心與自然諧和論〉，《哲學與文化》第21期（1994年8月），頁
692。

[30] 徐復觀：《中國藝術精神》（臺北：臺灣學生書局有限公司，1981年），頁68。

[31] 「靈臺」典出〈達生〉、〈庚桑楚〉，而「靈府」出自〈德充符〉，按吳汝鈞說法，
《莊子》思想中的心有靈臺心與識知心兩種分別，靈臺心為一虛靜的觀照心，又稱作靈
臺明覺，換言之，它的作用在觀照，在觀照中表現虛明靈覺，其觀照不在主客對立中成
立，而是在主客雙泯的狀態中成就。而識知心則係「心知」，乃靈臺心的下墜狀態，
《莊子》之「成心」、「師心」是也。按吳所言：「由靈臺到識知，其實是一個整一的
心的不同表現，靈臺是自然的靈明，識知則是人為的構作。」（吳汝鈞：《老莊哲學的
現代析論》（臺北：文津出版社有限公司，1998年），頁92-97。）

在於萬物之中，故天和則萬物和，而進一步從德之具體化，自德和證成心和。綜合上述說法，皆有意將「天和」作為《莊子》最高和諧的本體依據。然而，誠如陳鼓應、吳汝鈞致力以「天和」來詮釋《莊子》的和諧觀，縱使在本體論上有其論述效度與哲學價值，但《莊子》整體的義理性格並非僅能侷限在以「天和」論「和諧」之意義，本體論的和諧應當作為一背景，用以解決「人間世」的「兩難」問題，甚至，凸顯當中所蘊涵的「倫理學」[32]內容，並點明「達成」「和諧」的方法，如此，以往被學界所忽視的《莊子》外王面向，才有可能被進一步彰顯其理論價值。賴錫三在討論應當如何詮釋《莊子》的性格時說：

> 毫無疑問，老、莊皆有視政治、社會為束縛的主張，甚至將束縛的關鍵所在，指向「名」對人的身心模塑與規定。亦即老、莊皆看到名言符號對人的權力支配性，若要獲得較徹底的自由，就必得省思語言對人的主體與身體的規範作用。然而，批判政治社會與名言符號的共構關係對人的束縛，卻不代表《莊子》所渴望的自由是一種完全沒有人間意味、沒有語言符號的純白烏托邦，倘若如此，《莊子》就不會特別刻描人如何在錯綜的「人間世」中來安身立命。[33]

賴錫三的說法，一反以往將道家理解為「出世」的特質，而以「出世」之論調詮解道家最典型者可以余英時為代表，他在《歷史與思想》中提

---

[32] 與儒家重視的「名實相符」之「倫理秩序」而言，道家所主張的，應當是不以名言所建構出的倫理學範疇之「以道觀之」的視域，故在道家思想中論及「倫理學」，須就超越名言的限制而立論，而此超越名言並非由「極端反對」說，而是自更高的層次來涵容人間秩序的內容，意即「入遊其樊而无感其名」之從容，並以「依乎天理」作為最終價值判準，如此，方能在「關係」之中，達致物我相諧，共行不傷的存在理境。

[33] 賴錫三：《道家型知識分子論：《莊子》的權力批判與文化更新》（臺北：國立臺灣大學出版中心，2013年），頁15。

到：

> 老、莊兩家同中亦復有異：莊子對政治不感興趣，確是主張政府
> 越少干涉人民生活越好的那種「無為主義」。他以「墮肢體，黜
> 聰明，離形去智」為「坐忘」（〈大宗師〉），這顯是反智性
> 的。他又說：「庸詎知吾所謂知之非不知邪？庸詎知吾所謂不知
> 之非知邪？」（〈齊物論〉）這便陷入一種相對主義的不可知論
> 中去了。但是他在「不知」之外又說「知」，則仍未全棄
> 「知」，不過要超越「知」罷了。所以莊子的基本立場可以說是
> 一種「超越的反智論」（transcendental anti-intellectualism）。
> 而且莊子也並未把他的「超越的反智論」運用到政治思想方面。
> 因此我們可以說，莊子的思想對此後政治上的反智傳統並無直接
> 的影響。[34]

余英時對於道家的理解，尚有界別，其以為《老子》乃主張「反智論」
者，帶有「陰謀論」的色彩，而《莊子》相較之下，反智的論調則較
少，為「超越的反智論」。[35]只是，余氏乃就史學視域切入，且全然以
帝王治術理解《老子》文本，對於《老子》的義理詮釋可能因此有失精

---

[34] 余英時：《歷史與思想》，（臺北：聯經出版事業公司，1988年），頁10。余英時定義
「反智」為：「中國的政治傳統中一向瀰漫著一層反智的氣氛，……『反智論』是譯自
英文的anti-intellectualism，也可以譯作『反智識主義』。『反智論』並非一種學說、一
套理論，而是一種態度；這種態度在文化的各方面都有痕跡可尋，並不限於政治的領
域。中國雖然沒有『反智論』這個名詞，但『反智』的現象則一直是存在的。」（見余
英時：《歷史與思想》，頁2。）

[35] 此處或可體貼地理解余英時作「中國反智傳統」之論為一文化意義的觀察，這樣的體貼
雖可諒解余英時將道家與「反智說」緊密扣合，卻無法在義理的討論上辨析釐清道家思
想的精當，是故本書採哲學研究的立場「謹慎地」分析余英時史學角度的認識方法，為
得是達致道家義理的澄清，並反轉歷來對於道家（尤其《老子》）具「陰謀論」的誤
解。

當而偏執一地。當然，余英時的反智說也一定程度反映出《老子》反名言的論調，這是不可否認的文本事實。再者，其論及《莊子》乃一「由相對主義滑入不可知論」的說法，其實也限縮了《莊子》〈齊物論〉的勝義，自其相對主義認識論的觀點說，《莊子》必然成為一無所用於世的典籍。況且，《莊子》的超越性由「反智」不足以充分表現，《莊子》言「超越」必須自「齊物思維」的義理道出，而擴及至他篇的應用，即「恢恑憰怪，道通為一」之義。

　　與此相對之賴錫三的說法，則淡化了《莊子》思想的出世色彩，且能詮釋出「入遊其樊而无感其名」的超越意義，但要注意的是，賴錫三並未清楚指出「遊」的主體在於「心知」的解消，而僅停留在後一層次之對「名的超越」，從基源問題而論，《莊子》的超越義仍必須依於「心知」問題來解決。[36]而這也是「和諧」如何可能的重要因素。

　　再者，論及道家和諧觀，則不能迴避儒家對和諧的理解。《爾雅・釋天》：「春為青陽，夏為朱明，秋為白藏，冬為玄英。四氣和，謂之玉燭。春為發生，夏為長嬴，秋為收成，冬為安寧。四時和，為通正，謂之景風。甘雨時降，萬物以嘉，謂之醴泉。」此段指出自然界的四氣之和、四時之和。《左傳・隱公四年》：「臣聞以德和民，不聞以亂。」此處自政治層面言「和合」、「調和」之義。而《書經・舜典》：「八音克諧，無相奪倫。」以及《左傳・襄公十一年》：「如樂之和，無所不諧。」則是自音樂層面談曲調和諧的意義與延伸。儒家論及和諧，主要在「倫理層面」立論，且與「禮樂制度」的關係甚密，禮樂亦即「秩序」的具象化，其內部的象徵意義正是音聲相和所傳遞出的和諧價值，潘小慧指出：「禮樂作為儒家教化之主要方式，『樂』主『和』（和諧）『禮』主『序』（秩序）。」[37]再者，《論語》中關於

---

[36] 此論調乃根據吳肇嘉的詮釋，參見吳肇嘉：《莊子應世思想研究》，頁46。

[37] 潘小慧：〈從「君子和而不同」談和諧的多元整全意涵——以先秦儒家典籍為主軸〉，《哲學與文化》第37期（2010年7月），頁167。

「和」的文獻有三則，〈學而〉有子曰：「禮之用，和為貴。先王之道
斯為美，小大由之。有所不行，知和而和，不以禮節之，亦不可行
也。」；〈子路〉：「君子和而不同，小人同而不和。」；〈公孫丑
下〉：「天時不如地利，地利不如人和。」此三則分別著重自「禮
教」、「德行」、「倫理」等面向談論「和」的重要性。而此三者皆須
自道德主體的挺立而言，樊浩於《中國倫理精神的歷史建構》述及：

> 在孔子的倫理體系中，禮不僅是外在的倫理實體的規定與倫理規
> 範的設立，而是人性提升的路途。正如杜維明先生所說：禮是一
> 個「人性化的過程」。禮作為倫理實體的設計，首先是一個社會
> 關係的概念，它規定的是各種人倫關係的結構。對個體來說，就
> 是把自身安頓於這種社會關係、人倫結構的網絡中，從生物我轉
> 化為社會我，並在對禮的履行中得到人性的提升與自我的實現，
> 因而禮又是人的行為的規範與準則。[38]

樊浩的說法自「社會關係」出發，論「禮」同時是人的行為規範與活動
準則，然而更重要的是「攝禮歸仁」的道德主體如何實現的儒家核心問
題，「仁而不仁，如禮何？」唯有仁體的挺立，禮的標準設定才有最終
依據與價值依歸。而牟宗三則自「德性」出發，並且，從道德挺立的要
求中，言明儒家所講究的「淑世精神」更須進一步落實於政治層面的治
理，他在〈中國哲學的重點何以落在主體性與道德性〉一文中指出：

> 聖王重理想的實踐，實踐的過程即為政治的活動。此等活動是由
> 自己出發，而關連著人、事和天三方面。所以政治的成功，取決

---

[38] 樊浩：《中國倫理精神的歷史建構》（臺北：文史哲出版社有限公司，1994年），頁
81。

於主體對外界人、事、天三方面關係的合理與調和；而要達到合理與調和，必須從自己的內省修德作起，即是先要培養德性的主體，故此必說「正德」然後才可說「利用」與「厚生」。中國的聖人，必由德性的實踐，以達政治理想的實踐。[39]

綜上而論，儒家談和諧，必須以「禮樂制度」作為外部具體法則，其實踐的根源則是「志於道，據於德」的形上超越本體落實於「禮樂」之明文制度中而作為行動依據，而禮樂的實踐主體，則不可脫於「依於仁」的道德主體挺立中而發顯，換言之，仁一道德主體的發用，係對於超越道體的直接把握，且落實於名言化、制度化的「禮樂法度」中，成為一環環相扣的儒家核心要旨。

反之，《老子》對「禮」的批判，則是直言「夫禮者，忠信之薄，而亂之首。」（《老子・第三十八章》）「禮」乃是形上根源的層層陷落後，以名言之片面性侷限為「概念」而為人所執持者。換句話說，《老子》在道論範疇下對禮的反省，直指核心地抨擊周文疲弊的問題所在，亦即「道可道，非常道；名可名，非常名」的根本問題攻訐。然而，對於《老子》文本中，因對禮樂的批判所提出的「絕聖棄智」說，以及其所可能導致的「愚民政策」詮釋，王邦雄根據牟宗三的說法，提出其見解如下：

　　所謂絕棄聖智仁義，並不是本質的否定，而是作用的保存[40]；不

---

[39] 牟宗三：《中國哲學的特質》（臺北：臺灣學生書局有限公司，1994年），頁15。

[40] 「作用的保存」出自牟宗三《中國哲學十九講・第七講》對於道家形上義理性格的貞定，牟氏以為：「當我們說道家只有How的問題，就是說當它牽涉到聖、智、仁、義時，它不正面說什麼是聖、智、仁、義。仁、義直接是道德的觀念，聖、智是道德修養所達到的境界。道德修養的最高目標就是成聖人。但是道家並不先正面肯定有聖、智存在，然後再正面解釋什麼是聖、智。假如先正面肯定聖、智、仁、義，再進一步加以說明，這就是What的問題，『是什麼』的問題。What的問題，即是一個存有問題，道家

是否定道德踐履的價值，而是開拓道德的形上根源，來保住聖智
仁義的可能。由此一端可知，老子的哲學必在孔子之後，對儒學
之德化禮治，做更上層樓的反省。[41]

若自存有層面否定聖智仁義的存在，則可能致使道家義理詮釋的侷限性
擴大，更無法符合古典哲學現代應用的精神，牟宗三的說法一定程度轉
圜了道家義理適用於人間世的性格。再者，以名言系統所構設出的禮樂
制度，同樣為道家所警戒，對於語言的批判，伍至學便以「反名言」指
稱《老子》思想：「老子語言哲學之理論要旨，在於對語言之否定消
解、批判與超越，故可稱之為『反名言論』。」[42]然而，此處所言及的
「反」，係針對名言的片面性、侷限性而說，只是，相對於《老子》直
接以禮樂作為思想核心的反思，《莊子》對於禮樂的批判則轉向對於心
知的對治，關乎《莊子》對「禮」的觀點，林明照在《先秦道家的禮樂
觀》指出：

> 莊子論及禮之處雖然不多，但是關於禮的反省卻是其哲學思索的
> 重要一環。這主要是因為莊子的哲學思索是立基在人實存的
> （existential）層面上，而「禮」在莊子的觀點中，恰恰又體現
> 了人生實存的主要在世結構。因而反省禮，等於是透過反省人的
> 在世處境而直探人生的實存意義。莊子從人實存層面來討論禮，
> 相較於周代尚德的禮樂傳統，以及儒家接續從道德主體的角度來

沒這個問題。」牟氏以「縱貫恆講」衡定道家道論，視其為一「姿態」的置定，於此，
便不存在從本質否定仁義禮智的問題，而是在作用層保存了仁義禮智。牟宗三：《中國
哲學十九講》（臺北：臺灣學生書局有限公司，1983年），頁132。

[41] 王邦雄：《老子的哲學》（臺北：東大圖書股份有限公司，2017年），頁66。

[42] 伍至學：《老子反名言論》（臺北：唐山出版社有限公司，2002年），頁4。

反省禮而言，是一個新的面向。[43]

林明照的詮解，更進一步點出《莊子》對於人之實際存在面向的討論，換言之，《莊子》雖不似《老子》正面地抨擊禮樂制度，卻可以自「超越」的意義論及「无感其名」的「逍遙性格」，這亦是《老》《莊》理論的差別所在。

綜論上述自《莊子》的和諧觀所延伸出的諸多比較，以及對於歷來研究成果的反思，前人研究中，多以天和、人和、心和作為《莊子》和諧觀的研究範疇，只是，自本書對於儒、道；《老》、《莊》的比較中，可以見得，《莊子》和諧觀的研究尚有許多面向未被系統化地理解，而體系中的諸多議題亦尚未詳盡，換言之，從倫理層面言，自身的修養與他者的關係之「倫理學」意義的托出，以及在萬象之中，如何使各自的不同存在景象得以保存，且共成一天的存有論問題，甚至對於「和諧如何可能」之最終的本體論的保證等，皆是本書批判地繼承前人研究後所要提出的可能論述趨向。

二、預期研究成果

一個論題的探討，往往建基於前人研究的成果之上，本書以《莊子》和諧思想為題，在論述的結構上，須先就前人對於《莊子》「和諧」的論辯談起，並從中發掘前人未能詳盡的問題，復次，就此一問題的發現索繹解決的方法，最後，從此方法的解決過程中，整理並提出個人研究成果。換言之，本書的預期研究成果，分別自三個方向提出，而此三大方向乃環環相扣，後者以前者為論述基礎的講述模式：一、繼承什麼問題；二、解決什麼問題；三、提出什麼創見。

---

[43] 林明照：《先秦道家的禮樂觀》（臺北：五南圖書出版股份有限公司，2007年），頁127。

　　首先，本書問題意識乃就〈人間世〉「達人心；達人氣」如何可能
為發端，擴而論之，乃是《莊子》文獻中，物我如何達致「和諧」的核
心要旨。自前文對《莊子》「和諧」歷來研究的整理中，可以見得，以
往談論《莊子》之「和諧」，總是以「和諧是什麼？」為題，將之分別
為「天和」、「人和」、「心和」三大論述範疇，然而，如此細分天、
人、心三大結構，雖可檢視文獻中的「和諧」內涵，卻在義理的統合
上，無法達致整體意義的釐清，換言之，就天和、人和、心和三大論述
方向討論《莊子》之「和諧」，似乎內蘊三種和諧的指向，且各自擁有
一套解決之道，如此，《莊子》的「和諧」似乎被割裂為三種模式的討
論，然而，無論就天的超越意義指導人的生活方式，亦或自心上做工夫
的論調對應人際相處關係的和諧，其實在《莊子》中僅有一種實踐方
式，即是「無為」。從學位論文的整理，可以看出，即便是題目相類於
本書論題的《《莊子》和諧觀》亦或《莊子身心靈和諧觀之研究──以
內七篇為中心》，二篇文章皆無法脫出傳統「和諧觀」的論述進路與範
疇，換言之，自有《莊子》「和諧」之討論以降，便無有跨出天、人、
心之劃分路數。

　　接著，本書所提出的「達人心；達人氣」如何可能的問題，實則繼
承於王邦雄對「聽之以心；聽之以氣」之兩層問題的討論，而此問題確
實關乎著「氣」在《莊子》整篇文獻的體系整合議題。並且，此一論題
又與本書所欲討論的「和諧」意涵密切相關，甚至可以說是一體兩面的
討論，意即，統整《莊子》「心氣」的論述，牽動著《莊子》如何談
「和諧」的義理建構，而此處便不同於以往自天、人、心三大範疇的劃
分，而是就「實踐」的意涵立論，談及「和諧」如何可能。

　　承上所述，本書繼承前人所未盡的討論，在前人的對話基礎上，發
現問題，並予以解決，而本書所要解決的問題，有別於前人的論述方
法：「和諧是什麼？」而是往前更推進一步談論「如何達致和諧？」並
且，在此「實踐」的方法建構中，解決王邦雄所未盡的論題，重整心氣

的關係，並提出一己之見，當中，關乎「氣」的討論更涉及整部《莊子》的一體性原則，換言之，如何談論內外雜篇的氣，係影響著整部《莊子》文獻能否成為體系的重要命題。

　　復次，本書自前人論述文獻的繼承與發難，從而提出解決方法，並從解決問題的方法中，提出自我創見。本書以「和諧思想」立論，其內容不僅限於「和諧」的討論，實則內涵著一套《莊子》倫理觀的論析，然而，道家並非無能言「倫理」，而是須將名言系統與現象世界的對應關係解消，使物自正、自化，而此「和諧」意義之下的秩序關係，或可稱為道家式「倫理學」，意即超越於既定符號系統與社會架構的秩序內容，以「道」的觀點說明其運作的原則，原因係道家思想不以經驗界之法則作為終極價值之追求目標，其限制性在經驗乃「非普遍」、「不具超越性」的依據，而道德作為超驗界的存有，乃經驗界之價值根源，具備普遍、絕對、超越的意義，順此，「倫理」一詞並非儒家專擅，道家就「超越性」立論，故本書雖以「倫理」一詞說明道家思想中的倫理意涵，但其內容卻不限於經驗界之名言規範而擴及對超越界的討論，意即，道家並非不可言倫理，而係就超越的意義來說，即「以道觀之」之意。

第三節　本書研究方法

一、《莊子》論述次第

（一）以內篇義理貞定外雜篇[44]

　　《莊子》研究首先必須面對的問題在文本依憑的外部文獻考據與義理體系的內在系統理解。然而，關乎文獻考證的真偽問題與篇章劃定，

---

[44] 可參照吳肇嘉：《莊子應世思想研究》，頁33-39。

聯繫著《莊子》一書的可信度憑據，只是，綜觀歷來莊學研究，對於《莊子》內容真偽及篇章分疏標準，至今無有確切定論。換言之，此一判定準則，涉及著《莊子》內外雜三篇的篇章劃分、真偽斷定、成書時間，以及著者是否為莊子本人或莊子後學的諸多複雜枝節問題，而這些問題實則影響著本書對於《莊子》義理系統依據標準的衡定。

學界一般以為《莊子》內外雜篇的劃分定於郭象，如王叔岷《莊子校釋‧自序》言：「今本內外雜篇之名，實定於郭象。」[45]然而，仍有學者不以為然，如崔大華提出《莊子》篇名劃分早在郭象之前即有人所為：

> 一般論者容易疏忽地認為，《莊子》內篇與外篇、雜篇的劃分是同時出現。事實上，《莊子》的篇目劃分經歷兩個階段：先有將全書作內、外篇的劃分，這是漢代劉向所為；然後有由外篇中分出雜篇的劃分，這是在魏晉時期由司馬彪開始、郭象完成的。[46]

關乎篇章的劃分問題，學界無有定論，唯一能夠確定的是，今本《莊子》三十三篇據王叔岷所言乃成於郭象之手：

> 《莊子》原為若干篇，不可知。後漢班固、高誘所見《莊子》為五十二篇。晉司馬彪、孟氏《註本》亦五十二篇，恐非漢時五十二篇之舊。司馬彪《註本》內篇七，外篇二十八，雜篇十四，〈解說〉三。又崔譔《註》二十七篇，內篇七，外篇二十，無雜篇。向秀《註》二十六篇，一作二十七篇；一作二十八篇，亦無雜篇。李頤《集解》三十篇，一作三十五篇。郭象《註》三十三

---

[45] 王叔岷：《莊子校釋》（臺北：中央研究院歷史語言研究所，1993年），頁1。

[46] 崔大華：《莊學研究》，頁58。

篇，內篇七，外篇十五，雜篇十一。晉人所註莊子，已紛雜如此，則據今傳郭本以論莊子之書，不亦難乎？[47]

即便崔大華與王叔岷對於「內外雜篇之名」的認定時序有出入，但其仍認為今本《莊子》三十三篇的劃分乃依於郭象本。據王叔岷所述，意味著今本《莊子》已非古本原貌，自後漢時期之「五十二篇」，至晉代郭象註《莊子》「三十三篇」，《莊子》一書幾經紛雜改易，直至隋唐以後，幾乎以郭象註為傳本而固定下來。[48]唐代陸德明於《經典釋文·序錄》謂：

> 然莊生弘才命世，辭趣華深，正言若反，故莫能暢其弘致；後人增足，漸失其真。故郭子玄云：「一曲之才，妄竄奇說，若閼弈、意脩之首，危言、游鳧、子胥之篇，凡諸巧雜，十分有三。」漢書藝文志「莊子五十二篇」，即司馬彪、孟氏所註是也。言多詭誕，或似山海經，或類占夢書，故註者以意去取。其內篇眾家並同，自餘或有外而無雜。惟子玄所註，特會莊生之旨，故為世所貴。[49]

據陸德明所言，郭象有意去取不符《莊子》旨趣的篇章，將早期含有「詭誕之言」，或似《山海經》、《占夢書》等內容去除，定為三十三篇。

　　職是之故，《莊子》篇章幾經改易分合，內容漸失純粹，難以全然

---

[47] 王叔岷：《莊子校詮》（下冊）（臺北：中央研究院歷史語言研究所，1999年），頁1434。

[48] 隋唐以後，《莊子》內、外、雜篇之分，「皆依郭本」，逐漸固定下來。（見崔大華：《莊學研究》，頁59。）

[49] 郭慶藩：《莊子集釋》，頁11。

據信。其中，除了篇章斷定問題，同時亦牽涉著《莊子》一書的真偽之辨，換言之，《莊子》一書內容，何者為莊子親著，何者出自莊子後學之手，也影響《莊子》義理的整體性與連貫性問題。對此，王夫之曾提出外篇非莊子親著的觀點：

> 外篇非莊子之書，蓋為莊子之學者，欲引伸之，而見之弗逮，求肖而不能也。以內篇參觀之，則灼然辨矣。……。故其可與內篇相發明者，十之二三，而淺薄虛囂之說，雜出而厭觀；蓋非出於一人之手，乃學莊者雜輯以成書。[50]

迄至民國初期，疑古之風大盛，胡適對《莊》書外雜篇的批判就更苛刻：「其中內篇七篇，大致都可信。但也有後人加入的話。外篇和雜篇便更靠不住了」[51]只是，如此貶低外雜篇的價值，對於《莊子》的義理系統並未能產生「最大閱讀原則」[52]的效果，反而一定程度上限縮了《莊》書的哲學價值。順此，本書參照吳肇嘉對於外雜篇的可信度論調，以「段落」作為外雜篇研究的基本單位。[53]以單位為檢別可信度的

---

[50] 〔明〕王夫之：《莊子解》（香港：中華書局，1976年），頁76。

[51] 胡適：《中國古代哲學史》（合肥：安徽教育出版社，1999年），頁252。

[52] 沈清松以為，中國哲學文本的閱讀，在符合文義內在原則、融貫一致原則、最小修改原則之後，要在詮釋上做最大的閱讀。據沈清松所述，對於文本的理解，在義理與詮釋上必須要做最有價值、意義最大化的閱讀，使其意義飽沃充實。參氏著：〈從「方法」到「路」——項退結與中國哲學的方法論問題〉，《哲學與文化》第32期（2005年9月），頁70。

[53] 「以『段落』作為外雜篇研究的基本單位，一方面既是在排除有問題的文字雜入於可信據的材料中，造成思想脈絡的混亂；另一方面也是避免可信的材料被有問題的文句牽累，因而降低其研究價值。故而以『段落』為單位來檢別，是一種較為精密的文獻使用方式，它能從『不可盡信』的外雜篇中，盡量取出其可信的部分。配合由內篇尋繹而出的理論命題作為根據，外雜篇的文獻應該能發揮其作為『莊子研究輔證』最大限度的作用。」（見吳肇嘉：《莊子應世思想研究》（臺北：臺灣學生書局有限公司，2011年），頁41。）

依據，用以符應內篇思想的義理系統，換言之，此一基準，仍要透過內篇的旨趣為依準，作為檢擇外雜篇義理能否合乎內篇體系的標準。

再者，關乎今本《莊子》的立論態度，徐復觀指出：

> 關於三十三篇的真偽問題，應分作兩點來說：一為何者係莊子所自作，何者係莊子學徒所作。二為何者屬於莊學系統，何者非屬於莊學系統。[54]

徐復觀的論調，將《莊子》的真偽問題，轉而為哲學價值的高低之分，此一態度，避免了以真偽定調《莊子》義理詮釋所可能導致的疏散與解離，以「莊學系統」的歸屬，消彌了文獻內容是否為莊子親著的標準，將其內容的義理層次判定界線劃出，以內篇為立論基準，外雜篇作為義理系統的詮釋輔助，如此，對於外雜篇的價值能夠予以合理的肯定，更能使《莊子》研究達到系統性的理解。[55]

綜上所述，無論在篇章分疏劃定、文獻真偽辨別，諸家於內七篇作為《莊子》思想核心宗旨的共識，是大致抵定的結論，換言之，以內七篇作為《莊子》義理的定位，其哲學意義是眾所肯定的。然而，仍有學者力排眾議，提出以外雜篇為莊子思想代表，任繼愈依據《史記》指出：

> 司馬遷不僅指出莊子「明老子之術」，「詆訾孔子之徒」這個基本的思想傾向，而且明白點出他所讀到《莊子》中的若干篇的篇名，列舉了〈漁父〉等篇。司馬遷有忠於史實的品質，有卓越的才識學問，他的記載應該是可信的。統觀《莊子》全書，凡是

---

[54]　徐復觀：《中國思想史論集》（臺北：臺灣學生書局，1993年），頁359。
[55]　此論點出自吳肇嘉：《莊子應世思想研究》，頁44。

「剽剝儒墨」，「明老子之術」的一些文字，多數集中在外、雜篇。可以說外、雜篇反映的基本思想是莊子的思想。[56]

據引文內容，可見任繼愈以「剽剝儒墨」、「詆訾孔子之徒」多在外雜篇作為《莊子》基本教義的思想認定，然而，即便《莊子》確實承繼《老子》而發聲，卻不得不考慮《莊子》一書是否僅止於詆訾孔門、剽剝儒墨，而無其他義理開創的可能，再者，司馬遷所處為漢初時期，乃「黃老思想」興盛之時，此時之道家詮釋，多以「黃老術用」入手，能否周全地把握道家義理、合宜理解《莊子》思想，又更是一層疑慮，順此，本書對於任氏以外雜篇作為「莊子代表思想」一說法持保留態度。

本書以內篇作為《莊子》義理的立論根據，而外雜篇以段落為基本單位為輔證，貞定《莊子》一書的根本論調，總論理由如下：

1、古本原貌已佚失，今本以郭象註為準，且內篇可能改易內容較外雜篇少，換言之，自五十二篇到三十三篇，內篇眾家並同是大致可見的。

2、自義理層次、哲學價值觀之，內篇思想系統性高於外雜篇，是學界共識。

3、無論內篇是否為莊子親著，在思想史意義上，內篇的價值是透過眾家學者評斷論定而凸顯其哲學內涵，具有歷史與思想的優位性。

職是之故，本書在思想價值的層次判分上，以內篇義理貞定外雜篇，透過內篇思想貞定外雜篇義理旨趣，換言之，外雜篇即作為內篇的旁證、輔助，[57]更嚴謹地說，外雜篇義理的旁證效度，必得先合乎內篇

---

[56] 任繼愈：《中國哲學發展史：先秦》（北京：人民出版社，1998年），頁384。

[57] 此處或可能有外雜篇思想「內篇化」的疑慮，然而，誠如歷來對《莊》書的評斷，內篇無論在義理系統，抑或文獻的可信據程度上，皆是眾家學者的共識。而此處以外雜篇為輔證材料，原因乃立論於徐復觀之「莊學系統」的說法，換言之，為求使《莊子》一書義理不致殘破分離，唯有以此詮釋方法，才能達致對《莊子》思想最大化的閱讀原則。

思想的脈絡，以此作為檢擇外雜篇文獻的條件，方可降低《莊子》文獻的歧異性，亦可使研究回歸系統內部的一致性原則。以內篇作為貞定外雜篇的次第論述，如此，在理論系統的基礎上，才不致無依準可言，此亦意味著本書的論證當以內篇作為詮釋根據，或可說本書論據乃以內篇為主要研究範疇，外雜篇則相對於內篇作為一材料輔證。

（二）當以「齊物思維」作為《莊子》全書脈絡核心

1.歷來對〈齊物論〉的重視

　　清代學者王先謙於《莊子集解》中曾概括〈齊物論〉所述乃「莊生最微之思理」[58]，近當代學者馮友蘭在《中國哲學史新編》亦認為：「在〈逍遙遊〉和〈齊物論〉二篇之中，〈齊物論〉更能表現莊周哲學的特點。這一篇可以說是莊周哲學的相對主義和不可知論的認識論的一個總結性的概論。」[59]按馮氏觀點，《莊子》一書的最精處當在〈齊物論〉，且〈逍遙遊〉次之，換言之，《莊子》全書思想尤以〈齊物論〉為特色代表，只是，馮氏評價的標準卻可能將《莊子》義理框進「相對主義」與「不可知論」的牢套之中，馮氏的說法其實關乎其思想背景的影響，他在同部著作中如此評斷《莊子》：

　　在戰國時期，沒落奴隸主階級中，有一部分認為，在奪權鬥爭中，自己已經失敗，已經失去的天堂不能再恢復了，只可於自己的主觀幻想中，另建立一個自欺、欺人的天堂，聊以自慰。莊周的哲學就是這種階級意識的理論化和系統化。[60]

---

[58] 〔清〕王先謙：《莊子集解》（臺北：東大圖書股份有限公司，2006年），頁8。

[59] 馮友蘭：《中國哲學史新編（上卷）》（第二冊）（北京：人民出版社，1998年），頁403。

[60] 馮友蘭：《中國哲學史新編（上卷）》（第二冊）（北京：人民出版社，1998年），頁410。

　　在唯物主義的理解下，《莊子》一書即成了自我療慰的幻想之語。
如此嚴重的判語，輕易將《莊子》打入階級鬥爭的意識形態之爭當中，
形同將《莊子》逕以死刑定讞，毫無價值可言。於此，究竟《莊子》是
否僅是馬克思主義學派眼裡一「相對主義」與「不可知論」的賡續，本
書對此觀點提出強烈質疑。[61]然而，不可否認的是，即便馮氏如此理解
《莊子》，卻也肯定了〈齊物論〉作為《莊子》思想代表的地位。

　　自「齊平物論」而言，杜保瑞亦認同〈齊物論〉為《莊子》內七篇
中的理論基礎：

> 如果「否定社會議論的絕對性」是〈齊物論〉文章在理論上要建
> 立的主要觀點的話，那麼這個觀點對於「追求逍遙自適境界」的
> 意義便在於「卸下人類繁重的心理包袱」，從而為追求至人境界
> 打開心理空間。如果這個心理空間打開了，那麼在面對自我的命
> 運及社會生活的需求的時候，人們自然會採取的態度就是一個
> 「安時處順」、「隨順命運」的態度，這就是〈齊物論〉下一篇
> 文章〈養生主〉所要討論的重點。然而在人們的「安時處順」之
> 餘，總仍有難逃生命困境的時候，因此在面對社會鬥爭的生命安
> 危交相煎迫的時候，人們應如何擁有自保的智慧，這又是在下一

61　馮友蘭先生云：「齊物論是莊周哲學的相對主義，和不可知論的認識論的一個總括性的
　　概論。」（見《中國哲學史新編》第二冊（臺北：藍燈文化公司，1991年12月初版），
　　頁18。）另劉笑敢先生云：「把懷疑主義同直覺主義結合起來，是莊子認識論的主要特
　　點。」（見《莊子哲學及其演變》（北京：中國社會科學出版社，1988年2月第一
　　版），頁174。）張恆壽先生云：「這種懷疑，仍在認識論的範圍內，而不在本體論的
　　範圍內。」（見《莊子新釋》（湖北：湖北人民出版社，1983年9月第一版），頁
　　348。）崔大華先生云：「在莊子認識論中，認知特別是感性認識的相對性所引起的困
　　惑，就在萬物殊性、萬物齊一兩個對立的理論觀念的疊合中，因獲得一點理解一種解釋
　　而消融。」（見《莊學研究》（臺北：文史哲出版社，1999年），頁282。）綜合上述
　　各家的觀點可以認識論的立場來理解《莊子》〈齊物論〉似已成大陸學人的共識。（見
　　王邦雄：〈老莊道家論齊物兩行之道〉，《鵝湖學誌》第30期（2003年6月），頁
　　48。）

篇文章〈人間世〉的重點了。於是我們發現，在莊子點出了「逍遙遊」作為人類生命最終應追求的境界目標之後，接下來的幾篇文章便是從知識理論上、自我生命上、社會生活上等面向來討論應該如何配合以追求這個目標的問題。這其中，就以〈齊物論〉一文最為關鍵，因為〈齊物論〉中的理論是其他觀念的立基點。[62]

按杜保瑞視〈齊物論〉為內七篇理論建構之基礎，最終所欲達致的究極目的乃逍遙遊之生命境界開顯。他以「物論」之齊作為〈齊物論〉篇章主要觀點，其餘六篇皆依於消彌物論而發，可見他對〈齊物論〉為《莊子》義理要旨的肯定。

然而，吳汝鈞則自平等觀立說，認為《莊子》之終極關懷在於「物化」，他在《老莊哲學的現代析論》提出：

> 從這種「天地與我並生，而萬物與我為一」的觀感便可說「物化」。這物化實是逍遙遊的最高境界。在物化中，人與萬物基於完全等同的關係，因而可互相置換，互相取代，而無介懷。……故物化是莊子的終極關懷的焦點。它表示人的體道與逍遙遊的境界，順自然而行，徹底融和於自然萬物之中。[63]

---

[62] 杜保瑞：《莊周夢蝶》（臺北：書泉出版社，1995年），頁39。

[63] 吳汝鈞：《老莊哲學的現代析論》，頁82-83。文中「互相置換，互相取代，而無介懷」一段，作者雖未明言，但不難察覺有「存有論轉化」的意味，劉笑敢亦有此論調：「方死方生的論題，肯定了生與死的相互滲透，也肯定了生與死的相互轉化，方可方不可，方不可方可的設法，也肯定了正題與反題之間的統一性。」（參氏著：《莊子哲學及其演變》，頁190。）成玄英以「破生死執定」疏「物化」一文：「是以周蝶覺夢，俄頃之間，後不知前，此不知彼。而何為當生慮死，妄起憂悲！故知生死往來，物理之變化也。」然王邦雄以為：「彼是同時並生，生死、是非、可不可，皆如連體嬰一般，一體並生，此不是存有論的轉化，而是價值論的執定。」（見王邦雄：〈老莊道家論齊物兩行之道〉，頁50。）

吳氏以「互相置換，互相取代」一句詮釋《莊子》的「物化」思想，看似立基於存有論的說法，然《莊子》是否有此說，尚可商榷，故本書對此保持存疑的態度。然而，其視「物化」為「逍遙遊的最高境界」的觀點仍可提供參考，換言之，在與物相彌之「天地與我並生，萬物與我為一」的「物化」狀態中，同時即為「逍遙遊的最高境界」，其間，可見其在理論上將工夫論與境界論俱顯，緊扣〈齊物論〉與〈逍遙遊〉二篇的聯繫。更進一步說，其基於「物化」能達致「人與萬物基於完全等同的關係」，齊平了物我之兩造對立，消彌物我之際，乃「齊物」之論調。

杜保瑞與吳汝鈞對〈齊物論〉的理論優位性肯定，前者從「基礎」講，後者則自「終極關懷」說。無論自何面向立論，兩者皆認同〈齊物論〉作為《莊子》理論宗旨的核心價值。只是，要如何理解〈齊物論〉的讀法，在此仍須進一步疏理。然〈齊物論〉一義的闡述實屬舊題，[64]為避免老調重彈，故本書旨在整理出近當代諸家學者觀點後，確立對〈齊物論〉一文義理的貞定與研究態度。王叔岷於其〈論莊子之齊物觀〉一文中以為：

〈齊物論〉之主旨，在篇中「天地與我並生，萬物與我為一。」二句，是莊子本意以「齊物」連讀。外篇〈秋水〉發揮〈齊物論〉，其旨在「萬物一齊，孰短孰長！」亦正「齊物」之義。他

---

[64] 〈齊物論〉一解，有「齊物之論」、「齊平物論」以及「齊物論」連讀三種述義。訓齊物連讀者，如章太炎、王叔岷；以物論連讀者，有王安石、呂惠卿、王應麟、錢大昕、王伯厚、嚴復等。（按錢穆：《莊老通辨》，頁8。）關乎「物論」連讀者，有宣穎《南華經解》：「大道既喪，而百氏之爭鳴也。」（見〔清〕宣穎：《莊子南華經解》卷一，頁13。）意專指「諸子百家爭鳴」；另有將物論擴大為「一切人物之言論」者，如林希逸於《莊子鬳齋口義》之「物論」解：「物論者，人物之論也，猶言眾論也。」（見〔宋〕林希逸：《莊子鬳齋口義校注》（北京：中華書局，1997年），頁13。）；憨山亦持此解：「物論者，乃古今人物眾口之辯論也。」（見〔明〕憨山德清：《莊子內篇憨山註》（臺北：新文豐出版公司，2006年），頁189。）

如內篇〈德克符〉：「自其同者觀之，萬物皆一也。」外篇〈天地〉：萬物一府，死生同狀。」亦皆「齊物」之義。莊子本意固在論「齊物」而非齊「物論」矣。[65]

王氏以為〈齊物論〉之旨當在齊平「物」之存有，而非「物論」的價值紛雜。唐君毅在《中國哲學原論・原道篇》則以為〈齊物論〉乃齊「物我是非」：

> 然人各有其是非，而必爭自己之是，則由其各自有其心知，亦各有其己。今欲去此「爭是非，而與人相殺，而是非終不能定」之大苦，似唯有棄知去己。[66]

鍾泰有意調和上述二種解釋，以為〈齊物論〉兼有「齊物之不齊」、「齊論之不齊」。之雙重意。[67]除「齊物」、「物論」，以及二者兼賅之三種釋義。牟宗三對於〈齊物論〉的解讀，雖亦立基於「齊物」連讀之說，但也不排除「物論」的觀點，其以為：「我依照一般的講法，不是單單齊『物論』。物是廣義，事事物物都要齊。」[68]牟氏之說，將物論收攝進「物」的範疇內，將「物」涵攝的理論意義擴大，物論即是作為「物」一內容而被討論。再者，徐復觀也認為：「齊物，即是主張物

---

[65] 王叔岷：〈論莊子之齊物觀〉，《中國文哲研究期刊》第2期（1992年3月），頁3。

[66] 唐君毅：《中國哲學原論・原道篇》（臺北：臺灣學生書局有限公司，1986年），頁354-355。

[67] 鍾泰：《莊子發微》（上海：上海古籍出版社，2002年），頁26。

[68] 牟氏指謂齊「物論」一讀法無法全面照應理論的普遍性，其釋「物論」一詞為theory，換言之，此讀法將限制〈齊物論〉的最大詮釋，無法顯出箇中齊平價值、超越對立之內涵。牟宗三：〈莊子〈齊物論〉演講錄（一）〉，《鵝湖月刊》第319期（2002年1月），頁3。

的平等；物既是平等，則他們的思想（物論），也是平等的。」[69]據此論點，徐氏所持之意見，與牟宗三可謂如出一轍，意即「物」若平齊，則「物論」當齊。有意思的是，王邦雄則自反面說：

> 莊子提出「齊物論」即要齊「物」；但他發現先要齊「物論」，「物論」要如何能齊呢？要「物論」齊了，「物」才能齊。[70]

王氏以為「物論」先齊，「物」才能齊。此理解雖亦調和了「齊物」與「物論」，但有別於牟、徐以「齊物」為優先義的想法，將「物論」的重要性先於「物」的存有論前。

　　綜上所述，〈齊物論〉一篇名的釋義，著實涵藏著義理理解的詮釋進路，無論是「齊物」、「物論」的分立、調和，抑或以「齊物」包含「物論」的說法，甚至是立基於「物論」平齊為優先意義的觀點，箇中，皆呈現出〈齊物論〉內容之平等論、存有論、價值論、認識論、方法論的多方範疇理解，換言之，自不同詮釋立場所見的思想內涵，皆能收攝進〈齊物論〉的豐富意義裡頭。意即，無論如何拆解閱讀，「齊物論」一詞本就包含著多面向的詮釋理解。本書整理諸家學者的理論觀點，綜合眾家說法，以最大閱讀原則來看待〈齊物論〉一篇的哲學價值。基於文本詮釋的最初方法，回歸文獻所顯示的文字內容而觀，「天地與我並生，萬物與我為一」或許最能體現「齊物論」一詞的釋解。「並生」、「為一」兩者皆具有存有論與價值論的意涵，然這亦是《莊子》如何看待世界、提萃工夫的核心所在。當然，即便是以認識論與方法論解釋〈齊物論〉的學者，亦不能離開文本發聲。最重要的是，如何將文本作最有價值的詮釋，以及符應時代意義的理解，才能經起時間的

---

[69] 徐復觀：《中國人性論史・先秦篇》，頁400。

[70] 王邦雄：〈莊子系列（二）齊物論〉，《鵝湖月刊》第211期（1993年1月），頁21。

汰洗。於此，本書基於最能展現〈齊物論〉深廣度與高度的原則而釋義，意即，「齊物論」一詞，應當同時包含「齊物」、「物論」的說法，自存有論言「物」之齊平，自價值論談「物論」之平等。然而，方東美在討論中國哲學時提出「價值存有論」一說：

> 根據中國哲學的傳統，存有論也同時是價值論，一切萬有存在都具有內在價值，在整個宇宙之中更沒有一物缺乏意義。[71]

如此，無論自存有論言，或價值論說，在中國哲學的要義上，根本即是二而一的，換言之，「齊物論」一詞所包容的思想向度，是大於「齊物」與「物論」分別單論的。

論述完「齊物論」一詞的釋義，回到前文所提出之諸家學者對〈齊物論〉的重視，此處，將自系統內部義理證成其理論的優位意義。徐復觀在理解〈齊物論〉的思想時，將其義理提點至「心知」的問題上：

> 第一，凡是形器界所說的是非美惡等問題，實際只是各人的立場觀點的問題；因立場觀點之不同，而是非美惡的標準亦因之不同。因此，這是由彼此相對而起的問題；相對的關係消解了，爭論亦因之析解。第二，道本是涵融一切，會通一切的。一切分別性的東西，是從道的演化而來；結果又會回歸到道那裏去而成為「一」。……萬物自有其生，自鳴其意，只是道的自然而然的演化，根本無是非美惡之可言。人應把自己的精神，提升安頓在這種自然而然地道的演化之上，則各種是非、成毀，只是執著演化過程中某一片段所形成的觀念上的紛歧，通演化的全過程而言，便沒有什麼是非成毀可爭論，這謂之「休乎天鈞」。天鈞，即是

---

[71] 方東美：《中國人生哲學》（臺北：黎明文化事業股份有限公司，2005年），頁94。

自然運轉演化的意思；亦謂之「道樞」；道樞與天鈞為同義語。休乎天鈞的「休」，即是將自己的智慧，融和在天鈞、道樞上面，而不流轉下去作分別之知。這從心上來說，意謂之「葆光」。[72]

「心知」是《莊子》所欲對治的根本與唯一問題，[73]而此一問題實則為〈齊物論〉的義理核心，並擴及、輻射至《莊子》一書的全面影響，尤其在「內篇」的義理上，可謂歸根結柢的中心問題、盤根錯節的終極問題指向。郭象《莊子註》序文提及《莊》書乃「通天地之統，序萬物之性，達死生之變，而明內聖外王之道。」[74]此理通透於《莊子》一書旨趣，以內聖外王觀之，達死生、泯是非乃內聖之事，而通天地、序萬物則為外王之功，然《莊子》內聖外王實則一事，總而言之即是無為而自然的根本要理。而「無為」所根治的正是「心知」之造作動盪。吳怡曾提出《莊》書內篇義理架構為：

〈逍遙遊〉是莊子的理想境界，要達到這境界，有三條路子：一是〈齊物論〉中所講的體驗真知，二是〈養生主〉中所講的保養精神，三是〈德充符〉中所講的涵養德性。由這三方面的修養，才能證入〈大宗師〉裡所描寫的大道，才能成就〈大宗師〉裡所

---

[72] 徐復觀：《中國人性論史・先秦篇》，頁401-402。

[73] 此說法參見吳肇嘉：《莊子應世思想研究》，頁46。按勞思光對中國哲學史方法論的建構，基源問題研究法的第一步驟即是：「著手整理哲學理論的時候，我們首先有一個基本了解，就是一切個人或學派的思想理論，根本上必是對某一問題的答覆或解答。我們如果找到了這個問題，我們即可以掌握這一部分理論的總脈絡。反過來說，這個理論的一切內容實際上皆是以這個問題為根源。理論上一步步的工作，不過是對那個問題提供解答的過程。這樣，我們就稱這個問題為基源問題。」（見勞思光：《新編中國哲學史（一）》（臺北：三民書局股份有限公司，2018年），頁14。）

[74] 郭慶藩：《莊子集釋》，頁10。

推崇的真人。唯有是真人，才能真正的逍遙而遊。一方面能遊於
〈人間世〉裡的各種複雜的人際關係中，而此心不亂；另一方面
能遊於〈應帝王〉裡的竭精盡慮的政治事業上，而此心常靜。[75]

吳怡的說法，或可繫連內篇的關係，然細觀其內在結構並無核心問題意
識，易使義理紛雜無統，換言之，據基源問題法則，即無法以一宗旨通
貫《莊子》全書，將導致詮釋系統的枝節雜多。再者，其以「工夫義」
理解〈齊物論〉、〈養生主〉、〈德充符〉三篇，認為此三篇乃達致
〈逍遙遊〉的境界途徑，未免限縮此三篇的全幅意涵，尤其〈齊物論〉
的多重豐富內容，並非以「工夫論」即能詳盡。然而，其在同部著作亦
以為「逍遙的工夫在無為，而無為並非什麼都不做，而是在心性上有很
深的修養工夫。」[76]據此論點，吳怡可能也意識到《莊子》的核心問題
在於「心知」，其上述所謂「三條路子」：體驗真知、保養精神、涵養
德性，洵為一事，亦即「心知」的對治，然而，吳怡並未明言「心知」
的問題，或也有可能係將此「心性」問題歸結至「德性」的修養上立
論，此處保留詮釋的多元空間。

綜上所論，在理論的論述次第上，證諸文獻依據、博徵諸家見解，
眾家學者皆有以〈齊物論〉居於《莊子》全書論述核心地位的看法。然
而，縱使歷來莊學研究高舉〈齊物論〉的義理價值，但其理論仍不可脫
離《莊子》而獨立展現，意即，它必須置放於整個莊學系統中做一命題
比較與體系建構而對顯出其哲學意義。

然本書以為《莊》書的理論架構首先當以內篇貞定外、雜篇，而內
篇尤以「齊物思維」作為整個架構的理論定錨，換言之，在內篇中，即
便〈齊物論〉的理論內涵能夠具脈絡地貫串其餘六篇，將〈逍遙遊〉、

[75] 吳怡：《新譯莊子內篇解義》（臺北：三民書局股份有限公司，2017年），頁12。
[76] 吳怡：《新譯莊子內篇解義》，頁13。

〈養生主〉、〈人間世〉、〈德充符〉、〈大宗師〉、〈應帝王〉的義理詮釋收攝到「齊物思維」的宗旨裡頭，卻也不能離開其餘六篇而顯出其價值，而這也是《莊子》系統的一體通貫原則。

2.當以「齊物思維」作為《莊子》義理脈絡核心

前文藉由諸多學者對〈齊物論〉之重視的討論，以及自理論架構的脈絡中，提點〈齊物論〉於《莊子》思想的意義，為得是闡明本書論《莊》的義理設準，然而，即便眾家對於〈齊物論〉的青睞有加，但本書不以〈齊物論〉單篇作為論《莊》的階級次第依據，原因乃係《莊子》諸篇雖具備一體通貫的義理脈絡，若貿然以單篇作為整部文獻的最重要論述依據，則可能弱化其餘諸篇的論述效度。順此，本書以為在《莊子》理論的探討路徑中，可以「齊物思維」為主題通透整部《莊子》文獻的哲學內涵，如此，藉由主題式的統括，既可保留諸篇特色，亦可將義理脈絡化地收攝於基源問題的討論而不致使問題走向發散雜蕪。就基源問題研究法而言，本書將《莊子》所欲對治的根本問題聚焦到「心知」的造作之上，而「齊物思維」正切中肯綮地成為解決此問題的理想方法，然此思維背後所支撐者，即是道家「無為」工夫的具體實踐內容，換言之，「齊物思維」便是「無為」修養的一種實踐方式，兩者在本質上並無不同，意即，齊物思維乃泯除物我之際而達天地萬物齊等，無論在價值或存有意義上皆是，而無為的內核即是無掉心知造作，使萬物自生自化，於此，齊物思維便是無為修養的一種具體思維展現。

再觀諸內篇文獻，〈逍遙遊〉、〈養生主〉、〈人間世〉、〈德充符〉、〈大宗師〉、〈應帝王〉六篇即便各有篇章要旨與論述特色，卻都內蘊著「齊物思維」的義理脈絡，以下，依序分別就郭象在各篇篇首的總述之語來審視當中所含蘊的「齊物」脈絡：

（1）〈逍遙遊〉：夫小大雖殊，而放於自得之場，則物任其性，事稱其能，各當其分，逍遙一也，豈容勝負於其間哉！

（2）〈齊物論〉：夫自是而非彼，美己而惡人，物莫不皆然，

然，故是非雖異而彼我均也。

（3）〈養生主〉：夫生以養存，則養生者理之極也。若乃養過其極，以養傷生，非養生之主也。

（4）〈人間世〉：與人群者，不得離人。然人間之變故，世世異宜，唯無心而不自用者，為能隨變所適而不苟其累也。

（5）〈德充符〉：德充於內，物應於外，內外玄合，信若符命而遺其形骸也。

（6）〈大宗師〉：雖天地之大，萬物之富，其所宗而師者無心也。

（7）〈應帝王〉：夫無心而任乎自化者，應為帝王也。

郭象總提內七篇綱領，〈逍遙遊〉言小大雖殊而各適其性；〈齊物論〉言是非雖異而彼我均也；〈養生主〉雖明言「養生」之理，實則開宗便以「知也无涯」作喻，闡明心知對養生的傷害；〈德充符〉則以內外玄合為旨，說明德性內充而物應於外的修養在「唯止能止眾止」的心知解消；最後，〈人間世〉、〈大宗師〉、〈應帝王〉皆以「無心」為主張，直言心知的危殆性。總括而論，內七篇以「心知」為基源問題，向外輻輳自各面向的討論，無論在彼我之別、是非之分，亦或自處處人、應世接物，皆不離「心知」的對治而發，而對治心知的唯一進路即是「無為」，具體方法的實踐便是「齊物思維」的作用，齊萬物之性、平天下之論，則物我無際、是非不出，如此，逍遙、養生、應世皆是一事，此乃即內聖即外王的一體通貫理路。

職是之故，本書以為首要步驟當以內篇貞定外雜篇義理，而內篇中尤以「齊物思維」提綱挈領，貫串整部《莊子》文脈，如是，《莊子》義理的哲學體系方有設準與依據，此論述模式不僅能有效統合莊學為一具體系性的學問，更在理論的建構上，達至基源問題研究法的原則，並提高本書論述的效度，同時澄清寫作的一體通貫性與方向性，以及問題的核心宗旨。

二、方法論的反思：本書詮釋方法的依據與原則

　　方法論的選擇，預設著所欲達成之研究目的指向。中國哲學方法論
的探討，肇因於西方哲學的影響，在中國哲學強調「直覺直觀」、「實
踐」，且多以「隱喻」、「描述」行文的文獻內容而言，較之西方哲學
主張「概念思辨」，為文多作「邏輯」、「論證」的對照之下，西方哲
學研究方法適用於中國哲學的合宜性，[77]學者多少提出質疑，同時也意
識到中國哲學的特殊之處，並期建構一套以中國哲學「語脈」為方法的
研究路徑。[78]而《莊子》思想首先亦須置放於整個中國哲學體系而觀，

---

[77] 此一問題，著實關乎著中西哲學思辨方法比較，牟宗三對於中國哲學的釐定（就道家形
上學而言）即提出「實踐的哲學」一說法：「道家式的形而上學、存有論是實踐的，實
踐取廣義。平常由道德上講，那是實踐的本意或狹義。儒、釋、道三教都從修養上講，
就是廣義的實踐的。儒家的實踐是moral，佛教的實踐是解脫，道家很難找個恰當的名
詞，大概也是解脫一類的，如灑脫、自在、無待、逍遙這些形容名詞，籠統的就說實踐
的。」（見牟宗三：《中國哲學十九講》，頁103。）袁保新亦同意牟氏觀點，基於
「道論」的詮釋意義接受「實踐形上學」的說法：「就『道』如何建立這個問題而言，
我們應該充分正視老子思想的實踐性格，避免重蹈馮友蘭先生與徐復觀先生『觀察』、
『推求』等曖昧的說法，從老子有關實踐工夫與體證的章句中，建立老子形上之『道』
的內涵。換言之，我們應該鄭重參考牟宗三先生的見解，將老子的形上陳述視為其實踐
智慧的一種表達，而非一般西方的思辨形上學。」（見袁保新：《老子哲學之詮釋與重
建》（臺北：文津出版社有限公司，1991年），頁78。）自實踐意義而言，中國哲學的
特質就不同於西方哲學以「理性思辨」為勝義的性格，甚至，對於中國究竟有無「哲
學」，牟宗三亦提出其想法：「中國學術思想既鮮與西方相合，自不能與西方哲學為標
準來定取捨。若以邏輯與知識論的觀點看中國哲學，那麼中國哲學根本沒有這些，至少
可以說貧乏極了。若以此斷定中國沒有哲學，那是自己太狹陋。中國沒有哲學，這問題
甚易澄清。什麼是哲學？凡是對人性的活動所及，以理智及觀念加以反省說明的，便是
哲學。中國有數千年的文化史，當然有悠長的人性活動與創造，亦有理智及觀念的反省
說明，豈可說沒有哲學？任何一個文化體系，都有它的哲學。否則，它便不成其為文化
體系。」（見牟宗三：《中國哲學的特質》，頁4。）對於「哲學」一詞所含括的內容
與範疇，牟先生採廣義的說法，他將「哲學」一詞能否適用於中國學術思想的涵蓋性，
轉為文化體系的價值內容；再者，牟氏亦提出了方法論的根本問題，中西哲學乃不同文
化體系，且思辨方法亦差異甚巨，何能以西方哲學為標準來限定中國哲學的理論詮釋。

[78] 勞思光曾提出「何謂中國哲學？」的發問，並試圖答覆中國哲學的特性與意義。他在
〈對於如何理解中國哲學之探討及建議〉一文中指出：「中國哲學作為一整體看，基本
性格是引導的哲學。」他接著解釋：「當我們說某一哲學是引導性的，我們的意思是說
這個哲學要在自我世界方面造成某些變化。為了方便，我們可以提出兩個詞語，即『自

除了能定位《莊子》一書於中國文化體系的意義，更能顯出《莊子》思想的哲學價值。順此，本書將提出三個層次的討論，用以架構文本詮釋的依據與原則，第一層次：依語以明意；第二層次：依意不依語；第三層次：理論邏輯一致。

　　首先，關於第一層的「依語以明意」，即是對於文獻文字的意義釐清，換言之，即以文字為單位作為語意的訓釋。而這也是《莊子》詮釋的基本工夫，義理建構無法脫離文本而成立，離開文本的理論體系，可謂掛空於文獻依據之上，無法有效說明其義理的合法性與根據性。再者，於第一層次的文獻探討後，所要架構的乃是依於文字所建立起的理論內容，這也是第二層次依意不依語之對文字意義的再次檢視，此即詮釋《莊子》的思想建構步驟。前二層次乃依據牟宗三《現象與物自身》序所提及：「其初也，依語以明意。其終也，依意不依語。」[79]其於《中國哲學十九講》亦有類似論點：

　　　　我們要了解古人必須通過文字來了解，而古人所用的文字儘管在

我轉化」與『世界轉化』。這兩個詞語可涵蓋中國傳統中哲學的基本功能。」（見勞思光：〈對於如何理解中國哲學之探討及建議〉，《中國文哲研究集刊》第1期（1991年3月），頁101-102。）再者，關於中國哲學方法論的建構，李賢中於其〈中國哲學研究方法之省思〉扼要整理出諸位學者的方法論：「吳怡、李紹崑的統計比較法、項退結的主導題材方法、勞思光的基源問題研究法、杜保瑞的四方架構法、香港馮耀明的分析哲學法、大陸學者張立文的中國哲學邏輯結構研究法、湯一介的中國解釋學以及旅美學者傅偉勳先生所發展出創造的詮釋學方法。」（見李賢中：〈中國哲學研究方法之省思〉，《哲學與文化》卷34，第4期（2007年4月），頁8。）在眾家學者提出的方法中，本書以為最有「中國特色」乃杜保瑞的四方架構法，其架構依「宇宙論、本體論、工夫論、境界論」為討論範疇。（見杜保瑞：《中國哲學方法論》（臺北：臺灣商務印書館，2013年。）然而，杜氏所提出的四方架構法乃建基於儒釋道三家的理論系統，其範圍無法涵蓋全部中哲思想，因而李賢中提出反省如下：「不過像名家、墨家，特別是〈墨辯〉的部分，其四方架構法則無法運作了。這也顯示中國哲學的方法問題，會因研究對象的性質、目的、與所關切之哲學問題的不同，而影響到處理方法的差異。」（見李賢中：〈中國哲學研究方法之省思〉，頁14。）

79　牟宗三：《現象與物自身》（臺北：臺灣學生書局有限公司，1984年），頁9。

　　某些地方不夠清楚，他那文字本身是ambiguous，那你就不能亂講。另外還有一點要注意的，你即使文字通了，可是如果你的「見」（insight）不夠，那你光是懂得文字未必就能真正懂得古人的思想。[80]

牟氏所言，在中國哲學文本詮釋的理解中，可謂建基於依語明意，再而依意不依語的方法論構設，順此，徐復觀有一更詳細論述：

　　我們所讀的古人的書，積字成句，應由各字以通一句之義；積句成章，應由各句以通一章之義；積章成書，應由各章以通一書之義。這是由局部以積累到詮體的工作，在這步工作中，用得上清人的所謂訓詁考據之學。但我們應知道，不通過局部，固然不能瞭解全體；但這種瞭解，只是起碼的瞭解。要做進一步瞭解，更需反轉來，由全體來確定局部的意義；即是由一句而確定一字之義，由一章而確定一句之義，由一書而確定一章之義；由一家的思想而確定一書之義。這是由全體以衡定局部的工作。即趙岐所謂「深求其意以解其文」的工作，此係工作的第二步，此便非清人訓詁考據之學所能概括得了的工作。[81]

徐氏所謂的第二步工作，即是以全體而貞定局部的「反轉」詮釋，然而，此一步驟仍須奠基於第一步「字義理解」的工夫。只是，若義理詮釋僅停留在訓詁考據層次，則只能求局部之釐清，而無法衡定義理體系

---

[80]　牟宗三：《中國哲學十九講》，頁71。按鄭宗義理解，他說：「牟先生所謂的知識、文字應是指對文獻的掌握；思辨、邏輯是指以理性之認知來了解文獻義理；而感觸、見則是要求解釋者本身需對中國哲學文獻義理背後透出的生命智慧有一實存的感應與契合。」（見鄭宗義：〈知識、思辨與感觸——試從中國哲學研究論牟宗三先生的方法論觀點〉，《鵝湖學誌》第18期（1997年6月），頁26。）

[81]　徐復觀：《中國思想史論集》，頁113。

的判準。於此，具備哲學價值的文獻詮釋進路，必須滿足跨越到「依意不依語」的理解向度。更進一步言，在依語明意與依意解文的詮釋循環中，不只是單向由全體確定局部，其局部的釋義抑是貞定整體義理的基本單位，然而，若局部字義與整體脈絡有所衝突時，則應當依於系統之完整性與通貫性為原則，若不如此，將導致理論詮釋的分散與系統性的崩解，尤其是詮釋《莊子》這一部具備高度歧異性的文獻時，須要以徐復觀「莊學系統」的思想史意義而定調，才可能建構出一套「有意義」的哲學理論。袁保新於《老子哲學之詮釋與重建》亦提出六項相應之詮釋原則：

（一）一項合理的詮釋，其詮釋本身必須在邏輯上是一致的。

（二）一項合理的詮釋必須能夠還原到經典中，取得文獻的印證與支持，而其詮釋觀點籠罩的文獻愈廣，則詮釋就愈成功。

（三）一項合理的詮釋應該盡可能運用經典本身無疑義的文獻來解釋有疑義的章句，用清楚的觀念來解釋不清楚的觀念。

（四）一項合理的詮釋應該將經典本身視為在思想上一致和諧的整體，避免將詮釋對象導入自相矛盾的立場。

（五）一項合理的詮釋，必須一方面將詮釋主題置於它們隸屬的特定時代與文化背景來了解，但另一方面也要能夠抽繹出它不受時空拘限的思想觀念，而盡可能用現代語言與哲學經驗傳遞給讀者。

（六）一項合理的詮釋，對其詮釋方法與原則應有充分的意識，並願意透過與其他詮釋系統的對比，調整修正其方法與原則。[82]

據引文可知，前四項屬於文獻內部方法論使用的詮釋原則，邏輯一致即

---

[82]　袁保新：《老子哲學之詮釋與重建》，頁77。

符合「系統性詮釋」的通貫要求；文獻印證與支持即是「依語以明意」
的基礎奠定；而透過清楚觀念來解釋不清楚觀念的詮釋進路，正是「依
意不依語」之整體義理系統衡定局部意義的詮釋循環[83]定位。

　　再者，第五項所言之「置放於特定時代與文化背景」一說法的提
出，即是文獻之「思想史」建構的「史」的內容，文獻首先是反映某一
時代之價值背景與文化脈絡，為具備歷史意義的載體，並且透過詮釋方
法而精粹其理論，展示其哲學價值與生命智慧。於此，經典的理解勢必
關聯其「特殊哲學命題」，換言之，中國哲學文本必須置放於思想史的
範疇而呈顯其特殊性，並從不同特殊性的脈絡比較中，統合出中國哲學
的普遍性意義，張岱年在《中國思想史方法論發凡》中指出：

> 哲學命題大都是普遍命題，具有二重意義。一方面，它反應了某
> 一客觀的普遍規律，這是它的普遍意義。另一方面，當一個思想
> 家提出一個命題的時候，他是根據某些特殊事例而提出的，這個
> 命題是某些特殊事例的總結，是這些特殊事例的概括。這就是它
> 的特殊意義。事實上，當古人提出這類命題的時候，把所根據的
> 特殊事例看成普遍性的；經過歷史的演變，後人才發現古人所觀
> 察的情況其實是特殊性的。但是這些由一定的特殊事例總結出來

---

[83] 按（德）施萊爾馬赫（Friedrich Schleiermacher, 1768-1834）之「詮釋學循環」說：
「我們理解某物是靠我們將它與我們已知的某物做出比較。我們所理解的東西自身就構
成了系統的統一體，或由部分組成的詮釋學循環。此循環做為一個整體規定著個體的部
分，部分相結合又構成這個循環。比如整個句子就是一個統一體，我們之所以能理解一
個單獨語詞的意義，正是因為我們聯繫到整個句子來觀察它；從相互關係上看，做為一
個整體的句子依賴於單個語詞的意義。廣義地說，一個單獨概念從它所處的語境或視界
中就獲得了它的意義；然而視界是由眾多不同的因素構成，視界給這些因素賦予了意
義。通過整體與部分間的辨證之相互作用，它們就把意義互給了對方；這樣看來，理解
就是一種循環。由於在此『循環』之內義意最終持存著，故我們就稱它為『詮釋學的循
環』。」（見帕瑪（Richard E. Palmer）：《詮釋學》（臺北：桂冠圖書股份有限公
司，1992年），頁98。）

的規律仍然有一定的普遍意義。[84]

　　據張氏觀點，一時代思想命題的提出，具備雙重意義，一為普遍意義，另一為特殊意義。例如〈齊物論〉的「儒墨之爭」，它反映了該時諸家爭鳴的社會現象，在思想史上為特殊的時代背景呈現，然儒墨是非之辨又何嘗不是人類歷史洪流中的普遍現象，它同時具備著特殊與普遍的意義，而這樣的觀點，必須將文獻回歸到史的脈絡中而談出箇中要旨。然其普遍意義正也是袁保新所指出的「不受時空拘限的思想觀念」之抽繹。

　　最後，關於第六項「透過與其他詮釋系統的對比，調整修正其方法與原則」，可透過唐君毅「比較研究法」作為互詮，他在《哲學概論（上）》指出：「比較法之所著眼點，則在一哲學思想之本身之內容或系統，與其他哲學思想之內容或系統之異同。」[85]牟宗三在《中國哲學十九講》提出「道家思想乃對治周禮而出」[86]，王邦雄更進一步指明「道家的自然之道，對儒家『志於道』的人文之道，有根本的反省。」[87]依唐君毅比較研究法之「異同」論，先秦諸子爭鳴，在價值觀上或為不同立場，然

---

[84] 張岱年：《中國思想史方法論發凡》（北京：中華書局，1983年），頁56。

[85] 唐君毅闡述其「比較法」為：「比較是兼較同與較異，然一切思想中恆有異，異中又恆有同。有似異而實同者，亦有似同而實異者。然吾人見同時，又恆易忽其異，見異時又恆易忽其同，因而比較之事，似易而實難。而比較法之價值，則在由比較，而使同異皆顯出，同以異為背景，而同亦彰其同；異以同為背景，異亦更見其異。由是而使同異皆得凸顯，而所比較之對象之具體的個體性，亦皆得凸顯。而吾人之比較之思想活動本身，亦因而有更清楚豐富之思想內容。故吾人之從事對哲學思想之比較研究，亦即使吾人之哲學思想本身，升進為能綜合所比較之哲學思想，以成一更高之哲學思想者。」（見唐君毅：《哲學概論》（臺北：臺灣學生書局有限公司，1974年），頁201-202。）

[86] 牟宗三在《中國哲學十九講》第五講提及：「道家的興起及系統的性格決定於以前所講的諸子起源問題，即針對周文疲弊而發。」（見牟宗三：《中國哲學十九講》，頁87。）

[87] 王邦雄等編著：《中國哲學史》（臺北：國立空中大學，1995年），頁123。

其共同之處即在針對「周文疲弊」發聲，牟宗三以為：

> 這套周文在周朝時粲然完備，所以孔子說「郁郁乎文哉，吾從
> 周」。可是周文發展到春秋時代，漸漸的失效。這套西周三百年
> 的典章制度，這套禮樂，到春秋的時候就出問題了，所以我叫它
> 做「周文疲弊」。諸子的思想出現就是為了對付這個問題。這個
> 才是真正的問題所在。它不是個泛泛的社會問題，也不是籠統的
> 民生疾苦問題，它就是這個「周文疲弊」問題。所以我在前面之
> 所以說儒墨道法這四家是相干的，就是因為這四家有一共同的特
> 點，也就是說，他們是針對周文之疲弊而發。[88]

按牟氏之說，諸子共同面臨的時代問題，正是禮崩樂壞、社會價值分
殊、無有共識的時局狀態，於此，周文疲弊即是先秦諸家群起發難的背
景因素，然而，即便共同面對此一課題，各家所提出的治世理念亦有不
同，儒家主張重整禮樂制度，回復周禮，而道家，尤其《老子》思想，
則針對「禮樂」的徒有虛名而發出攻訐。牟宗三曾批評胡適之史觀，
在於其以《老子》作為中國哲學史的講述起點：

> 胡適之先生講中國哲學，是直接從老子開始，這是不對的。從春
> 秋時代開始是可以的，但是不能斷自老子，因為老子這個思想是
> 後起的。老子的思想為什麼是後起的？最重要的一點是，道家的
> 思想是個反面的思想。有正面才有反面。[89]

依牟氏所謂「後起」、「反面」而論，並參照王邦雄之說，道家思想雖

---

[88] 牟宗三：《中國哲學十九講》，頁60。

[89] 牟宗三：《中國哲學十九講》，頁51。

同為「周文疲弊」而發，更深入來說，道家係針對「儒家」而發聲的學說。如此，在系統的比較中，談論道家思想，則無能脫離儒家的反省而立論。

綜合以上研究法，本書提出一、依語以明意；二、依意不依語；三、理論邏輯一致，三階段的詮釋方法分別對應諸位學者的理論體系，為系統內部的文獻詮釋進路，而三項階段乃循序漸進的次第，較後面的原則假定較前面的原則，換言之，理論基礎必先由牟宗三所謂「依語以明意」，再而論其「依意不依語」，這亦是徐復觀所言之「反轉」的內容。而這樣的詮釋循環，以局部推導出整體，再而由整體衡定局部，並進一步要求理論邏輯的一致性，以上方法可總結於袁保新所建構的六項詮釋學方法中，然本書當以袁保新的詮釋方法為原則而非教義式的條條符應，而是參照此一進路，作為詮釋文本的引導。

本書以理論體系的系統性與統一性為最高詮釋原則，此「三階段」的論述模式係脫胎於牟宗三的哲學詮釋進路，並以勞思光「基源問題研究法」[90]為內核，為得是在不離於思想「史」的脈絡中，對《莊子》進行最大意義的探析，按勞先生的說法，基源問題研究法的操作，必須要滿足三個條件，分別為一、事實記述的真實性；二、理論闡述的系統性；三、全面判斷的統一性。而一套方法論的提出，即預設著一種觀點設準，也指涉著最終研究成果的輪廓。根據牟宗三「依意不依語」所展示的面向，即是對理論建構具備系統性的要求，才不致停留在第一階段之「依語以明意」而產生義理紛雜、散亂的現象。而基源問題研究法所提出的最後一條件：「全面判斷的統一性」，即符應於本書第三階段之「理論邏輯一致」，意即，系統的說出，必然要合乎前後邏輯一致的要求，如此，整部《莊子》體系方能在基源問題的掌握之中，輻輳展開諸多面向的討論。

90　勞思光：《新編中國哲學史（一）》，頁13。

猶有進者，系統外部之比較，根據唐君毅之「比較研究法」，系統
之間的比較，除了顯出彼此之異同，更能透過比較，綜合諸家說法，升
進所論學說之哲學價值。自道家義理內部比較，藉由《老子》與《莊
子》之系統的理解，清晰道家體系的理論脈絡；與儒家思想比較，除了
反映道家乃自儒家「反面」、「後起」的意義，更能在儒道二家的系統
架構中，對比出道家哲學的勝義。最後，即便牟宗三認為中西哲學的
「理論性格」差距甚大，但仍不可否定中西哲學會通的可能性，牟氏於
《中西哲學之會通十四講》講述：「由普遍性可以言會通，由特殊性可
以言限制，多姿多采，講個性。這兩方面都要同時保存。」[91]而牟氏進
一步在第二講中言及「會通」的前提：

> 講中西哲學之會通，首先由限制性講中西哲學之差異。在限制性
> 中表現具有普遍性的概念，我們不能離開限制性憑空籠統地講放
> 諸四海皆準的普遍性的概念，故先講限制性，由限制性就有不
> 同，可以講中西哲學之差異與分別。[92]

自限制性言普遍性，意即尊重中國哲學文本的特質，理解中國哲學相異
於他者之處，並從比較中索繹、整理出系統的差異性質，為的是避免穿

---

[91] 牟宗三：《中西哲學之會通十四講》（臺北：臺灣學生書局有限公司，1990年），頁
12。

[92] 自限制性而言中西哲學之差異，按牟氏說法，中國哲學所關心的是「生命」，而西方哲
學所關心的是「自然」。他說：「所述的普遍性與特殊性，以此乃可言中西哲學之會通。
有普遍性也不能以此而言中西哲學不能有差別、有限制性，故中西哲學永遠可保持
其特殊性。由普遍性與特殊性兩方面綜合起來，我們就可把握中西哲學發展之主要綱領
的差異在何處。如剛說過，對中西哲學傳統的長期發展加以反省就可看出其不同，我們
可以用兩個名詞來表示。我們可說兩個哲學傳統的領導觀念，一個是生命，另一個是自
然。中國文化之開端，哲學觀念之呈現，著眼點在生命，故中國文化所關心的是『生
命』，而西方文化的重點，其所關心的是『自然』或『外在的對象』。」（見牟宗三：
《中西哲學之會通十四講》，頁17-18。）

鑿附會，妄以系統之間的相似處逕自等同以視，而未能清晰兩造之間的根本理論立場，如是，除了忽略文本於整個論述體系中的文獻意義，亦可能導致範疇錯置、理論效度混淆不清的詮釋誤解。項退結在《中國哲學之路》自序中曾提出治中國哲學須注意的四個面向，其中，第二點之「現代詮釋學所強調的視域交融法[93]，切忌濫用一己觀點於不相干的事上」，以及第四點之「與西洋哲學作適當的比較」[94]即可作為本書對於比較哲學的立場與態度選擇，按項氏的理解，詮釋切勿過分主觀，且能保持對其他觀點、視域的開放理解。然而，要如何在「適當的比較」中達到較為客觀的詮釋理解而非妄作附會之語，本書以為，仍須回歸到文本的依據上立論。於此，依語明意；依語不依意；理論邏輯一致性，三項文獻內部的詮釋方法實為與外部系統進行視域溝通比較、甚至交會的立論基礎。

　　最後，關於文本詮釋的最終指向，勢必提及傅偉勳的「創造的詮釋學」，而袁保新六項詮釋原則的提出，實則出自傅偉勳「創造性詮釋學」的啟發，只是，袁先生對於此種詮釋方法仍有所前提預設，[95]換言

---

[93] 現代詮釋學家（德）高達美（Hans-Georg Gadamer, 1900-2002）所提出的「視域交融」，乃作為一開放的詮釋學方法，按帕瑪講述：「如果本文（文本）或歷史行為被當做是對一個問題的回應，那麼，要去重建這個問題，是無論如何不能被視為一個自我封閉的任務。正如高達美在批判歷史意識時指出的，要邁向本文和歷史行為所處的意義與視域，人們是從他自己的視域出發，不斷質疑地前進著；當人在詮釋時，他並未將自己的視域棄之於後，而是在擴大視域，以便與行為或本文的視域融為一體。這既不是要去探索歷史行為者的意圖，也不是要在本文中去發現作者的意向。是歷史遺產其自身在本文中訴說者。問與答的辨證產生了一種視域融合（fusion of horizons）。」（見帕瑪（Richard E. Palmer）：《詮釋學》，頁235。）

[94] 按項退結所提出的「主題研究法」所包含的四個層面，分別為：一、哲學史的溯源方法，包括考證；二、現代詮釋學所強調的視域交融法，切忌濫用一己觀點於不相干的事上；三、邏輯與字義語義的分析；四、與西洋哲學作適當的比較。項退結：《中國哲學之路》（臺北：東大圖書股份有限公司，1991年），頁IV。

[95] 袁保新在其博士論文研究方法中提及：「為了避免這項創造性的詮釋流為自抒己見的主觀危機，我們認為詮釋者的詮釋原則或前提，不僅要充分地意識並表述出來，他還應該尊重學術史上各種客觀的資料與研究成果。」（參見袁保新：《老子哲學之詮釋與重建》，頁10。）

之，狹義的「創造性詮釋」作為哲學詮釋方法的進路之嚴謹程度仍是須要細緻檢視的。按傅偉勳所述：「就廣義言，創造的詮釋學包含五個層次，就狹義言，特指『必謂』層次。如依狹義重新界定五個層次的各別功能，則『實謂』層次屬於前詮釋學的原典考證；『意謂』屬於依文解義的一種析文詮釋學；『蘊謂』層次乃屬歷史詮釋學；『當謂』層次則屬批判詮釋學；至於『必謂』層次才真正算是狹義的創造的詮釋學，但此層次的創造性思維，無法從其他四層任意游離或抽離出來。」[96]傅氏以「五謂說」作為其詮釋的理論建構，而狹義的「創造的詮釋學」定義，特指五謂當中的「必謂」階段，必謂層次即要說出原思想家現在所必須說出的，或是說出其未能完成的。換言之，此一詮釋方法已然朝向哲學家的目標邁進。然而，本書並非要創造一套新的哲學理論，而是就《莊子》論《莊子》，當然，此一創造性思維仍可作為一指標性原則而產生其意義。

此外，鄭宗義於其〈知識、思辨與感觸——試從中國哲學研究論牟宗三先生的方法論觀點〉中比較傅氏與牟氏的詮釋方法：「若借用近人傅偉勳先生提出的創造的詮釋學底實謂、意謂、蘊謂、當謂與創謂的區分來說，牟先生的依語以明意，即實謂、意謂、蘊謂的詮釋，而依意不依語即當謂與創謂的詮釋。」[97]但是，牟先生的「依意不依語」能否等同於傅偉勳所謂的「創造的詮釋學」是值得商榷的，換言之，牟氏詮釋方法當中是否蘊含著傅偉勳所指的「創造性詮釋」，是令人懷疑的。依據牟宗三的理解，依語以明意必須立基於「文本」的根據上而討論，仍屬於系統內的詮釋範疇。關乎傅偉勳狹義的「創造的詮釋學」，其詮釋效度之分寸拿捏能否在一定程度上符應文獻依據，而達到不過分「主

---

[96] 傅偉勳：《從創造的詮釋學到大乘佛學》（臺北：東大圖書股份有限公司，1999年），頁45。

[97] 鄭宗義：〈知識、思辨與感觸——試從中國哲學研究論牟宗三先生的方法論觀點〉，頁51。

觀」的詮解,自更根本處說,其論述標準如何設定,以及其標準以何為「客觀」依據的問題,傅偉勳皆未能進一步說清。關於這問題,有學者反省如下:

> 「創造的詮釋學」將還原性詮釋方法與創造性詮釋方法有機地統一起來,並以創造性詮釋為最終依歸,的確較能體現中國傳統詮釋思想的部分特質。但是,其所存在的理論缺陷也是不容忽視的。對於「創造的詮釋學」,學術界一般的評價是,該理論具有「分析性和明晰性」、「十分便於操作」,筆者對此持有相反的看法。「創造的詮釋學」的理論核心在於創造性詮釋,即「當謂」及「必謂」層次。然而,傅教授恰恰未能指明通達這兩層次目標的具體途徑。由於不明所以,許多學者紛紛把伽達默爾(本書譯為高達美)的「視域融合」作為實現「當謂」或「必謂」的孔道……傅教授曾依據自身理論評價哲學詮釋學,認為伽達默爾只達到「當謂」階段,還不是「必謂」的詮釋學。所以,「視域融合」並不適用於「必謂」層次。那麼,「視域融合」能夠適用於「當謂」層次嗎?詮釋者的「詮釋學洞見」來自何處呢?「必謂」層次的「批判地繼承」與「創造地發展」又是如何達成的呢?對於這些問題,傅教授均未作出有效說明。[98]

關於此一反思,可以見得,「創造性詮釋」只提及「目標」,而未論及「方法」,換言之,傅偉勳對於「必謂」的方法論內容未有清楚且理論性的建構,故本書對此狹義的「創造性詮釋」僅採取「存而不論」的立場,本書之研究方法主要仍依於上述的次第架構,即依語明意;依意不依語;理論邏輯一致性,作為文本內部系統建構的構設進路,而與外部

---

[98] 李凱:《孟子詮釋思想研究》(臺北:萬卷樓圖書股份有限公司,2012年),頁5-6。

系統比較者，則採取「適當的比較」，不妄作比附之詞，此乃本書對於研究方法的根本立場與態度。

第四節　論述結構

在述及本書論述結構之前，先就本書論題之「和諧思想」提出一哲學定位。當一命題關涉著某一哲學意涵，勢必要先對其意義進行分析，再而就其脈絡展開討論。意即，就本書而論，「和諧」是什麼意思？[99]或者說，一個哲學家要談及哪些問題，才算得上是對和諧作出一種表述？最後，為了達到《莊子》和諧觀的實踐，必須涉及哪些範疇的討論，便是本書結構建立的思維方式。

首先，關乎「和諧」的哲學意涵，在中國哲學中可謂相當重要的議題，於先秦百家爭鳴一時代意義下，禮崩樂壞的紊亂紛雜之中，尋求一「和諧」的定局即成為諸子的核心關懷，而和諧於此脈絡中，便是一「共識」般的價值指向，只是，因眾家所秉持之理念與治世方法不同，故而對於「和諧」的內容認知產生理論上的差異與實踐方式的分殊。就道家而言，《老子》對於「和諧」的認定便與儒家大相逕庭，儒家以「禮樂」作為和諧的先要條件，然《老子》對「禮樂」則秉持著具「批判性」的說詞，反而主張「知和曰常，知常曰明」的依據乃由乎「德性」的醇厚，即所謂「含德之厚，比於赤子」（〈第五十五章〉）換句話說，如若萬物德性燦備，無有心知使動純然之氣，物我之間自然相諧

---

[99] 若就文字考據的面向而言，《說文解字》釋「和」字為「和，相應也，從口禾聲」，其古字「龢」為「調也。從龠禾聲。讀與和同」（參見〔東漢〕許慎撰，〔清〕段玉裁注：《說文解字注》（臺北：洪葉文化事業有限公司，1999年），頁57、86。）即便文字訓詁能夠達致詞意的釐清，但仍無法清晰《莊子》對「和諧」的定義，職是之故，必得由乎哲學的定位、義理的比較，方能廓清《莊子》和諧「思想」（就體系的建構而言）的討論。

共存。《莊子》雖不視禮樂體制為一必然之惡，但其「和諧」的理念亦相迴於儒家以名言體系之建構為秩序的要求。順此，《莊子》的「和諧」並不能自「正名」的分際上談，而須就超越界的依據立論。

承上所述，《莊子》如何展示「和諧」的意義，文獻中涉及哪些與和諧相關的討論，且對於和諧作出哪些表述，關乎上述問題，必須回到要一核心宗旨而問，意即：「為何須要講和諧的價值？」藉由此核心問題的觀照，便可一一展開上述問題的答覆。本書在方法論的建構上，係以「基源問題」為設準，且一再主張《莊子》認知的唯一問題在「心知」的造作，而心知即是「亂」的根源。換言之，何以一位哲學家，或一理論須要討論「和諧」的價值，必然相對應一「亂」的對治而發。如此，以此基源問題為設準的「和諧思想」討論，即指向對「亂」的根本問題——「心知」的解消而建構。然此一「和諧」理論的架構，涉及諸多哲學範疇的探討，而此理論的建構，同時亦指涉著《莊子》如何實踐「和諧」的進程，篇章之間可謂環環相扣，彼此牽繫呼應，自「主體性」、「通達觀」、「心氣關係」、「道論」的環節中，展示出《莊子》「和諧思想」之特色，及其實踐方法之作用。

一、《莊子》的主體性

「和諧思想」討論，內蘊著一套彼我之際的相處模式，換言之，此命題首先涉及萬物之間的互動關係，而此自處處人的應世方法，勢必要面臨一個根本的問題即是「萬物之主體為何？」意即，在談論《莊子》通達思想之前，主體性的探討與確立著實影響著後文通達觀的討論（若無主體性，那便無論通達之根據），故本章藉由眾家學者的論述與反思，進一步提出「主體性」在《莊子》思想中的重要意涵。關乎主體，或言自我觀，在《莊子》和諧觀的論題之下，所展現出的哲學意義，正是「達人心；達人氣」的物我互動之際，以及「莫逆於心」的境界之

中，如何透過「主客互動」的關係，闡述箇中對於「主體性」的思考，並作為開啟下一章節「通達觀」與「心氣關係」的前哨地位，且與最末章「道論」形成首尾呼應之「主體」依乎「天理」如何可能的實踐進路指向。

二、《莊子》的通達觀

研究《莊子》思想「和諧觀」中「達人心；達人氣」一論題如何建構的先要基礎，必須從《莊子》的「通達觀」談起，「通」與「達」在《莊子》義理中多數具備「工夫」意味的指涉，並且含有一「返道」的方向性，換言之，《莊子》論「通達」並非無目的性，而是涵藏著指向「本體之道」的內在趨力，文獻中更有以「大通」直指「道」之比喻。〈人間世〉中顏回將赴衛國遊說，而孔子卻以「德厚信矼，未達人氣；名聞不爭，未達人心。」警示其「彊以仁義繩墨之言術暴人之前」無異於「菑人」之舉。同出於〈人間世〉之「顏闔將傅衛靈公太子」一則，更生動地描繪「人際對待關係」中的兩難問題，尤其是權力結構之下的相處狀態，明白指出人要如何自處處人的深刻反思。而這些問題，在「齊物思維」的視域下，何以能透過「照之于天」而成就「以應無窮」的終極「和諧」之境。即是本書自「通達觀」所欲開啟的一連串論述。

三、《莊子》心氣關係論述

「心」與「氣」的論述，在中國哲學的討論中可謂顯學，然本章承衍自前二章的主體性至通達觀的討論後，所展開的義理面向，即是《莊子》思想中的「心氣關係」論述。何以要討論《莊子》文本中的心氣論述？其意義與重要性為何？這些問題實則關聯著《莊子》「和諧」範疇如何可能的論調，換言之，心氣論題在《莊子》義理中可謂具備穿針引線的意義，自問題意識的動機提出，至「主體性」的議題，到「通達

觀」的探問，「心」與「氣」的討論縱貫整個體系，流動於義理的脈絡當中，且進一步開啟下一章節「氣」的有序化如何可能的論述內容，以及對於超越界道體的討論。換句話說，《莊子》和諧觀的研究，心氣的義理貞定，牽動著整個和諧觀的詮釋版圖。

四、《莊子》客觀實有道體的終極保證

「氣」的義理內容，於《莊子》學說的詮解中，可謂具備高度複雜意義的詮釋難題。自王邦雄的討論當中，即可見得，「氣」在《莊子》思想中同時具備工夫論與存有論的內涵，順此，在討論「心齋」之「聽之以氣」一最高理境時，存有論意涵的「氣」於工夫論位階中則可能導致詮釋的衝突，換言之，「氣」於整部《莊子》文獻的統合問題，關係著莊學體系的融貫性與整體性。並且，在討論「氣」的問題時，除了須照應「氣」的諸多詮釋面向，更重要的是，如何收攝其義理的複雜性，並談出「氣」於《莊子》具備「有序性」的可能向度，於此，《莊子》的氣論才不致陷入「無方向」的雜亂，同時致使《莊子》重要的「聽之以氣」工夫成為一毫無價值的論述。綜上而論，「氣」的「有序化」是《莊子》談「和諧」如何可能的重要因素，如若「氣」僅是一亂竄且無終極趨向者，則遑論「和諧觀」的討論，甚至連「道體」的究極保證也成了「空談」。

最後，《莊子》「和諧思想」的最高原則，以及最終依據，必須仰賴於「道體」的客觀實存性，意即，若道體僅作為一主觀境界的朗現，而被置定成一「姿態」，則萬物透過無為工夫後的「和諧」必然性之保證則無從實現，並且，道體的客觀實有說，作為一最高目的的實現原則，必然地保證了「吹萬不同，而使其自已也，咸其自取」的「獨化」狀態。如此，萬物的殊異性與共源於道體的普遍性便同時被保存了下來，而這也是「不禁其性，不塞其源」而能「共成一天」且「兩不相

傷」的「即內聖即外王」之說。

　　綜上而論，本書《莊子》「和諧思想」研究，首先以「主體性」的確認為開端，析論《莊子》文脈中主體性的探討，旨在述明「達人心；達人氣」之主體根據，同步展開後文「通達觀」的討論，而「通」與「達」在《莊子》義理中多數具備「工夫」意味的指涉，並且含有一「返道」的方向性，於此，在脈絡進路的鋪設上，論及「達人心；達人氣」一義，勢必要對《莊子》的通與達有一番筆墨。再者，接續著通達觀的探討，為了使全文脈絡有秩序地展開，則必然要討論《莊子》「達人心；達人氣」中所能通達的內容，意即「心／氣」關係的研究，於此詳盡本書對此一議題的探究，最後，為了統合理論的完備性與整全性，本書在最後提出了「《莊子》客觀實有道體的終極保證」作為呼應開宗「主體性」的討論，以此凸顯《莊》書「主體」依乎「天理」如何可能的實踐進路指向，而此亦是本書《莊子》和諧思想如何可能的脈絡鋪陳。

第二章 《莊子》的主體性

第一節 《莊子》主體性於和諧思想的意義

　　論及《莊子》主體性於和諧思想的意義，首先須確定《莊子》所談論之「和諧」的意涵。意即，《莊子》所定義的「和諧」為何？第一章導論曾述及本書研究「和諧思想」的義界與定位，同時提出對「和諧」議題的探問所須涉及的範疇討論。此處，將藉由系統比較的體系對比，透過先秦儒道思想的對舉，廓清且建構出《莊子》論「和諧思想」的要旨。關乎「和諧」的探討，首先得自詞意的釐清為基礎，《說文解字注》釋「和」字為「相應也，從口禾聲」[1]，其古字「龢」為「調也。從龠禾聲。讀與和同」[2]；「諧」「龤，樂龢也，從龠皆聲。虞書曰：『八音克龤。』」段玉裁進一步指出：「龤訓龢，龢訓調，調訓龢，三字為轉注，龤龢作諧和者，皆古今字變，許說其未變之義。」[3]按釋義，和與諧在字義上為轉注，可互相訓釋，職是之故，《莊子》文獻中「和」字基本上即是對於「和諧」向度的闡述。

　　只是，就訓詁字義並不足以解決《莊子》「和諧思想」之體系建構問題，於義理層面仍須透過「依意解文」作為哲學的定位。湯一介在〈中國哲學中和諧觀念的意義〉中藉四項論點講述中國哲學的「和諧」內涵：

---

[1] 〔東漢〕許慎撰，〔清〕段玉裁注：《說文解字注》（臺北：洪葉文化事業有限公司，1999年），頁57。

[2] 〔東漢〕許慎撰，〔清〕段玉裁注：《說文解字注》，頁86。

[3] 〔東漢〕許慎撰，〔清〕段玉裁注：《說文解字注》，頁86。

「崇尚自然」，可以解釋為，在中國哲學中，把自然看成是和諧的整體，而有「自然和諧」觀念；「體證生生」，可以解釋為在中國哲學中，把人和自然看成是和諧的整體，而有「人和自然和諧」的觀念；「德性實踐」可以解釋為，在中國哲學中把人和人看成是和諧的（或者說，應該是和諧的），即有由人們創造的社會的和諧的觀念。我想，除了以上三點；還應加上人自我「修身養性」的問題。所謂「修身養性」可以解釋為，在中國哲學中，把人的身和心看成是和諧的（或者說，應該是和諧的），即有「自我身心內外和諧」的觀念。這就是說，由「自然的和諧」、「人與自然的和諧」、「人與人的和諧」，「人自我身心內外的和諧」構成了中國哲學中的「普遍和諧」的觀念。[4]

據引文，湯一介以「自然的和諧」、「人與自然的和諧」、「人與人的和諧」，以及「人自我身心內外的和諧」為範疇，劃分中國哲學「和諧」的內容，然而，這樣的劃分其實並不陌生，在前文文獻回顧中，可以見得歷來《莊子》「和諧」研究，便是透過「天和」、「人和」、「心和」的講述而檢別《莊子》之和諧思想，換言之，「自然的和諧」對應「天和」，而在天人合一的傳統思路下，「人與自然的和諧」亦可收攝進「天和」的生命智慧引導中立論；再者，「人和」對應「人與人的和諧」；最後，「心和」便是透過「修身養性」的實踐所達致的「人自我身心內外的和諧」。如是，即可知曉，傳統中國哲學對於「和諧」的論述，其實並無脫離這幾大範疇的探析，尤其是關於「和諧之內容」的命題，歷來「和諧」研究幾乎自此面向呈現，而以往《莊子》和諧思想的探討，亦在此框架內進行，然而關乎如何「實踐」和諧的討論卻幾

4　湯一介：〈中國哲學中和諧觀念的意義〉，《哲學與文化》第2期（1996年2月），頁1314。

乎皆僅以「工夫論」的範疇帶過，甚少在工夫論外論及「實踐」和諧的
體系建構問題，亦即本書所架構出的幾大命題——自主體性的確定；通
達觀的探析；心氣論的釐清；以及超越界客觀道體的保證。職是之故，
在以往莊學研究的和諧論域基礎上，本書更進一步涉及《莊子》「實踐
和諧如何可能」的義理體系建構。

　　在定位完本書所欲談論之「和諧」意涵後，要釐清《莊子》義理的
「和諧」思想，首先須自系統之間的比較清晰所研究之思想的設準，關
乎系統之間的比較，儒家思想可作為道家理論的明顯對照，[5]儒家論述
「和諧」，原則上不脫「禮」的社會實踐性。《論語・學而》：「禮之
用，和為貴。先王之道斯為美，小大由之。有所不行，知和而和，不以
禮節之，亦不可行也。」朱熹註曰：「禮者，天理之節文，人事之儀則
也。和者，從容不迫之意。」[6]「禮」乃依乎「仁義」的經驗界規範，
而仁義即是道德主體「志道據德」的體悟內容，換言之，儒家的道德內
容為仁義，落實為經驗界而施行者，便是「禮」的作用。故朱子以「天
理之節文，人事之儀則」作註，為得是解釋「禮」作為社會的規範，其
背後具天理的支撐，而天理為人所把握者，便是儒家之仁義。如是，
「禮之用，和為貴」，便指涉著「禮」的作用，是以「和諧」為最高原
則（暗示著天道和諧），禮的實踐方向，即是和諧社會的秩序實現，換
句話說，雖然知道「和諧」乃最高原則，但「不以禮節之，亦不可行
也」，仁義之體若無禮為用，則實踐和諧亦不可行，職是之故，仁義為
禮的依據，而禮則為仁義的具體實現，「和諧」便在此互為表裡的模式
上呈現。

　　再者，自道德主體的修養而論，《論語・子路》曰：「君子和而不

5　王邦雄即以為：「道家的自然之道，對儒家『志於道』的人文之道，有根本的反省。」
　　（王邦雄等編著：《中國哲學史》（臺北：國立空中大學，1995年），頁123。）

6　〔宋〕朱熹：《四書章句集注》（臺北：大安出版股份有限公司，1996年），頁67。

同，小人同而不和。」「和者，無乖戾之心。同者，有阿比之意。」[7]
此處論「和」可置於人與人相處關係的「和諧」而言，王志楣指出：
「『和』指眾多不同事物之間的和諧、統一、均衡狀態；『同』則是事
物在形式上無所差異，有一致等同之意。」[8]意即，道德主體挺立的君
子人格與人相諧於和諧均衡的狀態之中，而儒家所謂「和諧」，乃以
「禮」作為節用，換言之，君子與人和，便是「於禮之和」，能夠在規
範中行事合宜且內心坦蕩不乖戾；而小人則係「於禮不符」，外在表現
上求與人同，內心卻蕩失道德依據，不以仁義為行事的基準，故非儒家
所追求的理想之人際和諧關係。

　　理解完《論語》中的「和諧」思維，《孟子・公孫丑下》對於「和
諧」亦有表述：「天時不如地利，地利不如人和。」朱熹以為：「天
時，謂時日支干、孤虛、王相之屬也；地利，險阻、城池之固也；人
和，得民心之和也。」[9]此處言「人和」並非單純就人際關係間的和諧
而論，孟子在此言「人和」，有其語境脈絡，意即，按朱熹註「人和」
為「得民心之和」觀之，以及對照「天時」、「地利」同論，此處之
「人和」乃孟子「王道思想」具體展現，換言之，此處之「人和」須置
於政治論的面向說，才能凸顯出王道思想的德治景象。

　　討論了儒家義理中的「和諧」思想，道家系統內部文獻亦對「和
諧」有所表述，《老子・第四十二章》曰：「萬物負陰而抱陽，沖氣以
為和」王弼註曰：「雖有萬形，沖氣一焉」[10]而《老子・第五十五章》
則曰：「含德之厚，比於赤子……終日號而不嗄，和之至也。知和曰
常，知常曰明」王弼以為：「含德之厚者，不犯於物，故無物以損其全

---

[7]　〔宋〕朱熹：《四書章句集注》，頁204。

[8]　王志楣：《莊子生命情調的哲學詮釋》（臺北：里仁書局股份有限公司，2008年），頁
266。

[9]　〔宋〕朱熹：《四書章句集注》，頁335。

[10]　〔魏〕王弼等著：《老子四種》（臺北：大安出版股份有限公司，1999年），頁38。

也。……物以和為常，故知和則得常也。」[11]自存有論說，萬物現象雖殊異不同，然皆為一氣所致，在道氣相即的理論上，萬物實則通而為一，雖然王弼並無解釋此沖氣之和為何，且《老子・第四十二章》對陰陽之氣的確切內容亦無從深究，但自萬物相諧的存有狀態上說，此「和」可謂對超越界道體的一種作用說明。再者，《老子・第五十五章》論「和之至也」，須從工夫論上立說，作為主體修養的指導原則，以及應物的理想狀態指涉，意即，「和之至」者即「含德之厚」者，其間，要能達至德性醇厚必得有如赤子般的「無為修養」，即應物無心的理想狀態，如此，方能無累於物。故王弼以「物以和為常」作註，其目的在詮釋萬物彼此和諧的恆常狀態得由乎主體「無為」的實踐。

藉由上述先秦儒道比較，可以見得儒家在討論和諧的意義時，《論語》乃就著「禮」的作用出發，談及道德人格的挺立以及與人相處的合宜之舉，而《孟子》關乎「和」的論述，則係置於「王道思想」的德化政治說「得民心之和」的理想治理狀態。而道家思想論「和」，並非自「禮」的實踐說，而是在「無為」的修養上講論萬物「以和為常」的相諧理境，並且，《老子》亦自存有論的層次說明「萬物沖氣一焉」的混沌之狀，展現萬物同歸於道的一體存有性。

那麼，《莊子》如何講述「和諧」的意涵？於前文處曾論及探討「和諧」的方法，意即：「一個哲學家要談及哪些問題，才算得上是對和諧作出一種表述？」換句話說，為何《莊子》須要講和諧的價值？《莊子》認為不和諧的狀態為何？以及《莊子》如何實踐和諧？自這三個面向的探討，可以清晰《莊子》論「和諧思想」的義理定位，也更能展現本章節「主體性於和諧思想」的意義，並接櫨後文對於不和諧之「亂」的探析，進一步開啟《莊子》「和諧思想」實踐的體系架構。

首先，自「和諧」的價值說，〈齊物論〉萬籟俱響以「吹萬不同，

---

[11] 〔魏〕王弼等著：《老子四種》，頁48。

使其自己」作為萬物「獨化」的文學式比喻，然其前提是萬物之德自彰的活動性根據，並且，萬物各適其性、自足性分的發展，乃建基於喪除「心知」之紛馳造作的無為修養後所開啟的無物不然狀態。只是，若將此意義置於〈人間世〉的人際互動關係中，則必須考量人我之際的交互主體關係，換言之，人際相處的互動聯繫，往往關乎著「意識形態」的認知模式差距，如此，若要在「主體際」之間的相處模式中達致彼此「和諧」的共在意義，則不得不關注「人」這一具備建構知識體系能力的特殊存有。而此一議題的討論，則係關涉《莊子》「倫理學」範疇的探析。

《莊子》在論及〈人間世〉「顏闔將傅衛靈公太子」一文中，透過「形就心和」的義理內容，展示出《莊子》對於「兩難」問題的處理態度。蘧伯玉以「就不欲入，和不欲出」告誡顏闔如何不在「危身危國」的處境中，成功與「其德天殺」之人蒯瞶和諧相處，其間，在互動的意義中，顏闔與蒯瞶可謂交互主體的關係，彼此皆具備各自的「成心」，若貿然以一己之見顯耀於他者之前，則將招致危險，而若是一味順服諂媚於蒯瞶，則可能有危及國家的後果，順此，顏闔作為一「輔佐之臣」，勢必要藉由主體的轉化，解消以「心知」對待他者的互動模式，全然將自身主體修養為「虛靜之心」，使蒯瞶自鑒己身，自顯其德，然而，這並非喪失「互動」的運作模式，而是在「心和」的工夫實踐中，達致「形就」的和諧作用，此說法仍順著「鏡映心」主體的脈絡闡述，不同的是，在傳統鏡映心的主體說明中，他者僅作為一被主體所攝入的對象，不具備能動的交互主體意味，然此處以「形就心和」之互動模式作為解消他者之被動性的映攝關係，突出彼我共在的互動關係，而鏡映心之本體在此互動模式中，能藉由主體轉化的修養，意即「心和」工夫的實踐後，在「形就」的作用當中，達致相諧的存在處境，其中，不僅能烘托主體際間的互動意義，也使得心性—形軀的向度同時被保留於《莊子》的思想，而不致偏執一方。

　　本書所主張的基源問題，自行文以來一直設定在對「心知」的解消上，而《莊子》對「知」的批判性反思，主要不在於知識論的客觀旨趣，反而在於主體之省察與回應倫理的存在關懷。[12]王邦雄即指出：

> 莊子之跳開主客對待的知識探究，決不是由於認知活動的不可能，而是由於價值評估的不值得。不論是「善」是「惡」，是「是」是「非」，都是有執有偏，有所見就有所不見的，此之謂「辯也者，有不見也。」（〈齊物論〉）且善惡皆「名」，是非皆「知」，「名也者，相軋也；知也者，爭之器也。」若再「執而不化」，則「二者凶器，非所以盡行也」（〈人間世〉）。由是而言，善惡是非皆出乎心執，而落為情結，使心知滯礙，生命不能暢通流行，故此知此名皆為人之桎梏。[13]

生命主體若要「暢通流行」，並擺脫名言對人的「桎梏」，則須著墨於「心知」的解消上，「是非」、「善惡」皆是有偏有執，換言之，倫理之「道德」問題在《莊子》看來，亦為「成心」所偏執者，善惡價值即是彼是我非之對立輪轉，乃人藉由「心知」執定一套「名言系統」所規範的生活方式，《莊子》論及「善」與「惡」時即言：

> 吾生也有涯，而知也无涯。以有涯隨无涯，殆已；已而為知者，殆而已矣。為善无近名，為惡无近刑。緣督以為經，可以保身，可以全生，可以養親，可以盡年。（〈養生主〉）

---

[12]　賴錫三：〈《莊子》的他者倫理——以〈德充符〉的文學書寫為例〉，《東華漢學》第30期（2019年12月），頁9。

[13]　王邦雄：《中國哲學論集》（臺北：臺灣學生書局有限公司，1983年），頁99。

《莊子》論述「善惡」之文獻，與養生說緊密相扣，〈養生主〉開宗便將「養生」之論指向「心知」的對治，意即，「全生保真」的說法必然與「心知」的消解為一體的關係。[14]其間，「善惡」的論題，實則為「知」的延伸討論，然「為善无近名，為惡无近刑」一句歷來理解駁雜，無有定調。觀諸成玄英疏：「為善也无不近乎名譽，為惡也无不鄰乎刑戮。」[15]前句不成問題，然後句卻導向世人對《莊子》有「教人作惡」的誤解，順此，近代學者嘗試提出新論，張默生便以倒裝句解：

> 按以上二句，當係倒句，當解作「无為善近名，无為惡近刑」也。即言善惡皆不當為，始合於「緣督為經」之理，始合於莊子哲學之思想。[16]

只是，張氏說法雖能化解「為惡」的問題，並合乎養生脈絡，然其詮釋進路頗為曲折，或許並非最佳理解方式。再者，有以「不要受到刑罰」作解者，如陳鼓應解：

> 做世俗上的人所認為的「善」事不要有求名之心，做世俗上的人所認為的「惡」事不要遭到刑戮之害。順著自然的理路以為常法，就可以保全生命，可以保全天性，可以養護身體，可以享盡壽命。[17]

---

[14] 吳肇嘉即以為：「要討論心知，不能不提到與它緊密相連的『生』這個概念。莊子哲學最為世人所識的面貌，是以『全生保真』為主題的『養生』之學。」（吳肇嘉：《莊子應世思想研究》（臺北：臺灣學生書局有限公司，2011年），頁54。）

[15] 〔清〕郭慶藩撰：《莊子集釋》（臺北：城邦文化事業股份有限公司，2018年），頁92。

[16] 張默生：《莊子新釋》（臺北：天工書局有限公司，1993年），頁88。

[17] 陳鼓應：《莊子今註今譯》（臺北：臺灣商務印書館，1986年），頁105。

然而，陳氏之解，即便將「善惡」論題理解為「世俗片面性」之知，並轉折「世俗之惡」為相對意義，且為一「成心」所執之偏見，卻依然落於「善惡二分」的價值論中。最後，鍾泰雖類似陳鼓應以「世俗之見」理解「善惡」，卻能進一步以「齊物」視域解消善惡二元的框架：

> 為善為惡，隨俗所名。實則齊物之後，是非兩忘，行其所不得不行，止其所不得不止，即安知其為善與惡邪！若猶有善惡之見存，又何能善不近名，惡不近刑也！世儒或疑以為言無近刑則可，言為惡不亦過乎！[18]

鍾氏仍將「善惡」視作「相對價值」的成心成見，因人把持不同立場，於是對善惡的內容定義亦有所迥異，換言之，世俗皆以為善者，並不一定是絕對之善，其所致使的結果也並非是「正面的」趨向，反之，世俗都認為惡的，在認識能力之侷限性中，或許也並非事情之全貌，而其結局也並非導向負面價值。如此，《莊子》以「齊物論」的觀點解消善惡的相對意義，同時亦屏除善惡的二元說法，透過以道觀之的思維，化解人間世的諸多執見與偏見，順此，「為善」或「為惡」僅是一種「成心之見」的劃分，在「養生」的實踐歷程中，「名」與「刑」已然對生命主體不構成威脅。[19]

　　「善惡」在《莊子》歸結為「知」的問題，並且與「養生」說緊密連結，而這即是透過「無為」工夫消彌「心知」造作的脈絡，而主體於其中，實則具備一「轉化」的存在意義，如若無主體的境界提升，則《莊子》修養論頓失其價值內涵，意即，如何善養自身、尊重萬物，乃

---

[18] 鍾泰：《莊子發微》（上海：上海古籍出版社，2002年），頁65。

[19] 陳壽昌即以為：「近名近刑善惡之迹也，一念不起，迹斯泯矣。」〔清〕陳壽昌：《南華真經正義》（臺北：廣文書局有限公司，1978年），頁23。

文獻所論及的自處處人之道，順此，《莊子》稱「緣督以為經」為總
目，內容含及保身、全生、養親[20]，以及盡年的闡述，吳肇嘉即指出：

> 作為「養生」一詞所意指的「生」，其意義除了「德」這面的意
> 義以外，並不排除屬於「形」的這部分；即使如「保身」、「養
> 親」、「盡年」這類會牽涉到存在界的要求，在莊子都一齊放到
> 「生命」的概念中作整體性的考量。如此而言的「生命」，就是
> 一通貫內外、德福一致的整體；只要能「緣督以為經」，不管是
> 求在我的「全生」，或是求在外的「保身」、「養親」、「盡
> 年」，都可以獲得成全。生命意義的充分實現在此是德福統一的
> 「圓滿」，而非委屈其中任何一面的求全，其中沒有「德」與
> 「形」的對立分裂，因而方能夠解消顏闔「危吾國／危吾身」之
> 類的兩難抉擇，而至於「幾乎全」之境。[21]

《莊子》並無對立「德」與「形」二者，而是將其視作「整體生命」的
滿全，並講究內外兼具，德福一致的理念，換言之，「養生」必然包含
「主體」之德性以及「外在幸福」之雙重作用，而此說法，即是合乎莊
學「即內聖即外王」的脈絡詮說，意即，在〈養生主〉一文中，主體的
修養所能涵攝的理論效度，乃透過「養生」的「無為工夫」所架構起的
「心知—養生（解消心知）—外王」的共構關係。而此詮釋將可替《莊
子》開出「應世」的風貌，使之在政治論、倫理學亦有發聲空間。並
且，能進一步串聯起與〈應帝王〉篇的深度論述，超拔《莊子》僅能論
修養的刻板印象，成為一本超越規範性倫理學內涵，且涵具修養論、外
王論的學說。然而，無論自養生談至外王，亦或從外王再探養生，《莊

---

[20] 陳壽昌註養親為「存養受生始氣」，見〔清〕陳壽昌：《南華真經正義》，頁23。
[21] 吳肇嘉：《莊子應世思想研究》，頁58。

子》之文獻內容皆能夠就其整體性、通貫性而達致篇篇呼應的效果：

> 〈應帝王〉既以內聖修養作為外王的方法，則談論外王時所關乎
> 者，也盡是內聖修養之事，並沒有另一套專為政治而施設的實踐
> 方法。換句話說，就方法論的意義而言，不管是為君還是為臣、
> 政治還是處世，沒有離開「修養工夫」以外的內容。[22]

誠如吳肇嘉所述，《莊子》無論談及政治、處事，甚至倫理的議題，皆離不開「修養工夫」為核心依據，然而，這並非意味著《莊子》僅能在「工夫論」有所成就，而係一切問題皆由「無為」所解消，「無為」乃《莊子》工夫論的唯一方法，而其所達致的作用範圍乃普遍且必然涵擴一切存有。復次，「即內聖即外王」的闡述，除了使內聖修養必然影響外王治世，同時也使得《莊子》能夠立基於人間世中談出「應世」的有效內容，而主體於內聖的修養意義方得擴及外王的明王治世景象。

在即內聖即外王的理論架構中，主體於《莊子》和諧思想的意義，涉及內聖與外王的內容，而主體於工夫的轉化，藉由無為實踐與物相諧的共在狀態，甚至在人際相處關係中，「達人心，達人氣」的意涵亦必須由「生命主體」所展開，而此「達」之工夫，並非僅是精神主體的境界提升，亦非單方面的封閉狀態，而是在「就不欲入；和不欲出」的互動關係中，達致德與形的全生保身，而此即是不危身不危國的具存具顯，在此一萬物和諧的範疇中，心物共顯、獨化共存才能完全實現。

綜上而論，要如何看待《莊子》所謂的「和諧」，意即，要如何統括、定義《莊子》的「和諧」意涵，於理論的先要步驟上確實得提出一個概括的論調，即便《莊子》「和諧」的內容並非僅能由一句話而明確

---

[22] 吳肇嘉：〈《莊子·應帝王》中「即內聖即外王」的應世思想〉，《清華中文學報》第5期（2011年6月），頁206。

定位，但在輪廓的描摹上，對此一「和諧」意涵的定義，在理論的設準上，應當是有意義的，於此，本書利基於文獻所呈現出的整體圖像，藉以《莊子》文脈中，關乎「和諧」意義的文獻，扼要提出本書對於《莊子》「和諧」的定義：就內篇諸多涉及萬物互動的文獻中不論是〈齊物論〉的「天籟」思想、〈人間世〉的「達人心；達人氣」等，在脈絡的尋繹下皆指向一種尊重差異、容納多元的和諧觀，而在此互補短長、涵納彼此的共生共榮條件下，使自身與他者皆得以自由地活動在一自然的狀態之中。而此亦是《莊》書「即內聖即外王」的義理向度。

第二節 《莊子》研究的主體性爭議

一、中國哲學中的主體思維

　　西方哲學在談論主體時，係將之置於知識論的脈絡裡而談其主客二分的概念建構，然中國哲學論及主體時，實則不以「知識」的建構為最終目的，亦非對於現象世界的序列作一概念性的探討，那麼，關於中國哲學的主體意義，要如何與西方哲學語脈作出區別，進而凸顯中國哲學的特質，換言之，何以中國哲學要談主體性，其所涉及的詮釋內涵為何，關乎此一問題，新儒家學者牟宗三即提出深具時代意義的哲學價值定位，牟宗三於其〈中國哲學的重點何以落在主體性與道德性〉一文中指出：

> 中國既然確有哲學，那麼它的形態與特質怎樣？用一句最具概括性的話來說，就是中國哲學特重「主體性」（Subjectivity）與「內在道德性」（Inner-morality）。中國思想的三大主流，即儒釋道三教，都重主體性，然而只有儒思想這主流中的主流，把主體性復加以特殊的規定，而成為「內在道德性」，即成為道德的

主體性。西方哲學剛剛相反，不重主體性，而重客體性。它大體
是以「知識」為中心而開展的。[23]

牟先生藉由「主體」與「道德」二者規定中國哲學的特質，在儒學的詮
釋上，更加以綜合「主體」與「道德」的內容，而開啟一套「道德主
體」的詮釋方法，誠如袁保新所言：

> 當新儒家學者從主體性來規定中國哲學及儒學性格時，一開始並
> 不是從近代西方哲學知識論主客二分的架構下來識取它的意義，
> 而是從強調生命主觀實踐的立場著眼。[24]

根據當代新儒家學者的理解及其後學的反思，可以見得，主體性之於儒
學詮釋的意義，並非自「格義」的轉譯中能得出箇中要義，而是從對比
中貞定且凸顯主體性之於中國哲學的特殊地位。復次，蒙培元於其《中
國哲學主體思維》中更清晰指出中國哲學的核心要旨：

> 中國哲學思維的核心是關於人的存在、本質和價值的問題，即人
> 生的意義問題，不是關於自然界的存在以及如何認識自然界的問
> 題。在這樣的思維方式之下，人和自然界具有內在的統一性而不
> 是對立的，思維主體不是面向自然界，以認識和征服自然界為目
> 的，從而形成概念論、觀念論或公理化、形式化的思維方式，而
> 是面向自身，以自我完成、自我實現為目的，進行內在的自我體
> 驗和自我反思，因而具有內向性、意向性和主體實踐性特徵，又

---

[23] 牟宗三：《中國哲學的特質》（臺北：臺灣學生書局有限公司，1994年），頁5-6。

[24] 袁保新：〈中國哲學的特質在於主體性嗎？——試論儒學在後現代語境中的自我定
位〉，《宗教哲學季刊》第62期（2012年12月），頁16。

是本體認知或存在認知基礎上的自我超越的形上思維。[25]

按蒙氏理解，中國哲學的核心思維，不在以認識和征服自然界為目的，也並非立基於此目標而建立一套知識系統，反之，中國哲學的內核，主張反思、體驗，具備內向性與實踐性，換言之，此文化系統之思維方式，係藉由體踐自身存在的意義與價值而成就一套關乎「生命」的學問。

中國哲學為「生命的學問」，業已成為學界共識，高柏園述及：

> 中國哲學的特色，首先是以生命為中心，是對生命的關懷以及要求生命的安頓，由是而有所謂「生命的學問」。生命的關懷與安頓不是一套知識而已，它更要求我們在實際的生活中加以實踐、體會，唯有通過實踐才能真正安頓生命，而不只是空中樓閣而已。[26]

藉由此一「生命之學」的貞定，相應於中國哲學中的主體思維，可以見得，主體的建立，可謂個體於其整體生命價值的實踐中，展示其存在意義，在儒家思想中，誠如牟宗三所謂「道德主體」的朗現，而於道家思想，則可言主體在體道過程中，展現其得之於道的本質。

以往論及「主體」思維時，通常係以「精神主體」作為詮釋的基礎，勞思光即透過康德兩層存有的區別，以二元論的視域理解「自我」的內容檢別，他在《新編中國哲學史（一）》中將「自我」分成形軀我、認知我、情意我，與德性我，並分別指涉生理與心理欲求、知覺理解及推理活動、生命力與生命感，以及價值自覺。其中，孔子學說乃主

---

[25] 蒙培元：《中國哲學主體思維》（北京：人民出版社，1997年），頁9-10。

[26] 王邦雄等編著：《中國哲學史》，頁4。

德性我，而《莊子》則屬情意我之展現。[27]然而，「情意我、德性我、認知我」與「形軀我」的區分中，形軀我有別於其他三者，為形軀層次，情意我、德性我、認知我，又可稱作情意心、德性心，以及認知心，屬「心」之精神層次，於此理論中，形軀我僅是由認知我所劃出的支屬。勞先生的理論明顯是以康德心物二元系統為論述基礎，然而，藉此理論脈絡，是否能精當地理解《莊子》的義理內容，是值得商榷的。換言之《莊子》對於「形軀」的觀點是否僅是作為一「精神主體」作用之下所欲捨棄的返道「障礙」，抑或形軀僅是附屬於精神主體之活動下的次級存有，關於這些問題，係此以「輕視」「身體性」的詮釋所要解決的難題。

　　承上所述，「身體」的問題於近當代主體性的爭論當中可說蔚為潮流，傳統詮解莊學的立場係透過「精神境界」之轉化談其工夫修養的理論建構，然而，中國哲學講究「天人合一」的共理，是否能夠忽略「身體」而僅談「精神」，這問題於當今中文學界，甚至漢學研究領域皆屬顯學，但是，縱使道家的身體觀備受關注，也不能忽略最根本的文獻根據而天馬行空，如此，關乎《莊子》的「形軀」觀點，將是本章節梳理主體性的重點之一。並且，「身體」作為一與「氣論」緊密連結的向度，勢必也影響著本書第四章「心氣關係」的詮釋立場，於此，對於身體理論的爬梳，在此處具備前導意義的論述位置。

　　關乎中國哲學中的身體論述，除了道家思想必須回應此一議題，以往儒學系統的詮釋方式亦備受檢視，而儒學研究者所面臨的詮釋難題，同時也是道家思想研究所須謹慎克服之處。涉及存有的遺忘之個體性、差異性的失落問題，勞思光以康德哲學系統為背景的理論模式，實則在中國哲學的詮釋上，導致了事實與價值二分、心物二元論等「知識性」

27　勞思光：《新編中國哲學史（一）》（臺北：三民書局股份有限公司，2004年），頁143。

的理解，一如他在儒家文獻的詮釋中，述及「先秦北方傳統無形上學旨趣」[28]之語，且全然以「心性論」之主體為成就「價值意識」的成德之學。只是，若依於勞先生的詮釋，則儒家對於事實領域則毫無論述效度，換言之，勞氏全盤接受近代西方哲學的主體性論調，並直接挪移至中國哲學的文獻詮解，勢必將儒學內涵降階為一「無須形上學的價值論」。誠如袁保新對勞思光的評述：

> 由於儒學（按：勞思光理解下之儒學）的基本關懷，主要在於人文世界價值秩序的建構，因此只要有心性主體作為價值的根據與基礎，則價值理序即得終極的保障，毋需另立一個形上的「超越實體」作為第一原理。[29]

即便勞思光藉由西方哲學語脈的詮釋較容易為當代心靈所接受，但其理解之下的儒學視域，卻無法合理解釋中國「天人合一」的文化傳統。然而，同樣主張「主體性」的牟宗三，則提出了不同的觀點，他在《中國哲學的特質》說：

> 天道高高在上，有超越的意義。天道貫注於人身之時，又內在於人而為人的性，這時天道又是內在的。因此，我們可以康德喜用的字眼，說天道一方面是超越的，另一方面又是內在的。天道既超越又內在，此時可謂兼具宗教與道德的意味，宗教重超越義，而道德重內在義。[30]

---

[28] 勞思光：《新編中國哲學史（一）》，頁185。

[29] 袁保新：〈中國哲學的特質在於主體性嗎？──試論儒學在後現代語境中的自我定位〉，頁18。

[30] 牟宗三：《中國哲學的特質》，頁30-31。

他接著說：

> 西方哲學通過「實體」的觀念來了解「人格神」，中國則是通過
> 「作用」的觀念來了解天道，這是東西方了解超越存在的不同路
> 徑。[31]

據牟氏說法，西方哲學以「實體」、「位格」等方式理解超越界的創生
原理，而中國哲學則透過「作用」來契悟「天道」的理則，前者涉及神
學的範疇，箇中涵具兩層存有論的內容，後者則強調「天人」之聯繫，
體現中國哲學「工夫論」的指向。順此，牟氏進一步指出：

> 天的命「哲」、「歷年」、「吉凶」三事，似為命之個別化、事
> 件化；而將天命的個別化與事件化，轉為光明的主體時，人不必
> 事事想及天志，只要當下肯定天命給自己的光明主體便可。這
> 時，反觀天道、天命本身，它的人格神意味已隨上述的轉化而轉
> 為「創生不已之真幾」這是從宇宙論而立論。此後儒家喜言天道
> 的「生生不息」，便是不取天道的人格神意義，而取了「創生不
> 已之真幾」一義。如此，天命、天道可以說是「創造性的本
> 身」。然而，「創造性的本身」在西方只有宗教上的神或是上帝
> 才是。[32]

牟宗三不否定儒家對「超越實體」的肯認，更以「縱貫縱講」[33]作為儒

---

[31] 牟宗三：《中國哲學的特質》，頁31。

[32] 牟宗三：《中國哲學的特質》，頁31-32。

[33] 牟宗三以為「儒家是縱者縱講，維持住了創造的意義，因為道德實踐的工夫就是要恢復
道德創造的本性。」（參牟宗三：《中國哲學十九講》（臺北：臺灣學生書局有限公
司，1983年），頁121。）

學詮釋的立場，並且，主體於肯定天命的作用中，保存了天道的實體意
味，此實體並非西方知識論之形上形下的隔別，而是主體藉由實踐道德
的過程參贊生生不息之「創造性的本身」，在《中國哲學十九講》中對
於儒家的內涵判定，有一段對於「天人關係」的清楚解釋：

> 有人以為講主體就沒有客體了，其實客體照樣有，問題是在如何
> 講法。中國文化、東方文化都從主體這裏起點，開主體並不是不
> 要天，你不能把天割掉。主體和天可以通在一起，這是東方文化
> 的一個最特殊、最特別的地方，東方文化和西方文化不同最重要
> 的關鍵就是在這個地方。有人討厭形上學，也討厭那個天，他們
> 說儒家的道理是在人倫日用之中，所以人同此心，心同此理，它
> 有普遍性。這個意思是不錯，儒家是有這一方面，所以它「極高
> 明而道中庸」，你著重這一面是可以，但是你不能因為著重這一
> 面而否定天那一面。[34]

關於牟宗三對於儒家天道觀的詮釋，袁保新整理出下列四點：

> 第一是依據主體性的進路，儒家這種「天人合一」的哲學理境，
> 基本上是古代人格天的信仰式微，人文精神的覺醒，人通過生命
> 實踐的參與，重新達致的整體存在界的融入與理解；第二，這個
> 理境兼具宗教與道德的意味，所以天道在這裡顯示為既超越又內
> 在；第三，就超越性而言，西方哲學者主要是通過「實體」來了
> 解人格神，但中國則是通過「作用」來了解天道；第四，從宇宙
> 論著眼，天道的人格神意義轉成重點在「生生不息」的「創生不

---

[34] 牟宗三：《中國哲學十九講》，頁78。

己之真幾」。[35]

藉由袁保新對牟氏觀點的歸納，可以更清楚見得，牟先生對於儒家論超越界實體的肯認，係透過人之主體參與於天道的作用、活動當中，以成就「天人合一」的東方式文化模式，並且，天道在此作用中展現為既超越又內在的存有狀態，保留其形上性格的超越意義，同時又不會讓人以為天道乃高高在上而與自身毫無關聯，換言之，天道的內在性即是藉由人通過生命之實踐而參與其中，並實踐天道性命相貫通的一體內容。這是西方哲學以知識概念二元化、兩層化之實體所無法展示的文化肌理。誠如袁保新進一步總述：「牟先生主要就是根據前述幾個意思，來表述儒學的成德之教，其實涵蘊著一套『道德的形上學』。而這套形上學，基本上是從實踐的進路來親知實證『天道』的形上學意義，與西方理論的、觀解的形上學，是以分庭抗禮。」[36]

然而，袁保新並未止步於牟宗三的論述模式，他批判地繼承了牟氏的觀點，並藉以海德格的理論重新解述儒家文獻。尤其在《從海德格、老子、孟子到當代新儒學》這部著作中，即深刻地反省既往儒家文獻詮釋的方法論問題：

> 牟先生用以彰著孟子形上智慧形態的觀念——「道德的形上學」，雖然凸顯了儒家從道德實踐契接形上根源的理路，但是當牟先生仍然沿襲西方傳統形上學「超越實體」的觀念，來說明「天」一概念的內涵時，這個論斷又模糊了他對孟子許多精闢的詮釋。如果這裡牟先生能稍稍欣賞海德格如何以「存有意義」的

---

[35] 袁保新：〈中國哲學的特質在於主體性嗎？——試論儒學在後現代語境中的自我定位〉，頁19。

[36] 袁保新：〈中國哲學的特質在於主體性嗎？——試論儒學在後現代語境中的自我定位〉，頁19。

問題取向，來超克西方傳統「存有—神學」（ontotheology）的
取向，以及近代以來企圖以認識論上的主體性取代古代形上學的
迷思，那麼牟先生理應參考海德格「基本存有論」的架構來詮釋
孟子。[37]

袁先生藉由海德格批判西方哲學傳統對存有的遺忘，反觀中國哲學挪用
西方理論的詮釋罅隙，並予以翻轉、重構一套儒學的新詮釋進路。當代
儒學詮釋的路徑因西方理論的對話而產生更為豐碩的研究路數，道家思
想的研究於當代學術思潮中，亦因中西對觀的視域交涉而日漸多元，道
家詮釋的主體性論述，即便可同置於中國傳統「天人合一」的思維中，
仍因各家學者對道論的反省而有不同理解，牟宗三在解釋道家的「天
道」觀念時以為：

> 道家實有層上實有這個概念是從主觀作用上的境界而透顯出來，
> 或者說是透映出來而置定在那裏以為客觀的實有，好像真有一個
> 東西（本體）叫做「無」。其實這個置定根本是虛妄，是一個姿
> 態。[38]

牟氏將道家的天道設定為一「姿態」，否定其客觀實存的意義，此說法
扭轉道家自實有層否定道德價值的攻訐，將其批判聖智仁義之語移轉至
「作用層」的範疇，從作用講名言概念的限制性與片面意義，而非逕自
實有層根除其內容，如此，便保存了聖智仁義的本質性內涵，同時不致
道家淪為毫無應世價值的無稽學說。吳肇嘉即指出：

---

[37] 袁保新：《從海德格、老子、孟子到當代新儒學》（臺北：臺灣學生書局有限公司，
    2008年），頁42。

[38] 牟宗三：《中國哲學十九講》，頁131-132。

以「主觀境界」界定的道，在牟先生的安排下是透過「作用的保存」概念而能特別地透顯其意義。相較於其他諸家的詮釋，牟氏「作用的保存」之觀點為道家思想付出了較多的同情，能夠令「絕聖棄智」、「絕仁棄義」一類的主張，由歷來「絕去禮學、兼棄仁義」的判語中獲得解放。[39]

即便此一「扭轉」能夠對道家反人文之說付出較多同情，但卻解消了道家論天道的客觀意義，並全然以主觀、境界等詞彙框限道家一些關乎宇宙論的文獻內容，將其理解為「不生之生」，袁保新在《老子哲學之詮釋與重建》中即提出批判：

> 牟先生撤銷了道的實體性與客觀性，使得老子一些強烈暗示宇宙論的陳述，均需扭轉在主觀心境沖虛玄德之下，理解為不生之生。……可是，如果因為強調老子的實踐性格，將老子形上概念完全限定在觀念發生過程中來了解，收在主觀親證之下，以主觀心境觀道，而不能以道觀道，則未必是老子的本義。[40]

藉由袁先生的反思，可以進一步思考，為何牟先生的儒學體系能夠具備創生實體的天道觀，而道家則僅能收攝於主觀而談其境界，即便此說法能削弱道家所背負的權謀、反人文等判語，但是，以主觀境界所觀出的「天道」，若僅作為一「姿態」，而非「實體」，又要如何保證萬物「獨化」後相互和諧的普遍性以及必然性，這是牟先生的詮釋所必然面臨的問題。換言之，儒家的天道為一創生實體，在天人合一的脈絡底

---

[39] 吳肇嘉：〈牟宗三「作用的保存」概念所蘊涵之道家認識觀〉，《耕莘學報》第9期（2011年6月），頁65。

[40] 袁保新：《老子哲學之詮釋與重建》（臺北：文津出版社有限公司，1991年），頁74。

下，主體透過實踐所臻至的「成德之學」，即是依據天道之實體的終極
保證，進而達成人之主體因參贊天地化育而與天合德的實踐性哲學。那
麼，道家思想的天道若僅是一姿態的置定，要如何保證天人合一並非僅
是主觀境界之自我幻想而已，這是「姿態說」所不能解決的難題。

反之，徐復觀則以為《老子》論天道，乃一形上之客觀實體：

> 老子的宇宙論，雖然是為了建立人生行為、態度的模範所構造、
> 建立起來的；但他所說的「道」、「無」、「天」、「有」等觀
> 念，主要是還是一種形上學的性格，是一種客觀的存在；人只有
> 通過自己向這種客觀存在的觀照觀察，以取得生活行為態度的依
> 據；這是由下向上的外在的連結。但到了莊子，宇宙論的意義，
> 漸向下落，向內收，而主要成為人生一種內在地精神境界的意
> 味，特別顯得濃厚。[41]

只是，徐氏即便對於《老子》的道論採取「客觀實有」的態度，卻將
《莊子》一些關乎宇宙論的論述轉折至「精神」的向度，並主張莊學的
道論為一「向內收」的境界型態。換言之，徐氏論《莊》主要藉由
「心」之主體意義而展開，透過修養論的模式言其主體工夫轉化的效
度，只是，這樣的闡述不免如同牟宗三對於道家道論的判語，使得道家
的形上性格必須全然收攝於主觀境界的涵養，並忽略了《莊子》「外王
論」的理論建構。

《荀子・非十二子篇》批判《莊子》「蔽於天而不知人」[42]，以
《莊子》全旨在於天道的體證，指稱其思想內容無所用於世，然而，

---

[41] 徐復觀：《中國人性論史・先秦篇》（臺北：臺灣商務印書館股份有限公司，1969
年），頁363。

[42] 〔清〕王先謙撰：《荀子集解》（臺北：華正書局有限公司，1993年），頁262。

《荀子》對於《莊子》的批判乃以己之脈絡凌駕於《莊子》之上而進行
判斷，箇中的評斷實則為「彼出於是，是亦因彼」的「自以為是」之立
場選擇，而此同時亦是價值觀點的殊異所致使的判教內容。若要釐清
《荀子》的批判，並談出《莊子》的人間關懷，勢必要對此「出世」之
說有所回應。鍾泰於其著作《莊子發微》中提及：「天人合言，此《莊
子》一書之要旨。」[43]按鍾泰的立場，《莊子》不僅立論於「天」的視
域，而是自天與人的合論中，展開其全書的核心要旨，誠如錢穆《中國
思想史》所謂：

> 若由純乎天的立場，即宇宙界的立場，則根本無彼是之分。現在
> 是站在人生界中而同時采用宇宙界的立場，則此人生界將無時不
> 是一是，無處不是一是。……人生界是有限的，有限不能應無
> 窮。宇宙界是絕對的，絕對亦不能應無窮。這（道樞）是把此有
> 限安放在無限之中心，既無相對，又非絕對，纔能應無窮。[44]

錢穆的說法巧妙地屏除了《莊子》「蔽於天而不知人」的批判，並成功
將天人的視域統合，而非僅就一方立場觀出，如此，「道樞」之「既中
心又無限」的周遍性與無窮性方能自「以道觀道」的意義中托出，而此
觀點並非脫離人生界，反而是立足於現象世界的有限性中，開拓無限的
存有內容。關於錢穆的闡述，徐聖心有一段精闢的理解：

> 錢先生的詮釋已頗精妙，他並非說莊子放棄了人文界，而改採宇
> 宙界立場；而是說莊子如何通過立場的移轉，與界域之重置，而

---

[43] 鍾泰：《莊子發微》，頁380。

[44] 錢穆：《中國思想史》（臺北：臺灣學生書局有限公司，1983年），頁40-42。

使人生界的問題因以宇宙界為背景得以更精微特殊的方式處理。[45]

在《莊子》的脈絡中，「天」不能孤立地談，總要涉及人，或是人所採取的立場。[46]換言之，棄絕了「人間世」的「天道」，是無法在《莊子》的文脈中得到支持的。而主體於這其中，必然係「與天相關」的存在狀態。吳肇嘉以為：

> 主體生命的「擴大」，但這個「擴大」並不是在理論上呈現其價值，而是必須透過工夫修養的實踐才有意義。知解地談論「觀點的擴大」，不過是概念的推論，這在中國思想傳統中並不看重，因為其缺乏生命的實感之故。莊子的「擴大」，是藉由修養境界的提升，而將道的標準從人生立場中解放，最後普遍地歸之於宇宙萬物。[47]

《莊子》作為中國哲學體系中的部分，同樣講究「工夫論」的環節，意即，中國哲學重「實踐」的特質，亦內存於《莊子》的文獻性格之中，並且，此一「實踐」所達成的主體境界提升，並非西方哲學以「思辨」、「邏輯」等概念性內容所能臻至的價值轉化，而是藉由主體修養的轉晉，向上提升為「天人一體」的存有內涵，其中，此一「天人一體」的生命參與，並非僅有「精神主體」的超拔遞進，勢必涵及「身體」向度的整體生命內容。

上述討論中，以中國哲學的主體思維為論，透顯出中國文化「天人合一」的特徵，而「天」的內容，因諸家學者對其詮釋的異議，致使不

---

[45] 徐聖心：〈位移‧開眼‧合一‧反相——《莊子》論天人關係重探〉，《臺大中文學報》第57期（2017年6月），頁21。

[46] 徐聖心：〈位移‧開眼‧合一‧反相——《莊子》論天人關係重探〉，頁21。

[47] 吳肇嘉：《莊子應世思想研究》，頁201。

同理路的論述效度生成，其中，牟宗三對於儒道二家「天道觀」的判教色彩，即是一特色，而徐復觀雖採取與牟氏不同的觀點，以「客觀實有」貞定《老子》的天道內涵，卻同樣在詮解《莊子》時，將天道的意義向內收為主觀境界的精神價值發顯，反觀錢穆的理解，他保留了天的實體內容，同時以天作為人的存在背景，將主體安置於其中，如此，《莊子》文獻中一些關乎「宇宙論」的討論，就不必「暴力地」收攝進「心」的價值當中，使之成為一「境界語」。只是，進一步要提出的問題是，如果要同時保存天道的實存性、普遍性，就必須討論人之主體際間的差異要如何在天道的同一性中得以被保留，而這也是自《莊子・齊物論》的齊等觀念中所必然要面對的攻訐，換個問法，意即主體於《莊子》思想中是否有實存的必要性？

二、當代《莊子》研究的主體性爭議

關乎主體的論述，荀子對於「心」的理解可謂先秦思想中具備討論意義的文獻，《荀子・天論篇》曰：「耳目鼻口形能各有接而不相能也，夫是之謂天官。心居中虛，以治五官，夫是之謂天君。」[48]王先謙註曰：「可以接物而不能互相為用。官猶任也，言天之所付任有如此也。」[49]荀子以為，感官知覺各司其職，心居統攝五官之中央位置，而有天君之稱，換言之，心具備能夠「制耳目鼻口形」的統覺地位，作為一切號令之發端。職是之故，〈解蔽〉又稱：「心者，形之君也，而神明之主也。出令而無所受令。」[50]可以見得，荀子肯定「心」作為認識主體的優位性與統合性。

相較於《荀子》明確指出「心」的主體性，《莊子》對於主體的論

---

48 〔清〕王先謙撰：《荀子集解》（臺北：華正書局有限公司，1993年），頁206。
49 〔清〕王先謙撰：《荀子集解》，頁206。
50 〔清〕王先謙撰：《荀子集解》，頁265。

述則較為曖昧，〈齊物論〉中有一段關乎主體觀的說法：

> 若有真宰，而特不得其眹。可行已信，而不見其形，有情而無
> 形。百骸、九竅、六藏，賅而存焉，吾誰與為親？汝皆說之乎？
> 其有私焉？如是皆有，為臣妾乎，其臣妾不足以相治乎。其遞相
> 為君臣乎，其有真君存焉。如求得其情與不得，無益損乎其真。

成玄英疏：「夫肢體不同，而御用各異，似有真性，竟無宰主。眹迹攸
肇，從何而有？」[51]成疏指出此段文獻中「主宰」之存有的可能性問
題，按崔大華在《莊子歧異》中的辯證，「若有真宰」一句，或可當成
「似有而實無」，又可能解作「雖難捉摸但實有」，再者，「其有真君
存焉」，可以理解為百骸、九竅、六藏自生自使，無有主宰，卻又可解
作有主宰之意。最後，末句之「其真」，能指百骸、九竅、六藏之真，
或是物之真，又可指真君之真。[52]

　　然而，崔大華更早在《莊子研究》一書便提及：

> 莊子是從社會生活中的君臣駕馭現象和人的生理心理活動中器官
> 肢體被「真宰」支配的事實，經驗地推測萬物不可能「皆為臣
> 妾」，也不可能「遞相為君臣」，而必有作為主使者的「真宰」
> 或「真君」存在。然而，這個「真宰」、「真君」是「有情而無
> 形」，顯現事實，卻不見形體，所以「真宰」、「真君」不是感
> 知的對象；甚至「如求得其情與不得，無益損乎其真」，即使不
> 見顯現的事實，也可斷定「真宰」、「真君」是存在的。所以，
> 「真宰」、「真君」也不是理智推理的對象，它是理性在對世界

51　〔清〕郭慶藩撰：《莊子集釋》，頁53。

52　崔大華：《莊子歧解》（北京：中華書局，2012年），頁50-53。

一切已存和現存現象的總括認識基礎上而形成的對世界最高的統
一性或萬物的最後（最初）根由的超理性的、溶進了人生經驗的
體悟。[53]

崔大華對於《莊子》的「主宰」說前後游移，早期以「實存」之意義理
解「真宰」、「真君」作為主體的最高統一原則，然後期則更為含蓄地
保留了詮釋的多元性，擴大了莊學主體論的詮解範疇。相較之下，王邦
雄即直指真君作為人之生命主體的確切位階內涵：

> 這一超越於一切形軀官能之上的真君，就是人的生命主體。此一
> 生命主體，「一受其成形」，即為一己之形軀官能所限定，無可
> 避免的面對兩個命定的困境：一為「不亡以待盡」，落在自我之
> 形軀生命的有限之中，而有死生問題的迫壓；二為「與物相刃相
> 靡」，落在官能欲求的盲目爭逐之中，而有人我生命的衝撞。如
> 是，遂有「其形化，其心與之然」的大哀，其生命主體的地位，
> 反為形軀官能所篡奪。故「不知其所為使」的答案，至此始揭露
> 出來，那就是真君之生命主宰的失味。[54]

王邦雄的說法，依於「一受其成形，不亡以待盡。與物相刃相靡，其行
盡如馳，而莫之能止，不亦悲乎！終身役役而不見其成功，苶然疲役而
不知其所歸，可不哀邪！人謂之不死，奚益？其形化，其心與之然，可
不謂大哀乎？」（〈齊物論〉）一段，主張精神主體因心知紛馳而導致
生命遭受役使且與物相累的有待狀態，而王的解釋確實帶有「輕賤形
軀」的意味，此理解實則與「欲望」關係甚密，意即，王邦雄直接將

---

[53]　崔大華：《莊學研究》（臺北：文史哲出版社有限公司，1999年），頁127-128。

[54]　王邦雄：《中國哲學論集》，頁79-80。

「形軀—欲望」的鏈結扣合，藉由生命主體因身體欲望的篡奪，說明真君—生命主體的失落，故而有形軀即困境之詮說。關於《莊子》的「身體觀」，後文將有更細緻的討論，此處言及「主宰」的實存性，確實因《莊子》語言的使用而致使文本理解的豐富內容產生，以致於眾家說法紛雜難定，也發展出當代主體論述的複雜爭議場域，順此，梳理當代諸家學者對於《莊子》主體觀的論述，便成了本章節首要的立論基礎，唯有如此，方能夠廓清《莊子》主體觀的駁雜內容，同時契接當今莊學研究的思想史定位，也更能清晰本書所秉持的詮釋立場與態度。

近當代對於《莊子》無主體性的主張，以蔣錫昌與傅偉勳為代表，二位學者皆傾向《莊子》中的「我」僅是一自我疑問，並無主體性可言。[55]主張《莊子》無主體性者，立基於《莊子》文獻中對於「知」與「言」的限度，換言之，《莊子》對於人類認知的極限以及語言能否與真實吻合的效度，確實提出不少懷疑的立場，而主體的實存性，或有可能亦是一種意識所構設出來的「幻想」，如此，當意識寂滅，則主體亦隨之泯然。

與上述主張相反者，支持《莊子》係具備主體性內涵的思想，此處將主體觀的討論分為「精神主體」及「氣思維主體」二大類。擇此二項範疇作為主體觀爭議的探討，原因在於：一、精神主體的論述乃近代中文學界思想主流，其中，不乏牟宗三、唐君毅、徐復觀、勞思光等學術大家。二、氣論思想乃當代莊學研究潮流，若越過此一討論，則無法與當代莊學研究展開對話，亦無法對其理論提出反思。三、藉由此二大範疇的對照，可以互相參照彼此論點優劣，並嘗試從中提出「比較貼合」

---

[55] 蔣錫昌以為，《莊子》中如「喪我」、「坐忘」、「心齋」等等說法，揭示了一種「無非將人之意識完全消滅淨盡，而入於一切寂滅之狀態」（蔣錫昌：《莊子哲學》（上海：商務印書館，1935年），頁181。）傅偉勳亦以為，《莊子》的絕對主體性，乃非思慮言語所能及，若將其實體化為心性之體，則為大謬。（傅偉勳：《從創造的詮釋學到大乘佛學》（臺北：東大圖書股份有限公司，1999年），頁256。）

文獻且具備彙整意義的觀點詮釋。

　　關於精神主體的主張，牟宗三以「鏡映心」作為莊學主體論的宗旨，關於鏡映心[56]的傳統，成玄英可謂濫觴：「夫至人無心，有感斯應。譬彼明鏡，方茲虛谷。」；「又譬懸鏡高堂，物來斯照。能照之智，不知其所由來。可謂即照而忘，忘而能照者也。」而牟宗三接承此「鏡映心」說法，他在《中國哲學十九講》提及：

> 道家是靜態的，重觀照玄覽；觀照玄覽是無限心的，道心就是無限心，無限心就是智的直覺，智的直覺所觀照的是萬物之在其自己的萬物，但此處不顯創造義而是一體呈現。[57]

王邦雄在《走在莊子逍遙的路上》中亦繼承牟宗三的說法，藉由主體之「虛靜觀照」來說明「照現萬物中生成萬物」的「用心若鏡」之理。[58]同樣的說法，亦為蔡仁厚所秉持：

> 莊子言心，自是道家之道心。道心虛靜而止，不起是非，不生好惡，所謂「聖人用心若鏡，不送不迎。」心猶如此鏡，虛而能照，一照即過，不藏一物。此最合虛無虛靜之旨。[59]

牟宗三及其後學，皆主張「虛靜觀照」之「鏡映心」作為《莊子》的

---

[56] 詹康指出：「以鏡喻心，是說只對外在對象作感知，否定有內在的觀念，又是說對感知內容不作任何分類、連結、詮釋、評價等進一步處理，讓感知內容只是感知內容，不增一分也不減一分，這種知的最低限度便是最高境界。」（詹康：《爭論中的莊子主體論》（臺北：臺灣學生書局有限公司，2014年），頁29。）

[57] 牟宗三：《中國哲學十九講》，頁125。

[58] 王邦雄：《走在莊子逍遙的路上》（臺北：臺灣商務印書館股份有限公司，2004年），頁191-202。

[59] 蔡仁厚：《中國哲學史》（臺北：臺灣學生書局有限公司，2009年），頁201。

「精神主體」，並強調此一「道心」，僅具備「如實照現」的功能，不帶有個人主觀意識及評價，換言之，此一「鏡映心」所觀照者，即是萬物之實際狀態，而非透過概念知識所構設出的片面性現象。再者，同樣支持「心」作為《莊子》「精神主體」的說法，尚有唐君毅與徐復觀二者，只是，即便二者同以「心」為詮說，卻在細緻處分別出二種詮釋進路，唐君毅主張《莊子》論「心」有兩重層次之別，[60]而徐復觀則以為《莊子》僅有一「心」。[61]

　　綜合上述論點，牟宗三、王邦雄、蔡仁厚、唐君毅、徐復觀等，皆以「心」之虛靜狀態作為《莊子》「精神主體」的理趣，牟氏及其後學明顯接承成玄英的論點，以鏡喻心，「鏡映心」的說法較唐徐突出，然唐徐二者雖無直言「鏡映心」，卻在「虛」、「靜」等論調上與「鏡映心」的傳統不謀而合，即便二家對於「心」的立場所持有別，卻同樣以「靈府」、「靈臺」作為《莊子》最高精神境界，而此說法，即是透過虛、靜之觀照所展現出的理境，皆可歸類於「鏡映心」一大範疇中做檢別。

　　然而，以精神作為主體的詮釋觀點，於當今學術界遭受「輕賤身體」的質疑，詹康即對鏡映心的說法提出三點見解：一、鏡映心獨立於身體，其運作不伴有身體的因素。但是鏡映心仍然是身體的主帥，身體聽命於鏡映心而行動。二、鏡映心被動接收外來感覺信息，沒有自身想法。但是身體聽命於鏡映心而與環境互動，由於鏡映心只是鏡映先前的環境因素，所以這個互動其實就是前一波的環境因素與下一波的環境因素之互動。三、鏡映心在世界的動化之中，保持自身的通透與靈明，不與萬物俱化。[62]按詹康的理解，鏡映心的詮釋雖然能夠於「人間世」的

[60] 唐君毅：《中國哲學原論・導論篇》（臺北：臺灣學生書局有限公司，1986年），頁121。

[61] 徐復觀：《中國人性論史・先秦篇》，頁382-383。

[62] 詹康：《爭論中的莊子主體論》，頁39。

諸多限制中，保持清澈靈明的究極精神境界，並且立足於世俗之紛雜中仍能啟發養性全真的工夫指向，然而，上述諸位學者的說法卻也使得「身體」成為次級於精神主體的存在，淪為必須被超越、甚至棄絕的「負累」，並且，身體與世界的互動關係，僅是一種被動接收、聽命於精神的「純物質性」軀殼。

上述諸位學者的觀點，藉以「精神主體」論述《莊子》的主體觀，其必須面臨的問題在於將身體視為精神的對立面，關乎《莊子》「精神主體」與「形軀」的位階評判，方東美與勞思光亦有類似說法，方東美以為：

> 自余觀之，「自我」一詞，由莊子用來，含五義：蓋有一、「軀殼之我」，吾人藉以從事物理及生理性質之諸活動，得與外在物質世界相與而交通者也。此肉身軀體之我，乃吾人之大患。⋯⋯尚有二、「心理之我」，化成意識之種種分殊經驗狀態，其作用在於對心理兼物理環境之各方面、起被動反應。⋯⋯此外，更有三、所謂古怪之「心機之我」，心機所擇對象，範圍一定，化作小知間間、與俗情濫濫，處處誤推真假，作繭自縛，妄議是非，糾纏不清，謬執得失，不能自拔。凡此一切，皆集結而成「妄我」。「妄我」捨盡，乃登智境。除上述三義之外，「自我」一詞或指四、自發精神之「本性」，是即理性之大用；或指五、永恆臨在之「常心」，冥同無限大道之本體。前者、莊子謂之「靈臺」或「靈府」。⋯⋯後者莊子或謂之「真宰」、或謂之「真君」，是乃絕對之心體，至高無上。[63]

---

[63] 方東美：《中國哲學精神及其發展（上）》（臺北：黎明文化事業股份有限公司，2004年），頁262-263。

方東美以五義區分《莊子》之「自我」，其間，前三義之「身體」、「心理」、「心機」屬於「妄我」；而後二者之「靈臺；靈府」、「真宰；真君」則為「真我」。方東美以為，妄我作為一「大患」，係必須被消彌的對象，並且，以此作為展現「真我」的方法，方能夠開啟登臨智境，與道冥同的至高無上之絕對意義。只是，方氏之說，即便能夠清晰《莊子》自我觀的輪廓，卻也導致棄妄返真後，如何再次回到展示真我之場域——身體——的審視一問題，換言之，如何在「真妄」之二元論的架構中，對身體的存在有所回應，而非僅將「身體」視作一精神主體開顯後隨即棄之不顧的「軀殼」，是此一《莊子》自我論所必須審慎考慮的詰問。[64]同樣的問題，亦出現於勞思光的「二元理論」中：

> 莊子之自我，駐於「情意」一層；此種「情意我」就發用而言，為觀賞之我……就其體性而言，則為純粹之生命境趣，與形軀我決不相同。但常識中之誤解，最容易將「情意我」與「形軀我」相混；甚至在實際生活態度上，情意我與形軀我亦嘗混雜不易分。故在莊子學說中，破除形軀我乃一極重要之工作；而吾人述莊子之學，亦應首及此義。[65]

勞思光以心物二元論為架構，分別《莊子》的自我觀，主張《莊子》為「情意我」之主體，並以破除「形軀我」作為其修養趨向，換言之，在

---

[64] 按沈清松所言：「由此推論，自身體、心理、心機所構成之自我，亦有其適當的地位，否則吾人無法在返回真我之境以後，仍能以之為顯發真我的場所。為此，吾人不必立即將它們稱為妄我，並判別真妄。吾人毋寧將所謂妄我改稱為較中性的『經驗我』，將真我改稱為『先驗我』。對於莊子而言，精神修養的歷程就在於使用類似於現象學還原法的方式，由經驗我返轉先驗我。所謂真我妄我之別，僅具有方法學的地位，而不具有存有學的地位。此一分別顯示吾人必須以棄妄返真為方法。然而此一分別不具存有學地位，亦即並無妄我真我兩層存在，以致必須喪盡妄我，否則無從喪返真我。」（沈清松：〈莊子的人觀〉，《哲學與文化》第6期（1987年6月），頁17。）

[65] 勞思光：《新編中國哲學史（一）》，頁246。

勞氏的理解中，「身體」作為一屬物的存在，成為了精神主體通往更高境界的一項阻礙，故必須以去絕形軀我為首要任務。

綜上而論，主張精神主體作為《莊子》主體論之宗旨者，皆肯定「心」之「靈臺」、「靈府」、「真君」、「真宰」的面向，並且，都反對「形軀」在《莊子》中的正面價值，以修養「真我」作為棄絕「妄我」的工夫進程。其中，隸屬「妄我」之一的「形軀」，更是與「欲望」緊扣，形成一「形軀—欲望」的緊密結構，於此，形軀作為「妄我」，在上述諸位學者論精神主體的脈絡中，將成為一必然之「惡」。

只是，《莊子》是否真以為身體是大患？是亟欲除之後快的「必然之惡」？此論點尚存討論空間，換言之，文獻是否涉及對形軀我的解消，甚至是對於欲望的否定，是值得商榷的。況且《莊子》尚有「全生保身」（〈養生主〉）之說，喪除身體，對立欲望，那麼，怎麼理解《莊子》的身體觀，又要如何使得《莊子》詮釋不走入胡同，致使其與時代共振的意義漸趨式微，是這項說法必須共同面對的發難。意即，與世界沒有互動的「主體」，純然以精神之超越作為終極追求目標的詮解，以及失去「身體向度」的自我觀，是否能在當代人類的想像中，延續文獻的典範智慧，是「鏡映心」理論的課題。誠如王邦雄所謂：「人唯有挺起其真君主體，才能開出其自由無限的精神生命。」[66]挺起真君主體，才能開出無窮精神生命，是以精神主體作為《莊子》主體論的價值肯定，然而，精神主體的挺拔是否就意味著要「捨棄形軀」，兩者之間能否融攝彼此差距，這是本書所提出且欲解決的問題。

再者，以精神逍遙為追求的說法，是否對於人間世將無所用心，會否抹煞《莊子》應世的外王理論，抑是此一主體觀的詮釋難題，徐復觀說：「莊子的〈人間世〉，對於人間社會的安住，費盡了苦心；但最後仍不得不歸結於無用之用；無用之用，只有遺世而獨立，才可以作得

---

[66] 王邦雄：《中國哲學論集》，頁100。

到。」[67]徐氏的說法，將《莊子》的外王向度退卻為「出世」，甚至「避世」之論，這並非當代莊學研究所樂見的說解方式，換言之，忽略身體，隔絕與世界的互動關係，僅將《莊子》框架在藝術、美學之內，並否定其於政治上的實際作用，[68]那麼，《莊子》詮釋之路勢必越走越狹窄，同理，若如牟宗三之論調，以為只有儒家的道德主體才有「正德、利用、厚生」的作用，[69]外王僅能為儒家的勝義，如此，《莊子》的義理只能作為精神境界之超拔，於修養論可謂獨佔風騷，而於外王說則無所堪用，有鑒於此，當代莊學研究者對於以往精神主體觀點的反思，有如浪潮般推動著當代《莊子》文獻的新詮。

當代莊學研究，批判地繼承前人學者的觀點，並藉引西方理論提出新思維，為《莊子》思想注入新力，其中，尤以楊儒賓及其後學賴錫三所開啟的「當代新道家」視域蔚為風潮，又有學者如劉滄龍、鍾振宇、林明照等，甚至漢學家何乏筆及其所引介的瑞士學者畢來德，皆為當代《莊子》研究的討論開啟嶄新的一頁。[70]

---

[67] 徐復觀：《中國藝術精神》（臺北：臺灣學生書局有限公司，1981年），頁226。

[68] 徐復觀在《中國藝術精神》指出：「心齋之心，已如前述，正是藝術之心。他是在心齋中把政治加以淨化，因而使政治得以藝術化。他所要求的政治，不可能在現實中實現，也只有通過想像而使其在藝術意境中實現。至於他對於理想地政治描述，更是藝術地『生的完成』的描述。」（參徐復觀：《中國藝術精神》，頁115。）

[69] 根據牟宗三的說法，儒家為「縱貫縱講」，儒家講天道係創造義，而人因天道性命相貫通，而有責任參贊天地化育，並且，「儒家主要的就是主體，客體是通過主體而收攝進來的，主體透射到客體而且攝客歸主。所以儒家即使是講形而上學，它也是基於道德。」（牟宗三：《中國哲學十九講》，頁79。）又，「儒家看道德秩序就是宇宙秩序，宇宙秩序就是道德秩序……仁具有絕對的普遍性，當它達到絕對的普遍性時，仁就是宇宙秩序，從這裏可以說一個道德的形而上學。」（牟宗三：《中國哲學十九講》，頁136。）然而，道家作為「縱者橫講」之性格，其天道僅是一姿態的置定，不負責創造萬物，而係以「不生之生」的方式「實現」萬物。按牟氏之說，道家的詮釋便無法開出有效的「外王論」。

[70] 劉滄龍提出「身氣主體」說，透過解除規訓化的身體，虛化社會結構對身體的束縛，以批判重構禮教的氣化理論，展開具有生命力的主體內容。（參劉滄龍：〈自然與自由——莊子的主體與氣〉，頁26。）；鍾振宇則致力於海德格與道家思想的跨文化溝通，其《道家的氣化現象學》一書即透過現象學理論為主力，攝入《莊子》文獻，為當

　　首先，論及楊儒賓的《莊子》研究，不得不提及其「形氣主體」[71]說，楊氏評斷牟宗三、勞思光等「心性主體」論，說明前人理論忽視了「形軀」、「氣」的重要性，進一步由心學轉向物學的討論，[72]以「物」的視域開啟莊學詮釋的新貌，他說：

> 莊子的「乘物」理念給我們一個很大的啟示，此即莊子的思想體
> 系固然有心學，但莊子的心學不礙他也有物學；莊子雖然很注重
> 主體的轉化，但這不礙他傾注物本身的客觀存在。物自本自因，
> 自造自化。莊子的「物」與「心」保持一種精緻的平衡，「物」
> 在實踐的意義上講，是客觀的，是不可繞過的他者，但「物」不
> 是海德格意義下的存有者，它的性質總是與主體的運作共在。[73]

代莊學研究的顯著進路。再者，林明照則係以「感應論」與「情感」、「倫理」、「他者」等關鍵詞彙作為其詮釋莊學的核心，亦是相當有特色的理解路徑。

[71] 楊儒賓自述：「筆者稱呼莊子的主體為『氣化主體』或『形氣主體』，所以稱『氣化主體』，乃因此主體是心氣的連續體，主體乃意識的作用再加上氣的感通、流動、變化的作用，心氣融會而成。所以稱作『形氣主體』，乃因『形』作為心氣作用的框架，『形』本身具足了心氣落實於個體上的作用。」（見楊儒賓：〈遊之主體〉，《中國文哲研究集刊》第45期（2014年9月），頁4。後收錄於楊儒賓：《儒門內的莊子》（臺北：聯經出版事業股份有限公司，2019年）。）又，其以為：「道家身體思想最大的一項特色乃是氣化的身體觀，更進一步的界定，我們可以說這是『負陰抱陽沖氣以為和』的身體（此觀念首先由老子明確提出）。在這種陰陽沖氣以成的身體觀模式底下，人的軀體不只是和宇宙的氣息相通，而且根本上來說，它就帶有濃厚的宇宙性。」（楊儒賓：《中國古代思想中的氣論及身體觀》（臺北：巨流圖書公司，1993年），頁21。）

[72] 按楊氏理解：「莊子的主體概念如果繞著『心性』等主體詞彙展開，其客體則指向了『物』的存在，心物、主客關係本來也是莊子學的議題，本文論及莊子的主體問題時遂不能不連著『物』的問題一併呈現。莊子的『主體』通常指向『心靈』的意涵，對此種主體的解釋各有不同，常見的一種解釋是採取『心學』的立場，筆者此處所說的『心學』採廣義但也是特定的用法，意指其思想建立在一種超越的本體的基礎上之知識體系，此本體被視為和主體在深層構造上如不是同一至少也是合一的，而且，學者透過工夫的實踐可以體現之。」（見楊儒賓：〈遊之主體〉，頁31。）

[73] 楊儒賓：〈遊之主體〉，頁31。

楊儒賓的「物學」路徑，主張心物之間並非將「物」純粹視作「心」所
攝進的現象，而是一種「不可繞過的他者」，係「與主體的運作共在」
的平衡關係。換言之，楊氏轉折了前人以「心性主體」之「攝客歸主」
的理論運作模式，更側重於「物」的共在意義，甚至，《莊子》論
「遊」之「逍遙」內容，仍不可脫離「物」的面向而單論主體之轉化工
夫：

> 莊子或稱「自由」為「逍遙」，或為「遊」，而「物」則是主體
> 實踐的必然之限制。當限制是主體之遊所必備時，限制即非限
> 制，而是內在的條件，內在的條件即非條件，而是主體的遊之辯
> 證因素。[74]

「物」作為一種主體之遊的「必然限制」，猶如「牛體」之於「庖
丁」，誠如張默生所言：「庖丁的刀，以喻善養生的人；牛的形體，以
喻人類所處的環境。」[75]《莊子》思想的脈絡無可脫離人間世而逕以
「天」立論，意即，「天人合一」的脈絡中，天與人的向度同為《莊
子》所重視，若屏除「人」的生活場域，繞過「物」的存在意義，則終
將落入「蔽於天而不知人」的判語中，如此，楊儒賓以「人文精神」再
次確立《莊子》的理論基調：

> 「人文精神的莊子」並不是一種新說，如果我們放在莊子詮釋史
> 的脈絡下考量，這種「人文莊子」的詮釋聲音始終不斷，魏晉、
> 晚明是其中的兩個高峰，我們現在對莊子所作的解釋可視為第三
> 期的人文莊子說。如果莊子道家說是莊子學的主流的話，那麼，

---

[74] 楊儒賓：〈遊之主體〉，頁31。
[75] 張默生：《莊子新釋》，頁31。

莊子人文說當是莊子學最主要的支流，我們把此種詮釋途徑視為連綿一千八百年的莊學修正運動也未嘗不可。[76]

按楊儒賓的論述，「形氣主體」係一種落實於物世界的主體，它有別於精神修煉傳統之下的攝映關係，其背後預設一套氣化世界觀，主體在此一氣化流行的世界中，呈現一種乘物逍遙的自由狀態。然而，鍾振宇重新檢視牟宗三、勞思光，以及楊儒賓的架構，提出理論的有效性問題，他質疑楊儒賓的闡述仍舊落於「單一主體中心」，無法進一步展開「交互主體」的向度：

> 在進行中國哲學當代轉化的方法上，有許多當代儒學家都強調主體性的概念，例如：牟宗三與勞思光都強調道德主體性的存有論上之優先地位。然而，對於政治社會哲學中的交互主體性，牟宗三並沒有強調政治社會哲學上「交互主體」之理論上的必要性，但是其「理性的架構表現」所說的對列之局之概念，已經蘊含了主客對立以及諸多主體的可能性。勞思光在理論上可以說以「交互主體性」（社會整合）進一步補充了牟宗三的說法。而在主體性的內容方面，楊儒賓則以心氣交感之形氣主體補充牟與勞的心靈主體。楊儒賓也強調交互主體性的重要，並且試圖以「形氣主體」中的「形」概念開展政治社會面向。但是，「形」與交互主體性之間的理論關聯不是很明朗。[77]

---

[76] 楊氏將莊學人文詮釋史分作三期，第一期為魏晉時期，以郭象為代表；第二期為明末，以王夫之、方以智為主流；第三期則為當代莊學研究中的「人文精神說」。（見楊儒賓：《儒門內的莊子》，頁445。）

[77] 鍾振宇：〈莊子的形氣主體與無用的共通體——由楊儒賓的思考出發〉，《中國文哲研究通訊》第4期（2017年3月），頁56。

鍾振宇指出楊儒賓透過「形氣主體」所建構出的「氣化世界」，試圖以「氣」作為「形」與「世界」的通貫媒介，並嘗試藉由「形氣」與「物」的互動關係，提出主客物我之間交互主體之互動關係，爾後開啟前人論述所不及之《莊子》對於「政治」、「社會」的影響，只是，誠如鍾氏所述，楊儒賓即便回應了牟宗三及勞思光的理論，並藉由對二者的反思提出己見，卻也無法在理論的建構上，清晰交代「形」與「物」之交互主體如何運作的說法。

再者，楊儒賓的後學賴錫三，繼承楊氏的「氣論」路線，輻輳一套「當代新道家」[78]的詮釋版圖，他在解《莊》的進路上，主要藉引西方理論為架構，強調理論之間的視域交融。賴氏詮解《莊子》的態度，與楊儒賓同樣立足於「人文精神」的觀點，說明《莊子》思想必須能夠安立於人間世發聲，不可脫離社會結構而空談「出世」、「避世」之以往的既定「偏見」：

> 道家一方面能對當代文明進行它的批判性和治療功用，另一方面能與當代人文建立起自由的關係，甚至是某個意義下的建構性關係。如此一來，道家將超越那種一味「超人文」或「文化否定論」。……這裏所謂的當代新道家，在哲學基礎上，就是以「道物相即」的精神出發，進一步讓自然世界（天地）和人文世界（人間世）重新建立起更積極的自由關係。……換言之，當代新道家不必一定要退隱山居或田園，它一樣可以在高度發展的人文世界中，一方面自我逍遙，一方面批判治療之，甚至積極參贊

---

[78] 賴錫三於2011年出版的《當代新道家——多音複調與視域融合》自序中，便以「走向當代新道家」為題，開啟一連串的跨域、跨文化討論，甚至，自書名即可觀出賴錫三的莊學研究企圖。其實，早在2008年出版的《莊子靈光的當代詮釋》中，賴氏即在莊學研究領域提出對新儒家學者的方法論反思，自此即發新詮端倪，而「當代新道家」的建構，在近年來可謂莊學研究領域的風潮，眾多學者紛紛效法，以西方文化理論作為溝通對象，企盼展開具備時代意義的詮釋風貌。

之。[79]

以批判治療當代文明為目標的莊學詮釋，係賴錫三解《莊》的核心宗旨，並且，他一反既往對於道家「反人文」、「消極」的認識，企圖使《莊子》在人文世界中建立積極價值，建基於此一詮釋態度，賴錫三主張「氣論」作為「道物相即」之氣化宇宙觀的理論藍圖，其中，主體與世界萬物的連通，便是構設於通貫宇宙之間的「氣」之流轉。賴氏指出：

> 《老子》亦曾提及「萬物負陰而抱陽，沖氣以為和」，但對於「氣化」描述，卻點到為止，不及深論。《莊子》才真正將道動、道用、道生、道沖等概念，落實到「氣」的脈絡來重新解讀，如此更能消解道的形上實體性格，讓道完全成為動態化的運動歷程，因此才有了氣化和物化相互交換的詮釋循環。[80]

賴錫三以「氣化宇宙觀」作為《莊子》文獻的內在肌理，強調「一」與「多」的並存意義，在其以為：

> 我們不適宜將《莊子》的「一」視為吞噬「多」的形上根源，反而應將「一」視為物化差異的豐盈交響之並生共在，甚至筆者要說《莊子》的「一」其實只是「物化」交融的隱喻，它只是多音複調的共鳴互滲之隱喻而已。正如〈齊物論〉的「天地一指也，

---

[79] 賴錫三：《莊子靈光的當代詮釋》（新竹：清大出版社，2008年），頁270-271。

[80] 按賴氏對於「物化」與「氣化」的理解：「物化傾向於描述『夫物芸芸』那充滿差異風格的有性，而氣化則傾向描述『歸根復命』那返回物我同根的氣化之無性。」（見賴錫三：《道家型知識分子論：《莊子》的權力批判與文化更新》（臺北：臺大出版中心，2010年），頁438。）

萬物一馬也」、「天地與我並生，萬物與我為一」，從來都是萬
物（差異）與整體（同一）同時共講，而不是以「同一」來單向
取消「差異」。[81]

賴氏將同一性與差異性同時保留在《莊子》義理中，如此，「齊物」的
整體意義與「萬籟」的個體的殊異性皆得以被肯定地保存，然而，畢來
德否定以「氣論」涉入《莊子》詮釋，他以「莊子思想沒有一體性」[82]
為由，批判以氣論《莊》的詮釋效度，再者，他認為以氣論《莊》，乃
是中國集體主義、皇權政治的一種思維模式。[83]畢氏反對以「氣論」作
為理解《莊子》全貌的觀點，然而，其理由卻無法精準地確中肯綮、直
指核心，換言之，他以《莊子》並非出自一人之手的論調反對《莊子》
文獻中的氣學思維，並無能直接擊垮賴錫三的理論預設，更遑論以「文
化成見」入手。其實，賴氏的理論也並非牢不可破，其所涉及的理論系
統，尤其「氣」的文獻引用，大多出自《莊子》外雜篇，[84]觀諸文獻，
內篇論及「氣」者確實不多，更何況以外雜篇義理凌駕內篇之上，不免
有喧賓奪主之疑。再者，他對於「物化」的理解，乃以「夫物芸芸」之
「多元差異」為解，只是，證諸「物化」一段：

不知周之夢為胡蝶與，胡蝶之夢為周與？周與胡蝶，則必有分

---

81 賴錫三：〈身體、氣化、政治批判——畢來德《莊子四講》與〈莊子九札〉的身體觀與
主體論〉，《中國文哲研究通訊》第3期（2012年9月），頁90。

82 畢來德指出：「氣的概念在莊子當中的確出現過，但是不能因此把全部莊子哲學歸結為
氣論。」（見畢來德：〈莊子九札〉，《中國文哲研究通訊》第3期（2012年9月），頁
13。）

83 畢來德：〈莊子九札〉，頁19。

84 賴錫三指出：「身體（形）對《莊子》而言，本是由精氣流布所構成，它並非只是無法
轉化的唯物實體、生理現象；事實上它的本質既在於氣，那就表示它具有流動變化的可
能性。」（賴錫三：〈身體、氣化、政治批判——畢來德《莊子四講》與〈莊子九札〉
的身體觀與主體論〉，頁76。）然而，其所引用之文獻內容，基本上皆屬外雜篇。

矣。此之謂物化。（〈齊物論〉）

《莊子》僅在意識上提及「分而未分」，卻未明確在存有論的依據上指出「多元差異」觀，換言之，賴錫三所理解的「物化」是否合乎《莊子》原意，又或者「誇飾」文獻所述及的內容，如此，沒有文獻根據的理論建構，便只能是「架空之論」。

　　那麼，要如何自「物化」之物我關係中理解「天地與我並生，萬物與我為一」一段，即對《莊子》「氣」的貞定起了相當程度的影響，王叔岷以為《莊子》「重齊一，不重合一」，他指出：「案二句一篇主旨，寫足齊物之義。忘生則無時而非生，故天地與無並生。忘我則無往而非我，故萬物與我為一。」[85]王叔岷以忘生死、忘我，說明主體藉由境界轉化後，臻於物我價值齊平之境，此時乃與物無際之「一體之感」，而此須就價值論說，不能由存有論談。反之，賴錫三主張氣論作為「合一」觀點之氣化世界，透過萬物之氣的通貫流轉，達至物我交融卻又分而未分的存有差異，更同時在一多相即的視域中，解消了同一性形上學無有個體殊異的批判。賴錫三曾說：

　　筆者的立場在於正視《莊子》的氣論文獻，並對它們進行適切的理解詮釋，以促使《莊子》的氣論在存有論、身體觀、心性論、工夫論（甚至批判性）等面向的詮釋融貫，並說明它們可以導向具體而差異的存有論。[86]

---

[85] 王叔岷：《莊子校詮》（上冊）（北京：中華書局，2007年），頁72。詹康以為：「王叔岷藉由忘生死而言可並生，忘物我而言可為一，後者不是物我無際、混然為一的意思，而是物物皆我，乃是齊一、齊物的意思。」（詹康：《爭論中的莊子主體論》，頁71。）

[86] 賴錫三：〈身體、氣化、政治批判——畢來德《莊子四講》與〈莊子九札〉的身體觀與主體論〉，頁82。

關於賴錫三將氣論作為《莊子》整體性格第一義之論調，詹康提出質疑如下：

> 其實每位學者為了替莊子的哲學整理出體系，都必須在眾多概念
> 間決定理論的層級，而莊子哲學究竟以何為第一義，現實情形當
> 然是眾說紛紜。氣論學者以氣論為第一義，僅能做為自我立場的
> 宣示，而不是莊子哲學客觀上如此。[87]

詹康的判語涉及的問題有二，一為《莊子》一書整體性的討論，另一則為詮釋學上的理解與建構的問題，然而，面對《莊子》文獻，本書所持的態度乃將其視作「莊學體系」而觀，而非是否為本人親著，如此，此問題即轉折為在整體莊學脈絡中的義理層次判分，而非將《莊子》切割為支離雜蕪的殘書，而這抑是詮釋學上對此書的價值所展現的最大詮釋向度，也是使此書呈現最有意義的理解方式。那麼，若諸家學者莫衷一是，有主張「合一」者，有擁戴「齊一」者，兩造之間的差距如何縮合於整體性的視域中作一最大化的閱讀進路，是在莊學研究的範疇中必須被提及的。

有鑒於此，本書主張，不管是價值論的齊一，或存有論的合一，這兩個說法皆非完整的究竟義，都無法有效地作為《莊子》義理的整體理解，而僅是單方面的部分詮說，如此，重新檢視文獻的內容則是必要的工作：

> 天地與我並生，而萬物與我為一。既已為一矣，且得有言乎？既
> 已謂之一矣，且得無言乎？（〈齊物論〉）

---

[87] 詹康：《爭論中的莊子主體論》，頁192。

郭象註曰：「萬物萬形，同於自得，其得一也。已自一矣，理無所言。」[88]郭象言萬物同得於道，皆具備道之內容，且各展其性、自足性分，就此意義來說，因萬物皆具有源自道的存有論意涵，在道通為一的範疇中，萬物的存有其實是無有分別的，順此，在此無封無畛的「一」之整全性中，價值抑是等同齊平的，因而言「並生」、「為一」，乃一價值存有論的交融說法，而此詮說，除了涵擴整部《莊子》文獻的義理脈絡，也不致太過偏重一端而失落整體內容的完備性。

然而，「並生」、「為一」的內容，則是「我」之主體於箇中的實踐，換言之，於「天人合一」的意義之中，「與我」之「我」的主體的實踐性，必然地被包涵於「合一」的體系當中，僅論天或人都無法整全系統的理論效度。如此，客觀意義的天，在主體的活動中，保證主體轉化後之萬物相諧的必然趨向，然此相諧的狀態並不會致使萬物差異性的喪失，而是同「萬籟俱響」的合鳴景象。這其中，包括萬物自化的自由性、差異性，以及彼此自適的相處模式中卻不相互爭執、碰撞的合宜之狀，這便是道之普遍意義的統一範疇下所保證的和諧內容。崔大華以為：「『自化』是對統一性的一種削弱和否定；而莊子卻是在尋求萬物自化之共同根源的那種更加普遍的統一性。」[89]換言之，《莊子》的自化說並非否定萬物的多元存在性，而是在同源於道的根源意義裡，透過道的實存而肯定萬物自化後的和諧狀態。如此，《莊子》歸於「一」的詮釋，便不會有如西方二元論下的形上同一的暴力性問題，意即，在《莊子》既同一又差異的弔詭語言中，解消西方二元論的差距，同時保留了東方「天人思想」的文化特色。

綜上所述，兩大主體論爭議皆有其理論優劣，精神主體論的詮解，將形軀（身體）視為必須被喪除的境界轉化障礙，卻能在精神的超越性

---

[88] 〔清〕郭慶藩撰：《莊子集釋》，頁69。
[89] 崔大華：《莊學研究》，頁127。

上，臻於極致的修養狀態；而氣論主體說則保留身體，以及身體與世界
的互動性，而其缺失則係文獻根據不足、內篇與外雜篇的理論優位性不
清晰。然而，即便主體論述眾說紛紜，本書仍以主體實存作為論述立
場，而其主體究竟為何，已然不是理解《莊子》主體意義的第一優位，
換句話說，這兩個問題乃兩重層次的劃分，本書肯定《莊子》具備主體
性，卻不進一步討論主體為何，原因在《莊子》文獻的根據，誠如沈清
松所述：

> 莊子所言之自我，除了是先驗的動力和根源之外，亦是心理情狀
> 的生因和主宰。換言之，亦具存有學意涵。……不過我們尚不能
> 肯定莊子的真宰是否為主體。莊子原文上未有明顯的證據。但我
> 們亦不能因此就接受王船山的論斷，王船山說：「疑其有真君，
> 非果有也。」但莊子既已明言「可行己信而不見其形，有情而無
> 形。」很明顯地，對莊子而言，真君之存在乃實情，至於其是否
> 為實體，則未能明確肯定。就莊子的形上思想而言，唯有道是真
> 正的實體：「其有真君存焉，如求得其情與不得，無益損乎其
> 真。」[90]

真君實存，有情無形，乃是根據文獻的說法，然而，真君是否為實體，
在《莊子》而言並不會導致其實存的真實性，如此，在「存而不論」的
意涵中，肯定《莊子》主體的存有論，而不限定其存有論的內容，這亦
符合道家思想的義理性格。再者，即便本書對於賴錫三以「氣化」作為
「主體論」之第一義提出質疑，但其關乎主體、自我的觀點仍可提供參
考：

---

[90] 沈清松：〈莊子的人觀〉，頁21。

> 主體結構的深察又可包含內、外兩者。「內者」，涉及主體
> （己）之內在構成和心知、名言的關係，用《莊子》的概念說，
> 「我（己）」是透過「心」、「知」、「言」的內在共構產生的
> 認同現象。「外者」，是就主體之活動必然要涉身倫理政治、社
> 會文化的「在世處境」而言，用《莊子》的概念說，「我
> （己）」亦不能脫離「義命結構」的人間境遇。因此對主體結構
> 的深察，便要同時深入洞察主體內、外結構的相即相入、綿密交
> 織的複雜性。[91]

按賴氏的理解，《莊子》中主體的結構可以內外分說，自我的認同乃係
心知和名言的交涉作用下所產生的共構關係，而此可謂「認知我」的成
形，然而，關於此認知我，在《莊子》脈絡中，應當是須被「喪除」的
概念之我，《莊子》所要展現者，乃是真我之主體，這係賴錫三所未述
及的「內者」之區分。只是，賴氏對於主體與世界互動關係的強調，係
值得被突出的說法，換言之，所謂「在世處境」的「無所逃於天地之
間」，正是《莊子》立足於人間世且展開天人一體思想的根本所在。
《莊子》並非遁世、精神勝利的學說，它必須與世界共振，與時代貼
合，才能夠呈現經典新詮的意義。

　　再者，既然確立主體於《莊子》義理的必要性，那麼，進一步要討
論的則是主體在活動的狀態中，與世界萬物的映攝關係，意即「主觀」
與「客觀」的問題。此問題也關涉如何回應新儒家學者「鏡映心」的詮
釋解套。首先，安樂哲在〈試析莊子思想中的實體與現象〉中提及：

> 談到「現象」，莊子認為人們所經驗到的現象世界衹是他們站在

---

[91] 賴錫三：〈賴錫三《莊子》的養生哲學、倫理政治與主體轉化〉，《中國文哲研究集
刊》第47期（2015年9月），頁62。

> 相對性的主觀立場對「真實」的性質的一項誤解。事實上，所有
> 的區別均不外吾人主觀自我在「道」上的投射。如果堅持此種主
> 觀身分，則吾人勢將對真實有所歪曲。[92]

現象，即是萬物向人所展現的某一特定時空下的樣態，而人透過心知將
現象符應於自身的理解中，對其產生概念性的認識，換言之，人所知覺
到的對象，僅是一片面化後的部分呈現，而非其本質與全貌，然而，認
知主體卻往往將知覺所攝入的對象執定為「真實」、「全面」的狀態，
意即，將事物的「部分」觀作「整體」；將對象的「現象」信以為「真
實」，係人思維模式的一種「自以為是」，當然，此種視域並非絕對意
義的真實，而是在相對性中所判分出的一種「局限」。誠如安樂哲所謂
之「對真實的歪曲」。

　　然而，《莊子》並無否定主體的認識能力，而是批判認知主體將攝
入之對象逕自等同於對象自身。順此，《莊子》指出「真知」的能力，
「真知」作為一種「知」，它並非由名言概念所建構出的體系理解，反
之，真知之所以「真」，乃是因其不以概念性之知看待萬物，使萬物如
實呈現自身，且不加以框架、限制、定義萬物的本質，換句話說，真知
所觀出者，即是萬物之整全、真實。只是，《莊子》也說，有真人後有
真知，意即，唯有真人具備真知的能力，而這也指向修養論的向度。進
一步要問的是，眾多學者將「鏡映心」視作一種具備「真知」能力的主
體，卻又在此一「真知」中亟欲喪除「形軀／身體」的存有內容，如
此，鏡映心作為一種真知，顯然已非一客觀照映，甚至在主觀的攝映關
係中，透露出對形軀的價值判斷，這應當不是當代《莊子》研究所樂見
的詮釋進路。審視《莊子》文獻中看似對「形軀」持負面意涵的「墮肢

---

[92] 收錄於安樂哲：《中國哲學問題》（臺北：臺灣商務印書館股份有限公司，1973年），
　　頁16。

體，黜聰明」一句，王邦雄理解為：

> 與〈人間世〉之「心齋」工夫比較而觀，「墮肢體」的「離
> 形」，是「无聽之以耳」，「黜聰明」的「去知」，是「无聽之
> 以心」。[93]

王邦雄以「形軀」詮解「耳」，使得《莊子》義理導向輕視身體的意
涵，有鑒於此，若要將《莊子》自輕視身體的牢獄中解放出來，則詮釋
必然要有所轉向，故此，本書以為將問題歸結於「心知」，意即，將
「墮肢體」之「毀廢」之意解作「無」的修養轉化，如此，「墮肢體」
的內涵即是無掉心知對於形軀身體的執著，並且同時能夠相應於〈人間
世〉「支離其形」的闡述，再而談論其「養其身，終其天年」的修養
觀，解消對「形軀生命」的執著，而非毀棄身體。職是之故，才不致出
現「輕賤身體」的侷限詮釋，而「鏡映心」的說法，才能夠在精神超脫
的工夫轉化中，同步保留身體的客觀意義，斷截「形軀—欲望造作」的
鏈結，釋放「身體」的原罪，然而，「欲望」也僅是因「心知」的鼓動
而紛馳造作，其本身與身體一般，係合理的存有狀態。

　　再者，支持主觀說，是否就意味著對客觀存有的否定？在中國天人
合一、主客交融的視域中，顯然並非如西方知識論意義中的二元論劃
分，換言之，在此一大視域的理解中，主體的主觀性，並不會致使對象
的客觀存有意義喪失。藉戴君仁對《莊子》「魚樂解」的闡述，[94]戴先
生會通陽明與《莊子》義理，以「物不離心」、「與物無隔」闡述《莊
子》「齊物」思想，他以為，陽明在論述「天下無心外之物」時，並非

93　王邦雄：《莊子內七篇·外秋水·雜天下的現代解讀》（臺北：遠流出版事業股份有限
　　公司，2013年），頁351。

94　戴君仁：〈魚樂解〉，《戴靜山先生全集（二）》（臺北：戴靜山先生遺著編輯委員
　　會，1980年），頁254。

建基於存有論上立論，如此，便無否定事物客觀存在性的質疑。類比於
《莊子》「知魚樂」，係主體轉化之修養後，所臻至之「與物無隔」的
境界論內容。換言之，在此觀點中，《莊子》並未有否定萬物客觀存有
的意旨，且能在「道通為一」的齊物思維裡，保留了主體的主觀性，以
及事物的客觀意義。換句話說，不立基於存有論上否定存在物的客觀實
有性，於此，《莊子》所謂「真知」並非置定於「主—客」對列的知識
論結構中，而是在解消認知判斷的知識論建構後，所達致的「心物共
顯」及「與物無際」。陳政揚評判戴文以為：

> 有別於陽明正面言「心即理也」，以挺立心之為道德決斷者的進
> 路，在認知與價值層言「心物合一」。莊子則是從解消虛妄我的
> 反思進路切入，透過掃除心知的虛妄封限，讓凡可呈顯於吾心之
> 物與事，皆能不受我之成見所扭曲，而以其能對我本然呈現的方
> 式，為我所知。此所以莊子既可敞開「道通為一」之心境，而其
> 所謂「不知有物」，也並非否定人有本然區隔物我的認知能力。[95]

「不知有物」的最高層次，乃因解消知識體系中的主客對列關係之主體

---

[95] 陳政揚：〈從戴君仁先生〈魚樂解〉試探莊子的淑世精神〉，《臺大文史哲學報》第88
期（2017年11月），頁17。據陳氏進一步理解：「相較於陽明『心即理也』是正面肯認
心之認知與決斷力，莊子是以遮撥的手法，反省心之知能所引發的生命糾結。吾人可由
『辨物之知』，探析莊子言心之知時，在認知與價值判斷兩面的意義。在認知面，莊子
並未否定世界具有離我獨存的客觀實在性。也未否定人有清楚辨析『物—我』之差異
的認知區別能力。甚至在『莊周夢蝶』之喻中，莊子雖以夢、覺並非總是以『夢／覺』
對列可分的格局，能為吾人所輕易區別，而往往常具有一種如真似幻與相互融攝渲染
性，以一種『夢覺』連續展延的形式，混淆吾人之心知判斷。但最終他仍挑明『物化』
之關鍵，正在於：『周與胡蝶，則必有『分』矣。』，意即，「物化」之關鍵，係闡述
認知主體對萬物之際間「主—客」關係具備辨識能力的肯定，然在〈齊物論〉「道通為
一」的整體意義之下，「物化」之認知意義中的「分」，同時又是一種存有論、價值論
上的「未分」，此未分乃藉由道之整體內容的制定，故「物—我」的差異實則為一種
「分而未分」的特殊意涵。

轉化的修養實踐，換言之，《莊子》所主張的「道通為一」，仍是歸結於屏除「心知」造作的問題。然而，文獻並無否定主體認知分辨物我的能力，而係在工夫論的向度中，言明主體轉化後所必然達致的與物無隔的齊物境界，而此「境界」一詞乃屬主觀之論述範疇，只是，此主觀境界所觀出的世界，乃是由主體知覺所攝入的「主體所願意看成的」樣態，在此可與價值論同觀，換言之，主體所願意透過「齊物」觀點而看待成的世界，在價值的齊一上，即是物論之齊平的平等觀。然而，縱使不同主觀所觀出之世界有著「境界」的層次高低，卻能在主體際之「無為」修養實踐後，皆達致萬物齊平的價值，而此觀點，即是有為主體邁向無為真人的轉化，換言之，真人以真知所觀出的世界，無不是道的世界，而在「以道觀道」的境界當中，萬物皆能如實呈現自身，如此，在存有論的面向上，便也是萬物客觀的樣貌。於此，在這理論中所展現的「主—客」關係，即是一種心物共顯、與物無隔的價值存有論，而此時的「主—客」內涵，已然不是一種具有因果對待的狀態，亦非一種對列的知識論關係，而是同〈齊物論〉「物化」觀說的「分而未分」。進一步說，既然是分而未分的物我關係，那麼，萬物的差異性亦可謂「齊而不齊」的狀態，如此，就「未分」說「齊」；就「分」說「不齊」，除了泯除形上同一性暴力的發難，亦可擺脫西方二元論架構的詮釋困局。職是之故，在《莊子》「天人一體」的大視域底下，主客的關係業已不能夠過概念性的語言詳詮，而須藉由實踐的意涵證成「道通為一」的具體意義。

　　綜上所論，氣化主體的優點在於回到身體，以及與世界互動的存有關係中展延理論的多元詮釋風貌，同時深入社會結構，不純然將《莊子》侷限在美學、藝術的視域當中，並開出與當代政治、文化共振的深度討論。然而，其重大缺失則係沒有內篇文獻的大力支持，多以外雜篇作為立論基礎，尤其在「氣」的貞定上，側重於外雜篇的說法，忽視「氣」於《莊子》的複雜性理解。再者，精神主體以心性說立論，建基

於修養、超越等論述向度，並將形軀理解為應當被棄絕、且帶有原罪的
存在，同時，鏡映心的說法亦忽視了主體與外在世界的互動性，全然將
客觀存有物攝進「境界」的討論，但精神主體的詮釋較氣化說具有內篇
文獻的支持，其理論效度更貼合於莊學研究的共識。其實，本書以為，
精神主體不必然要將身體視作亟欲被棄絕的妄我，意即將「絕棄形軀」
轉為不執著於身體，而此理解不等同於輕賤身體，而是將問題歸結到心
知，而非欲望與身體，如此，精神主體的說法，或許更能為當代莊學研
究所接受，尤有進者，以鏡映心為主體的論調，被質疑缺少與外物的互
動性，純然透過「映攝」關係照現萬物，使得交互主體的意涵被消融其
中，而這樣的發難實則關涉《莊子》對於「倫理」[96]的探討，於後文章
節中將進一步撰文辯析。

　　接著，討論完《莊子》主體論研究的爭議，確定主體性於《莊子》
思想的重要性後，為了呼應第一節主體性於和諧思想的意義，後文將開
啟探討「和諧」價值之問題何以重要的命題——「亂」（不和諧）的討
論，以作為第三章論「通達觀」及如何實踐「和諧」思想一架構之對照
論述。

第三節　《莊子》主體性的討論

　　近當代莊學研究的主體論爭議中，對於《莊子》主體性的說法確實
莫衷一是、無有定論，然而，這亦顯示出《莊子》文獻的多元詮釋風
貌。據文本而言，《莊子》的確無有關乎「主體」的明確闡述，即便是
最接近主體性之詞彙的「真君」、「真宰」，亦僅是一種「遮撥」式的
道出，並無直接指稱其為「主體」，這樣的書寫方式洵是符合《莊子》

---

[96] 此處採廣義的自處處人之道，並非僅限於人際之間的倫類、序別，而是萬物如何安處，
　　且有別於儒家論「倫理秩序」的道家式「倫理學」。

語言風格的創作手法。換言之，不去確定《莊子》所言之「真君」、「真宰」的確切內容是什麼，乃是受制於文本的限制，然《莊子》雖無直言「主體」之究竟義，卻肯定了真君真宰的實存性，就這實存性來說，在《莊子》言主體性是有文獻支持的，縱使文獻並無提供更進一步的說明，但對於「主體性」的詮釋，仍可透過後設理論的系統闡述，為《莊子》「主體性」的內容勾勒出一定程度的認識，而此體系建構之理論說明，並非脫離文本的暴力性說解，而是在最大閱讀原則的理由之下，將《莊子》視作一部具系統性的典籍，使古典文獻具備現代意義的可讀性。

就前文眾家學者之主體性爭議的討論，「精神主體」與「氣思維主體」的說法並非孰是孰非的問題，而是所預設的方法論不同，進而致使不同的詮釋差異。換言之，以內篇文獻為依據的「精神主體」說，乃建構於內篇義理的基礎上論述；而「氣思維主體」則係多取材於外雜篇「氣論」為依據，但兩者並無支解《莊子》文本之系統的主張，而係皆視《莊子》為一統合的哲學理論，只是所依據的文本不同所產生的詮釋目的指向殊異。然本書以內篇作為《莊子》全書的義理定位，故「精神主體」的說法較符應於本書的論述脈絡，但是，這並非意味著要全然絕棄「氣思維主體」的說法，而是如上所述，僅是所擇之方法進路不同罷了。

那麼，若本書以「精神主體」為《莊子》主體性的詮說途徑，勢必要對其內容展開細緻的論述，換言之，作為傳統「精神主體」論述核心的「心」之問題，便是本節所要分析的論題，並且，為了呼應第一節談「主體性於和諧思想的意義」，本節亦將提出致使「不和諧」問題的成因，意即「亂」的討論，如此，即可完整地對《莊子》「和諧思想」進行全面的理論梳理與系統架構。

一、心的兩種意涵與「亂」的問題

中國哲學論「心」，自先秦時期便有蹤跡可循，陳鼓應指出：「以儒道為主軸的古代心學，雖可溯源於孔、老，但從《論語》、《老子》典籍中，『心』的範疇並未形成獨立的議題，更未建立任何體系之論述。」[97] 關乎「心」的系統性探討，一直要到戰國中期才具備成熟的論述架構，意即，「經過一兩百年的發展，到了戰國中期的孟、莊時代，對於心的論說才由隱含性的題材發展成為受到熱烈關切的哲學議題。」[98] 論及《莊子》文獻中的「心」，歷來學者即有二種講述的方式，一為唐君毅的「二心說」，另一為徐復觀的「一心說」。

唐君毅於《中國哲學原論・導論篇》說：

> 莊子之言心有二：其一為莊子之所貶，另一為莊子之所尚。其所貶者，即吾人世俗之心。齊物論人間世之不以師心為然，亦對此義之心而言。其所尚者，為「虛室生白」之心、或常心、靈府、靈臺之類。[99]

唐君毅言《莊子》之「心」有二，一為貶義：所謂「世俗之心」，意即文獻中之「成心」、「師心」者；另一為《莊子》所尚：所謂「虛室生白之心」，又曰「常心」、「靈府」、「靈臺」。然而，徐復觀則認為《莊子》論「心」不必二分，作一「心」解即可：

---

[97] 陳鼓應：《道家文化研究第二十五輯 —— 莊子研究專號》（北京：三聯書局，2010年），頁41。

[98] 陳鼓應：《道家文化研究第二十五輯 —— 莊子研究專號》，頁2。陳鼓應於〈《莊子》內篇的心學〉中指道：「心在《孟子》中出現120次，在《莊子》中則出現180次，孟、莊的心學在這一概念出現的頻率中，展現出前所未有的豐富的思想內涵。」收錄於陳鼓應：《道家文化研究第二十五輯 —— 莊子研究專號》，頁1。

[99] 唐君毅：《中國哲學原論・導論篇》，頁121。

然則莊子是不是把心分為二，一為須要防止之心，一為值得尊重之心呢？我的看法不是如此的。莊子是要求人的生活能「與天為徒」，或「入於天」，天是「寂寞無為」的；心知的活動，足以破壞此寂寞無為，所以特須警戒。但若沒有心知，則賦與於人的寂寞無為的本性，將從何處通竅，而使人能有此自覺？且德既內在於人身之內，則人必須通過心的作用，然後在德與形的相對中，能有對德的自覺；於是德的本性，也不能是心的本性。否則心便不能從形中超脫出來，以把握形所自來的德。……我覺得莊子的意思，是認為心的本性是虛是靜，與道、德合體的。但由外物所引而離開了心原來的位置，逐外物去奔馳，惹是招非，反而淹沒了它的本性，此時的人心，才是可怕的。但若心存於自己原來的位置，不隨物轉，則此時之心，乃是人身神明發竅的所在，而成為人的靈府、靈臺。[100]

徐復觀以為，《莊子》的「心」僅有一項，其本義即是「靈府」、「靈臺」，本質為虛靜靈明，然而，因與物相交、逐外紛馳，遂淹沒其本性，換句話說，「心」受障蔽牽引而有「離位」的異化狀態，若掃除外物、回歸本位，則此心依然係與道德合體的「神明發竅」所在，亦即「道心」。

唐徐二人皆主張《莊子》有「虛靜靈明」之「心」的說法（即道心、常心、靈府、靈臺之類），而不同的是，唐君毅以二心說分疏《莊子》論心的極端面，徐復觀則係以一種「一心開二門」的模式講述《莊子》的心，然二者並非本質上的差異，而是所觀照的面向不同，致使所取進路殊異。唐君毅側重區分心的兩種面貌，而徐復觀則自「工夫修養」的主旨上講心的境界轉化。

---

[100] 徐復觀：《中國人性論史・先秦篇》，頁382-383。

　　觀諸《莊子》文獻，對於「心」字的理解，多置於負面意義的脈絡中呈現（尤其內篇，作為「心知」之意，如〈逍遙遊〉「有蓬之心」；〈齊物論〉「成心」；〈人間世〉「師心」、「聽之以心」（因心止於符）、「外於心知」。徐復觀以為：

> 莊子對於心的警惕，特為突出，主要原因，是因為「知」的作用，是從心出來的。而知的作用，一則擾亂自己，不合養生之道；一則擾亂社會，為大亂之源。所以他要「外於心知」。[101]

誠如徐復觀所言，「心知」乃《莊子》所警惕者，「心」作為一精神主體，其仍有「認知我」的面向，故而其活動為「知」的作用，乃是切割物我，製造爭端的發動處，職是之故，《莊子》對於「心」的警惕，從更細緻處說，即是對於「心」能「知」的面向上立論。換言之，若此「心」並無產生「知」的作用，而係藉由「無為」的工夫（對心進行「齋」的修養），呈現為體踐道、德的「靈臺」、「靈府」，此時論心，便可置於正面意涵的脈絡中談論，[102]如〈人間世〉「乘物以遊心」；〈德充符〉「遊心於德之和」、「常心」；〈大宗師〉「莫逆於心」；〈應帝王〉「遊心於淡」。

　　自上述文獻中的探析，可知《莊子》論「心」具有不同的意涵，須依其所述脈絡而進行理論的耙梳，作負面意涵的「心」字，皆與「知」的作用緊密扣合，於此，此種「心」，在《莊子》又可逕稱為「心

---

[101] 徐復觀：《中國人性論史‧先秦篇》，頁380。

[102] 前文曾在《莊子》主體性的討論中述及「主體」與「真君；真宰」的關係，對於真君真宰是否為主體之意涵，本書乃持保留態度，然亦有學者逕稱《莊子》主體之心為真君、真宰者，如蒙培元於其著作《中國哲學主體思維》中指道：「這樣的心（按：道心）又叫做真君、真宰，是真正的主宰而又無形迹可言，不隨形體的變化而變化，和宇宙精神實現了真正的統一。」（見蒙培元：《中國哲學主體思維》（北京：人民出版社，1997年），頁166。）

知」，且文本中大多以負面意涵的「心知」作為對治的目標，然《莊子》於負面的「心」（心知）外，又特別指出「靈府」、「靈臺」等正面意涵的「心」之別稱，便可知曉，於《莊子》思想而言，「心」的用法，若非關聯著「靈府」、「靈臺」的向度，則多以「心知」的面向呈現，對比於《孟子》論「心」，將其視作道德主體而為挺立人格的用法，[103]《莊子》的「心」須作更細緻的層次檢別。

承上所述，本書以為在藉以文本為依據的討論中，必然要尊重文獻的事實，意即，《莊子》文本對於「心」字的使用確實較《孟子》來得複雜。就文獻而言，「心」字多置於負面意涵的脈絡作為「無為」工夫所對治的對象，依據徐復觀的一心說，於理論上將《莊子》之心的本質視作靈明的主體，係就其「體」而論，然「知」的作用則須藉由「無為」修養的虛靜工夫，使受外物淹沒本性而離位的異化狀態回復於「靈府」、「靈臺」的清澈靈明。再者，觀諸唐君毅的二心說，此說法就「用」而有二種心的活動面向，雖可清晰《莊子》論心的兩種極端面，卻也容易使人誤解《莊子》有二種主體的疑慮，況且，唐氏的理論較無法呈現出「無為」工夫的重要性，於此，本書以徐復觀的一心說作為《莊子》論心的理論基礎。

在提出「心」的兩種面向後（本質為靈府，離位為心知），於對應前文「主體性於和諧思想的意義」之理由下，此處勢必論及對「不和諧」緣由的說明，意即「亂」之根源的提出。依據本書對《莊子》「和諧思想」的探討，自行文一來一直設定於對「心知」的對治上進行討論與建構，按前文理論對《莊子》論「心」的意涵即可知曉，所有「不和諧」問題的根源洵皆出自於「心知」的作用，在「齊物思維」的核心脈絡中，「知」的作用作為一種割裂物我、序別萬物的概念性分殊，已然

---

[103] 《孟子·公孫丑上》：「惻隱之心，仁之端也；羞惡之心，義之端也；辭讓之心，禮之端也；是非之心，智之端也。人之有是四端也，猶其有四體也。」

使主體的靈府意涵產生異化的效用，進而致使了爭亂的不和諧狀態生成。誠如〈齊物論〉謂：

> 古之人，其知有所至矣。惡乎至？有以為未始有物者，至矣盡矣，不可以加矣。其次以為有物矣，而未始有封也。其次以為有封焉，而未始有是非也。是非之彰也，道之所以虧也。（〈齊物論〉）

《莊子》於此將「知」的內涵區別四種層次，首先，古之人「忘天地，遺萬物，外不察乎宇宙，內不覺其一身，故能曠然無累，與物俱往，而無所不應」[104]；次級乃「以為有物矣，而未始有封」者，郭象以為，此一級別者「雖未都忘，猶能忘其彼此」[105]；再次一級乃「以為有封焉，而未始有是非」者，此層次之人為「雖未能忘彼此，猶能忘彼此之是非也。」[106]；最末一級則為「有封，有是非」者，成玄英疏曰：「有非有是，流俗之鄙情」[107]「是非」乃價值觀的對立分別，因區辨物我，且對彼此進行價值判斷，我是彼非之對立面隨即而生，一如陳壽昌說：「成虧皆由後起，若自未始有物觀之，正無從區別也。」[108]陳氏所謂「後起」即指涉著「心知」的作用指向，換言之，大道本無封限，因主體靈府異化，心知產生作用，故而割裂渾沌，致使物我有別，爭端亦隨之而起：

> 夫道未始有封，言未始有常，為是而有畛也。請言其畛：有左，

---

[104] 〔清〕郭慶藩撰：《莊子集釋》，頁65。

[105] 〔清〕郭慶藩撰：《莊子集釋》，頁65。

[106] 〔清〕郭慶藩撰：《莊子集釋》，頁65。

[107] 〔清〕郭慶藩撰：《莊子集釋》，頁65。

[108] 〔清〕陳壽昌：《南華真經正義》，頁14。

有右，有倫，有義，有分，有辯，有競，有爭，此之謂八德。
（〈齊物論〉）

成玄英指出：「道無不在，所在皆無，蕩然無際，有何封域。」[109]大道無有封域，古之人以道觀之，與物無際，心知不起作用，故而萬物皆以其「自然而然」之狀態呈現自身，然而，一旦心知造作，以概念區別物我，則封域界限遂生，《莊子》即以「八德」[110]言之，然彼我封執，既而並逐勝負，對辯是非，而作為概念思辨之載體的「名言」，其性質本就是「任意性」的，成玄英亦以為：「言教隨物，亦無常定也。」[111]對於「名言」的反省，《老子》開宗即有「名可名，非常名。」的深沉了悟，王弼以為：「可名之名，指事造形，非其常也。」[112]語言的任意性，並無法循名舉實，換言之，某物之所以稱作某名，並不具備絕對性與普遍性意義，意即「非其常也」。職是之故，道家警惕「名言」的效用，乃是因其限制性無法含括存在物的全體面貌，而係僅就一特定時空狀態之下而被喚出，且名言概念作為心知作用的具體呈現，亦是不可靠的，故道家對於名言往往帶著批判的態度。

誠如《莊子》對「名言」的反思：「以指喻指之非指，不若以非指喻指之非指也；以馬喻馬之非馬，不若以非馬喻馬之非馬也。天地，一指也；萬物，一馬也。」（〈齊物論〉）郭象註曰：「夫自是而非彼，彼我之常情也。」[113]語言的任意性致使不同名號指稱同一物時可能有

---

[109] 〔清〕郭慶藩撰：《莊子集釋》，頁71。

[110] 「八德」按成疏曰：「德者，功用之名也。群生功用，轉變無窮，略而陳之，有此八種。」八德內容成玄英分別釋義為「左，陽也。右，陰也；倫，理也。義，宜也；分、辯，別也；競爭，物性昏愚，彼我封執，既而並逐勝負，對辯是非也。」（參照〔清〕郭慶藩撰：《莊子集釋》，頁71。）

[111] 〔清〕郭慶藩撰：《莊子集釋》，頁71。

[112] 〔魏〕王弼等著：《老子四種》，頁1。

[113] 〔清〕郭慶藩撰：《莊子集釋》，頁61。

不同稱號的現象，全憑該人所處之時空背景所致。而物之自然狀態並非
語言能夠指涉，故而在「齊物思維」下，可言「天下雖大，一指可以蔽
之；萬物雖多，一馬可以理盡。」[114]然而，誠如前文所述，名言之用
乃出自概念的分別性、切割性，而概念即「知」一作用的具體呈現，是
故一切的問題根源即出自於「心」的異化狀態，意即「心知」的造作。
於此，《莊子》警惕心知作用將產生諸多問題，對「知」的效用便提出
深刻的反省，〈齊物論〉中有一則「三問三不知」的故事，即點明《莊
子》對於「知」的戒慎：

> 齧缺問乎王倪曰：「子知物之所同是乎？」曰：「吾惡乎知
> 之！」「子知子之所不知邪？」曰：「吾惡乎知之！」「然則物
> 無知邪？」曰：「吾惡乎知之！」（〈齊物論〉）

萬事萬物會否有「共通」的標準？再者，以何者之「標準」為標準？此
一探問實則為對「概念知識」的詰難，「標準」本就是一「知識論」意
義的立場建構，而王倪以三次「吾惡乎知之」作為答覆，顯然係對於
「標準」的疑惑，更深層而言，即是對「概念」使用的不安，張默生理
解此段為「於此而欲標揭仁義，判斷是非，也是徒然多事的。」[115]換
言之，以概念框架事物之本質，且區分彼我，對立價值本就是一種「心
知」的造作，然大道不稱，大辯不言，藉以概念名言割裂大道的整全，
即是主體無法體道的異化狀態。所謂「道隱於小成，言隱於榮華。」
（〈齊物論〉）名言無能指稱超越界之本質，即便就現象而言，亦只能
就部分而表述，無法就整全而立說，再者，語言的任意性、概念的片面
性，更無法作為一絕對的標準而被把握，故成玄英指出：「彼我彰而至

---

[114] 〔清〕郭慶藩撰：《莊子集釋》，頁61。

[115] 張默生：《莊子新釋》，頁74。

道隱，是非息而妙理全。」[116]大道非相對性的知識性概念，而是非價值更是道之所虧處，職是之故，對於名言的謹慎、心知的戒惕，指向著「和諧」何以可能的向度，所謂「知也者，爭之器也。」（〈人間世〉）一切世間的爭端皆緊扣著「知」的作用產生，自彼則不見，自知則知之。主體的理解必然有其侷限性，更進一步說，理解係藉由心知使用名言概念而進行推論分析、詮解認識，在名言與心知共構的存在狀態下，主體之活動將更加黏著於此生活場域之中，日漸深陷，而這也是主體自身於內在精神無法逍遙，於外在世界無能和諧的根本因素。

二、德、性、心的關係

　　關乎《莊子》主體性的討論，本書據精神主體的觀點，釐清「心」在《莊子》思想的內涵，然而，講論《莊子》主體性，除了僅就「心」的意涵討論，仍須擴及對存有論的探討，亦即「德」、「性」的論述。首先，論及《莊子》思想中「德」與「性」二個觀念，可與同屬道家系統的《老子》作對照，一則在理論的對比上進行比較，另一則可在思想史脈絡上索繹兩造的關係。

　　傳本《老子》中，王弼釋「德」為「得也」[117]，並指出其與道的關聯性乃「何以得德？由乎道也。」[118]觀諸徐復觀的說法：

　　　　德是道的分化。萬物得道之一體以成形，此道之一體，即內在於
　　　　各物之中，而成為物之所以為物的根源；各物的根源，老子即稱
　　　　之為德。……就其「全」者「一」者而言，則謂之道；就其分者
　　　　多者而言，則謂之德。道與德，僅有全與分之別，而沒有本質上

---

[116]　〔清〕郭慶藩撰：《莊子集釋》，頁65。

[117]　〔魏〕王弼等著：《老子四種》，頁32。

[118]　〔魏〕王弼等著：《老子四種》，頁32。

之別。[119]

據王弼釋義，「德」為「得之於道者」，徐復觀亦持此說，且更細緻指出德與道的關係為分與全之別，於本質上並無差異，換言之，道與德本質上並無不同，就名相而言，才有一與多的差異，但仍是一多相即的緊密關係。再者，何以王弼以「德」為「本質」義，觀諸文本，傳本《老子》實則通篇無一「性」字，按蕭振聲的說法，歷來解《老》中早已有以「性」詮「德」的進路：

> 就老子之人性論研究來說，最早從兩漢之交嚴遵（西元前86年—西元10年）的《老子指歸》，以及東漢至魏晉時期之河上公（約西元一世紀）、王弼（226-249）的老子註釋開始，「性」字已被用來解讀《老子》中「德」、「真」、「自然」、「無為」這些重要觀念。[120]

據引文，援「性」釋「德」於《老子》詮解其來有自，早自漢代時期業已有此用法，至王弼時更影響了日後傳本研究中對《老子》思想「德」字的註解與應用。而同屬道家系統的《莊子》，對於「德」字的使用確有承衍之處，文獻中，直接定義「德」為本質義者為「物得以生，謂之德」（〈天地〉）一句，此句與《老子》對德的理解無有不同，於內篇中，「德」字的使用亦多作得之於道的「本質」義，如「之人也，之德也，將旁礴萬物」（〈逍遙遊〉）、「德蕩乎名」（〈人間世〉）、「才全而德不形」（〈德充符〉）、「其德甚真」（〈應帝王〉），然內篇通篇亦無「性」字，郭象同王弼「以性詮德」，《莊子》「性」字

---

[119] 徐復觀：《中國人性論史・先秦篇》，頁337-338。

[120] 蕭振聲：《老子之人性論與無名思想》（臺北：萬卷樓圖書股份有限公司，2018年），頁5。

的使用皆於外雜篇，即便如此，在莊學系統的整全性而言，「性」與「德」在「本質」的意義上可作互詮，[121]並理解為得之於道者，蕭裕民即以為《莊子》論「德」作「個別殊異性」言：

> 「道」是「德」之源，「德」是「道」之於「有」的世界之呈現，「道」與「德」之間的關係，是「一」與「多」的關係。但必須注意的一點是，「德」字的這種「有」之意涵，並非如「物」字用於指涉所有的「有」，而是特別用於指涉特性、特色、本性、本質、個別性之類的，屬於「有」之特性發揮、性質之彰顯、個別性之展現之類的面向，主要不是指涉概括的形體、相貌、外型之類。[122]

蕭氏論「道」與「德」的關係，同於徐復觀的理解，然蕭裕民更進一步指出，《莊子》之「德」特重於指涉「特性」、「特色」、「本性」、「本質」、「個別性」等內容，為「有」之面向的特性展現，並不指稱表象所呈現的樣貌，此說法即「德」與「形」的對照模式論述。換言之，「德」特指萬物之本質，[123]而「形」則係外顯於現象的面向展示，徐復觀亦持此論調曰：「形是德的具體表現」[124]再者，關乎「德」、「形」與「心」的連結，徐復觀提出其說法如下：

> 且德既內在於人身之內，則人必須通過心的作用，然後在德與形

---

[121] 徐復觀以為：「若勉強說性與德的分別，則在人與物的身上內在化的道，稍微靠近抽象的方面來說時，便是德；貼近具體地形的方面來說時，便是性。」（參見徐復觀：《中國人性論史・先秦篇》，頁372。）

[122] 蕭裕民：〈論《莊子》的「德」字意涵——個別殊異性〉，《高雄師大學報》第18期（2005年6月），頁154。

[123] 「內七篇中的德字，實際便是性字。」（徐復觀：《中國人性論史・先秦篇》，頁369。）

[124] 徐復觀：《中國人性論史・先秦篇》，頁373。

的相對中，能有對德的自覺；於是德的本性，也不能是心的本
性。否則心便不能從形中超脫出來，以把握形所自來的德。[125]

徐復觀此說聯繫了「德」、「形」、「心」三者的關係，首先，他認為
「德」必須通過主體之「心」的作用（按：靈臺）才能夠對「德」有所
自覺；復次，德與心的性質不同，方能透過心而「把握」德（按：德實
則無從把握，此把握之義依徐氏脈絡應當解作對於「形」的超脫後對德
的自覺）最後，「形」與「德」在理論上雖為相對概念，但在存有論的
意義上，實則乃「有」之面向的不同展現，一為特指「本質」，另一則
特指「外型」，然兩者皆同源於「道」，更精緻而言，「德」乃「道」
之分，而「形」為「德」之「外在可見」的展現。[126]然而，主體藉由
心知認識往往僅能看到「形」的現象，而無法認知「德」的本質，且心
知易執著於「形」而失落其本質之真，故而《莊子》有「德有所長而形
有所忘」（〈德充符〉）之說，林希逸以為：「所可忘者，形也；所不
可忘者，德也。」[127]另則，「德不形者，物不能離也。」（〈德充
符〉）林希逸釋道：「德不形者，言其德無所可見也。……德不形，隨
事物而見，言其無所往而非德，非一端所可名。」[128]「德」無具體之
現象展示，然萬物莫不由德所支持而存在，對於《莊子》而言，「德」
才是萬物和諧的內在條件，於此，「德者，成和之修也。」（〈德充
符〉）而「心知」則是執「形」忘「德」的障礙。蕭裕民同徐復觀的論
調，他指出，修養「心性」方能「追溯」、「歸返」於德之根源——
「道」，並彰顯物之本質——「德」：

---

[125] 徐復觀：《中國人性論史·先秦篇》，頁382。

[126] 〈天地〉篇謂：「物成生理，謂之形，形體保神，各有儀則，謂之性。」

[127] 〔宋〕林希逸：《莊子鬳齋口義校注》（北京：中華書局，1997年），頁94。

[128] 〔宋〕林希逸：《莊子鬳齋口義校注》，頁93。

德是物之所以為物之特色、殊異性之所在，而修養心性而追返此特
色、特性之根源，也就是追溯到「德」之根源，便是返於「道」的
虛一大同，也因此這種特色發揮、特性彰顯之類的「有」（稱為
「德」），也可以描述為高深不可測的「玄德」。[129]

在蕭氏的理論中，「德」作為工夫修養後所彰顯的物之本質、特色，及
其殊異性，乃是一種道之「有」面的展現，然本書更特別指出，此種
「有」之面向的物之所以為物的本質義，係具備活動性的，換言之，在
「無為」的工夫修養後（無掉心知後），萬物之「德」必須自然活動出
來，如此，萬物和諧共存的互動性才能完整展現，換句話說，如若萬物
之德不具備活動的意義，那麼無掉心知後，萬物便是一種「死寂」的狀
態，何來須要「和諧」的說法，更細緻而言，萬物在不透過心知作用的
存有場域中，其本質自然能夠活成最恰當的生命狀態，此意義之下的
「和諧」才是《莊子》「和諧思想」的要義。

　　綜上所述，《莊子》將世界不和諧的根本理由設定為「心知」的造
作，相對於《老子》將問題根源鎖定在「禮」而言「失道而後德，失德
而後仁，失仁而後義，失義而後禮。夫禮者，忠信之薄，而亂之首。」
（《老子·第三十八章》）在超越界的道德為人之心知名言而層層陷落
後，禍亂於焉而出。然《莊子》則立足於「超越」「禮樂」的視域說其
「入遊其樊而无感其名」，便是將不和諧問題的根源向後推至更根本處
之「心知」的作用講述，換言之，《莊子》認為的亂之根本不在人間世
的制度、體制，而係主體異化之「心」。職是之故，在「和諧思想」的
觀念之中，要如何達致與人相諧、與物共存的理想狀態，則成了本書在
主體性探討後所要討論的文本詮釋，意即，在確定《莊子》主體性的要
旨後，進一步要論及的即是本書開宗所提出的問題意識：「達人心；達
人氣，如何可能？」的論析。

---

[129] 蕭裕民：〈論《莊子》的「德」字意涵——個別殊異性〉，頁155。

第三章　《莊子》的通達觀

第一節　先秦儒、道思想通達觀比較

　　本書於第一章導論之研究方法，曾提及系統之間的比較法，並援引唐君毅的說法作為論據，他在《哲學概論（上）》指出：「比較法之所著眼點，則在一哲學思想之本身之內容或系統，與其他哲學思想之內容或系統之異同。」[1]更細緻而論：

> 比較是兼較同與較異，然一切思想中恆有異，異中又恆有同。有似異而實同者，亦有似同而實異者。然吾人見同時，又恆易忽其異，見異時又恆易忽其同，因而比較之事，似易而實難。而比較法之價值，則在由比較，而使同異皆顯出，同以異為背景，而同亦彰其同；異以同為背景，異亦更見其異。由是而使同異皆得凸顯，而所比較之對象之具體的個體性，亦皆得凸顯。而吾人之比較之思想活動本身，亦因而有更清楚豐富之思想內容。故吾人之從事對哲學思想之比較研究，亦即使吾人之哲學思想本身，升進為能綜合所比較之哲學思想，以成一更高之哲學思想者。[2]

「比較」乃透過二者（或以上）之間的對照，呈現彼此之異同，誠如唐君毅所謂「比較法之價值，則在由比較，而使同異皆顯出」然顯同異並非僅有「區別」彼我之用，更重要者在藉由與他者之對舉而顯示自我之

---

[1]　唐君毅：《哲學概論》（臺北：臺灣學生書局有限公司，1974年），頁201-202。

[2]　唐君毅：《哲學概論》，頁201-202。

價值，有效廓清我造研究之義理脈絡。而此作法的最終目的一如唐先生所喻，即藉由比較法的運用，「使吾人之哲學思想本身，升進為能綜合所比較之哲學思想，以成一更高之哲學思想者」，如是，在詮釋《莊子》的研究進路中，除了與同為「道家」思想之《老子》對照之外，更須藉以儒家思想的對比，顯明系統的異同之處。尤其係凸顯「殊異」之特質，意即《莊子》與其他思想不同之處，更能對照出《莊子》理論的優位性，同時清晰《莊子》文獻的肌理。而此方法，似易而實難，它同時須對系統內外的義理有所認知與掌握，而非僅是單方面的詮說，職是之故，當面對《莊子》（道家）文獻之詮釋時，同時亦須藉以外部系統的對照而反觀《莊子》（道家）義理的特質，而此一外部系統所指者，即是「儒家思想」，此論點即出自牟宗三之講述：

> 胡適之先生講中國哲學，是直接從老子開始，這是不對的。從春秋時代開始是可以的，但是不能斷自老子，因為老子這個思想是後起的。老子的思想為什麼是後起的？最重要的一點是，道家的思想是個反面的思想。有正面才有反面。[3]

牟宗三以道家思想為「後起」、「反面」（自批判周禮，更精處可謂自批判儒家意義說），乃因對胡適講述中國哲學時逕以《老子》為發端，而非由儒家講至道家，不符思想史的「歷史」進程，據牟宗三的說法，道家思想乃立基於對儒家的批判而出，尤其係《老子》對周禮的批判性說詞，與《論語》對於「周禮」的主張大相徑庭，此為「反面」之意，再者，「周文疲弊」之禮樂崩壞現象，則係先秦諸子爭鳴的濫觴，如若無「周禮」之疲憊，則無《老子》之批判，此即就「後起」的面向論。猶有進者，在文獻外部系統比較的方法上，除了能呈現儒道理論的異

---

[3]　牟宗三：《中國哲學十九講》（臺北：臺灣學生書局有限公司，1983年），頁51。

同；於道家系統內部的對觀，亦能更為精細地判別道家思想之脈絡承衍，本書以為《莊子》思想乃《老子》思想的進一步發展，徐復觀亦持此說法。[4]（自理論體系而言，《莊子》的論述模式無疑較《老子》成熟）如此，本章節先就先秦儒家理論中的通達觀立論，於儒道體系的比較中，對比理論之間的異同之處，突出道家思想論通達的特殊之處，再而藉由道家內部文獻的比較，自更精微處對舉出《老》《莊》論通達的異同，進一步突出《莊子》通達觀的優位論述。

一、《論語》、《孟子》的「通達觀」

（一）《論語》中的「通」與「達」

《論語》關於「通」的文獻，僅出現於〈陽貨〉篇「宰我問喪」一則故事當中：「子曰：『予之不仁也！子生三年，然後免於父母之懷。夫三年之喪，天下之通喪也。予也，有三年之愛於其父母乎？』」然此處言「通」並未具有哲學價值之意義，僅作「共通的」意思。

再者，《論語》中關於「達」的書寫分別散見於九篇文獻，其中，不具備「道德價值」者，有〈子罕〉「達巷黨人」之作為貴族意涵一

---

[4]　有學者在成書時序認知上以為《老子》當後出於《莊子》，如錢穆在《莊老通辨》指出：「先秦道家，主要惟莊老兩家。此兩人，可謂是中國道家思想之鼻祖，亦為中國道家思想所宗主。後起道家著述，其思想體系，再不能越出莊老兩書之範圍，亦不能超過莊老兩書之境界。然此兩書，其著作年代先後，實有問題。據筆者意見，《莊子》內篇成書，實應在《老子》五千言之前。至《莊子》外雜篇，則大體較《老子》為晚出。」（錢穆：《莊老通辨》（臺北：東大圖書股份有限公司，1991年），頁113-114。）按錢穆說法，將《莊子》內篇與外雜篇的成書時間分割為二個時間段，雖在成書程序有所判別，卻無法在義理的系統上達至完整的意義理解，於此，應當採取徐復觀的觀點，將《莊子》內外雜三部分視為同一系統內的哲學定位問題，意即，內篇思想的精熟度乃高於外雜篇的論述脈絡，如此，便可將成書作者之疑問轉化為系統內部義理高下之判分的議題，而此作為，不僅能將《莊子》視作同一系統，也使得《莊》書的詮釋達到最大閱讀原則的理論效度。此外，徐復觀亦同意《莊子》思想係《老子》思想的進一步發展。（見徐復觀：《中國人性論史・先秦篇》（臺北：臺灣商務印書館股份有限公司，1969年），頁364。）

詞，而〈鄉黨〉「康子饋藥，拜而受之。曰：『丘未達，不敢嘗。』」
與〈顏淵〉「樊遲未達」，「達」一詞皆作「了解」之意，以及〈微
子〉中作為人名之「伯達」一詞。此外，其餘諸篇之「達」字，在《論
語》體系中皆含有「道德價值」的意思。在這幾篇具有道德意涵之
「達」的論述中，與「政治論」相繫者集中於〈雍也〉、〈子路〉二
篇：

> 季康子問：「仲由可使從政也與？」子曰：「由也果，於從政乎
> 何有？」曰：「賜也，可使從政也與？」曰：「賜也達，於從政
> 乎何有？」曰：「求也，可使從政也與？」曰：「求也藝，於從
> 政乎何有？」（〈雍也〉）

此章以季康子問三子可否從政為旨，而孔子分別以「決斷」、「通事
理」、「多才」形容仲由、子貢、冉求，按程頤言：「能取其長，皆可
用也。」[5]在〈公冶長〉中孔子曾以「瑚璉」[6]比喻子貢，認為其乃治國
安邦、可擔大任之材。又〈雍也〉篇中，另一關乎「達」的討論，乃由
子貢所提問：

> 子貢曰：「如有博施於民而能濟眾，何如？可謂仁乎？」子曰：
> 「何事於仁，必也聖乎！堯舜其猶病諸！夫仁者，己欲立而立
> 人，己欲達而達人。能近取譬，可謂仁之方也已。」（〈雍
> 也〉）

---

[5] 〔宋〕朱熹：《四書章句集注》（臺北：大安出版股份有限公司，1996年），頁116。

[6] 按朱熹解，夏曰瑚，商曰璉，周曰簠簋，皆宗廟盛黍稷之器而飾以玉，器之貴重而華美
者也。見〔宋〕朱熹：《四書章句集注》，頁102。

「己欲立而立人，己欲達而達人」為《論語》講述「內聖外王」的重要文獻，朱熹註曰：「以己及人，仁者之心也。」[7]對於「推己及人」一說，王邦雄有不同的解釋：

> 這句話一般的解釋是仁者在己立之後，還要立人，己達之後，還要達人，這也不是很究竟的說法。因為「為仁由己，而由人乎哉！」（顏淵）我們實在不能代他人立，為他人達。比較恰當的解說是，我們自己想要通過自己挺立生命，也要尊重他人，讓他自己挺立生命；我們自己想要通過自己通達人間，也要尊重他人，讓他自己去通達人間。[8]

王邦雄對於此段的解釋具備濃厚的道家味道，在其以為「立」與「達」的實現在於自身德性的朗現，而仁者能做的，僅是「尊重」而已。這顯然與「道家」的「無為」而「無不為」思想有著相似的意味。然而，文獻中所用之「欲」字，相當程度地凸顯出了儒家「德化」的色彩，文中所謂「立人」「達人」者，其「所欲立」「所欲達」者無能脫離「道德主體」的挺立而言，換言之，在儒家思想中所要「立」及「達」者，乃是一「君子人格」典範的樹立與普及。而〈雍也〉此兩篇的闡述，與政治係緊密相關的，順此，在儒家「外王」的路徑上，即是要成就人人皆能「內聖」的德治景象。

關乎具有道德意涵之「達」於政治論的討論，尚有二則紀載於〈子路〉篇：

> 子曰：「誦詩三百，授之以政，不達；使於四方，不能專對；雖

7　〔宋〕朱熹：《四書章句集注》，頁123。

8　王邦雄等著：《論語義理疏解》（新北：鵝湖月刊社，1982年），頁30。

多，亦奚以為？」（〈子路〉）

孔子盛讚《詩經》，以為「不學詩，無以言。」（〈季氏〉），且透過學《詩》而能有「興觀群怨」之用，甚至能起至「邇之事父，遠之事君。多識於鳥獸草木之名。」（〈陽貨〉）的效度。朱熹曰：「詩本人情，該物理，可以驗風俗之盛衰，見政治之得失。其言溫厚和平，長於風諭。故誦之者，必達於政而能言也。」[9]可見《詩》在政治上的應用備受孔子肯定。而此章句亦是對於學《詩》的反省，程頤以為：「窮經將以致用也。世之誦詩者，果能從政而專對乎？然則其所學者，章句之末耳，此學者之大患也。」[10]換言之，要「達政」不僅是熟爛《詩經》即可，重點是能否致用於政治場域，而此一經世致用之學，於儒家的觀點中，必得合乎「興於詩，立於禮。成於樂。」（〈泰伯〉）的人格養成。順此，「能達於政」必須繫連著「道德價值」的內容而論。

接著，另一則文獻同出於〈子路〉篇，亦是緊扣「政治」論述：

子夏為莒父宰，問政。子曰：「無欲速，無見小利。欲速，則不達；見小利，則大事不成。」（〈子路〉）

子夏問政於孔子，孔子以「欲速則不達」答覆，並與「見小利，則大事不成」對舉。朱熹註曰：「欲事之速成，則急遽無序，而反不達。見小者之為利，則所就者小，而所失者大矣。」[11]《論語》中，孔子對於「利」的批判，尚有「見利思義」（〈憲問〉）、「放於利而行，多怨。」（〈里仁〉）以及「君子喻於義，小人喻於利。」（〈里仁〉）

9　〔宋〕朱熹：《四書章句集注》，頁198。

10　〔宋〕朱熹：《四書章句集注》，頁198。

11　〔宋〕朱熹：《四書章句集注》，頁202。

等，據上述文獻而論，孔子告誡子夏，從政除了「欲速則不達」外，更不能「因小失大」，而這兩句話是平行的關係，換言之，政治之事，不可因「小利」而「速成」，欲達治世之功，須依「義」而行，方不招致怨懟。而此「達」之意義，即關聯著「義」、「君子」等具備「道德價值」的內容。

其餘關乎「達」者，同樣屬於具備道德價值的文獻：

> 子張問：「士何如斯可謂之達矣？」子曰：「何哉，爾所謂達者？」子張對曰：「在邦必聞，在家必聞。」子曰：「是聞也，非達也。夫達也者，質直而好義，察言而觀色，慮以下人。在邦必達，在家必達。夫聞也者，色取仁而行違，居之不疑。在邦必聞，在家必聞。」（〈顏淵〉）

此章節孔子區別出「名」與「達」的不同，名聞遐邇不代表一人具備「質直好義」的內涵，朱熹註「達者」為「德孚於人而行無不得之謂」[12]，子張所以為的聲名之「達」，在孔子「以仁義自居」之「達」的視域下，反倒成一「鄉愿」式的求名圓融之舉。換言之，孔子此處所謂「達」者，必得擁有「直而好義」的德性本質。再者，〈憲問〉篇中有二處論及「達」者為：

> 子曰：「君子上達，小人下達。」（〈憲問〉）
>
> 子曰：「莫我知也夫！」子貢曰：「何為其莫知子也？」子曰：「不怨天，不尤人。下學而上達。知我者，其天乎！」（〈憲問〉）

---

12 〔宋〕朱熹：《四書章句集注》，頁191。

此二節皆言及「上達」，第一則以「君子」「小人」對顯，指出道德價值的區別，朱熹以為「君子循天理，故日進乎高明；小人殉人欲，故日究乎汙下。」[13] 此處論「達」有上下之分，曾昭旭以為「上達」乃「通達於仁義」，而「下達」則是「通達於財利」[14]「下達」之「達」，在道德意義上，即是與「上達」作為對舉，用以說明小人與君子的氣質差異，然上達之義，可與下一章互作詮說：

> 孔子曰：「見善如不及，見不善如探湯。吾見其人矣，吾聞其語矣。隱居以求其志，行義以達其道。吾聞其語矣，未見其人也。」（〈季氏〉）

所謂「求其志」與「達其道」，朱熹註曰：「求其志，守其所達之道也。達其道，行其所求之志也。」[15] 朱熹之解，並未清晰此章之義理內容，而僅以求志與達道互詮，換言之，其忽略了「行義」一重要的理論基礎，與前一章「君子上達」對觀，此處言「行義以達其道」，正是「上達」的方法進路，意即，欲「上達於仁義」則必須依於「仁義」之原則，此處雖未言及「仁」，然而，誠如勞思光論「仁義禮」之關係為：「禮以義為其實質，義又以仁為其基礎。此是理論程序；人由守禮而養成『求正當』之意志」[16] 換言之，孔子言義，乃是攝義歸仁之理，而「義」即是「正當性」與「合宜性」，對照於此章「見善如不及，見不善如探湯」的行為準則，正是「義」的正當性原則托出。

最後，在〈衛靈公〉中有一則與「語言」相關的「達」觀：

---

13 〔宋〕朱熹：《四書章句集注》，頁215。

14 王邦雄等著：《論語義理疏解》，頁155。

15 〔宋〕朱熹：《四書章句集注》，頁243。

16 勞思光：《新編中國哲學史（一）》（臺北：三民書局股份有限公司，2018年），頁118。

　　子曰：「辭達而已矣。」（〈衛靈公〉）

孔子對於「說話」的要求亦是具備「道德價值」的，所謂「巧言亂德」
（〈衛靈公〉），變亂是非，言過其實，於「義」則不「正當」，於
「禮」則無「章法」，於「仁」則是「巧言令色，鮮矣仁」，朱熹曰：
「辭，取達意而止，不以富麗為工。」[17]換言之，「君子義以為質，禮
以行之，孫以出之，信以成之。」（〈衛靈公〉）如此知行合一，言符
其實，才是「道德」之舉，反之，若是「群居終日，言不及義」（〈衛
靈公〉）除了無法有「辭達」之效，更指向缺乏「道德內容」的「小
人」一類。

　　上述分判《論語》「通」與「達」之文獻意義，可以得出，「通」
在《論語》中僅出現過一次，且未具備哲學意義，而「達」則可按「道
德價值」之劃分區別為二大範疇，進一步說，具備「道德內涵」的
「達」字，在文義脈絡中，尚有論及「政治」、「德性」、「語言」的
細緻區別，但是，此三項範疇在儒家視域下洵可歸為「道德價值」的闡
明，況且德性與為政於儒家實則一體，牟宗三即指出：

　　當然王道亦不能只是德，必函重視人民的幸福。所以內聖必函外
　　王。外王就須正德以開幸福。從王道方面講，正德必函厚生。正
　　因為德是指道德的真實心，仁義心，言，故一夫不獲其所，不遂
　　其生，便不是仁義心所能忍。從個人道德實踐的立場上說，律己
　　要嚴；從政治王道的立場上說，對人要寬，要恕。正德求諸己，
　　利用厚生歸諸人，而亦必教之以德性的覺醒。[18]

17　〔宋〕朱熹：《四書章句集注》，頁236。

18　牟宗三：《政道與治道》（臺北：臺灣學生書局有限公司，1983年），頁28。

在儒家「學而優則仕」的傳統下，「士不可以不弘毅，任重而道遠。」即顯示出儒學的「淑世理念」，而這亦是牟宗三所謂「正德；利用；厚生」的儒家內聖外王之道。順此，孔門謂「達」者，在達仁義之正己之德，且朝向達政之利用厚生之功。

（二）《孟子》中的「通」與「達」

　　《孟子》關於「通」的文獻，見於三篇內容當中，其中三處之「通」為「共通的」意思：

> 天下之通義也。（〈滕文公上〉）
> 匡章，通國皆稱不孝焉。（〈離婁下〉）
> 弈秋，通國之善弈者也。（〈告子上〉）

此外，在〈滕文公下〉中的「通」字，則作為「動詞」，乃「互通」之義，意為「分工合作，互通有無」：

> 子不通功易事，以羨補不足，則農有餘粟，女有餘布；子如通之，則梓匠輪輿皆得食於子。（〈滕文公下〉）

據上述文獻可知，《孟子》言「通」並未具哲學意義，再者，文獻中論及「達」者，亦可分為二大範疇，一為未具哲學意義之詞彙，另一為具備「道德價值」者。在〈公孫丑上〉有「雞鳴狗吠相聞，而達乎四境」與「泉之始達」二則，前者為「達至」之義，後者與「通」互訓，作通暢。另有一訓作「通」者，於〈公孫丑下〉「天下有達尊三」，為「共通」之義。而具動詞「達至」意義者，尚有〈公孫丑下〉、〈滕文公上〉「自天子達於庶人」。另外，具「動詞」義者還有〈萬章下〉「不能五十里，不達於天子」，作「朝見」解，以及〈滕文公上〉作「表

達」、「顯現」解之「達於面目」一句。最後，在〈離婁下〉有「富貴利達」之詞，作「顯達」之義，然此義與〈盡心上〉「窮不失義，達不離道」之「達」不同，乃因後者之達與「道德」併論，涵攝義理内容。

　　《孟子》義理中，具備哲學價值的「達」字，皆存於〈盡心〉篇，共有六則文獻論及「達」者，於上篇有五，下篇則有一，本書將逐步闡明箇中要義：

　　　　尊德樂義，則可以囂囂矣。故士窮不失義，達不離道。窮不失
　　　　義，故士得己焉；達不離道，故民不失望焉。古之人，得志，澤
　　　　加於民；不得志，脩身見於世。窮則獨善其身，達則兼善天下。

此章言士者自處處世之道，以「窮則獨善其身，達則兼善天下」為要理，何以能做到「窮不失義；達不離道」，孟子以為當「尊德樂義」。朱熹曰：「尊之，則有以自重，而不慕乎人爵之榮。樂之，則有以自安，而不殉乎外物之誘矣。」[19]所謂德者乃「所得之善」，義者則為「所守之正」，意即，士者不以貧賤而移，不因富貴而淫，窮不失己志，達不失民望。此處言「達」必與「道」同論，「達不離道」，意味顯達之時仍以「道」為志，不可須臾離也。然此不離道之「達」，接以「民不失望」，換言之，此處乃「外王之功」的期許，亦是孟子「兼善天下」，德化百姓的終極淑世理想。另外，有二段言及「達」與「天下」之關係者為：

　　　　人之所不學而能者，其良能也；所不慮而知者，其良知也。孩提
　　　　之童，無不知愛其親者；及其長也，無不知敬其兄也。親親，仁
　　　　也；敬長，義也。無他，達之天下也。

---

[19]　〔宋〕朱熹：《四書章句集注》，頁492-493。

此處言「達之天下」之「達」謂之「普遍性」，意即良知良能乃「本然
之善」，且普遍內在於每個道德主體之中，朱熹以為：「達之天下無不
同者，所以為仁義也。」[20]親親敬長可與「孝弟也者，其為仁之本與」
（〈學而〉）同觀，換言之，儒家對於「孝悌」的重視，前者以為「仁
之本」，後者則逕以「仁」稱之，為普天之下皆同的真理。再者，另一
關乎「達」與「天下」的文獻為：

> 有事君人者，事是君則為容悅者也。有安社稷臣者，以安社稷為
> 悅者也。有天民者，達可行於天下而後行之者也。有大人者，正
> 己而物正者也。

朱熹註曰：「此章言人品不同，略有四等。容悅佞臣不足言。安社稷則
忠矣，然猶一國之士也。天民則非一國之士矣，然猶有意也。無意無
必，惟其所在而物無不化，惟聖者能之。」[21]孟子將人品分作四等，其
中，「達可行於天下而後行之者也」同於「無道則隱，有道則現」，朱
熹曰：「必其道可行於天下，然後行之；不然，則寧沒世不見知而不
悔，不肯小用其道以殉於人也。」[22]此章與《論語》治世理念最不同
者，在於孟子以「大人」為治世人品的最高典範，說明其「德盛而化」
的正己正物之功。換言之，「達可行於天下而後行之者」乃次於「正己
而物正者」之「自反而縮，雖千萬人，吾往矣」的無敵精神，可見孟子
對於「淑世」的意志是相當執持的，而這也是孔孟性格最不同處。但不
可否認的是，孟子雖對「天民」的評價不如「大人」，然箇中之「達」
乃緊繫於「邦有道」而論，故此處言「達」，仍具有「天下有道則行」

---

[20] 〔宋〕朱熹：《四書章句集注》，頁495。
[21] 〔宋〕朱熹：《四書章句集注》，頁496。
[22] 〔宋〕朱熹：《四書章句集注》，頁496。

的道德價值定位。

以上三則論及「達」與「天下」之關係的闡述，皆內涵道德價值的發顯，一從「窮達」對舉，顯現「修身平天下」的精神；二從仁義內在之普遍性言親親敬長之德；三自有道無道的淑世進路對比出人品次第的階位，即便孟子以「仁者無敵」作為外王的意志趨向，卻也不可否認「有道則見，無道則隱」仍是具備「道德」內涵的人格範式。更細緻而言，孔子對於「有道無道」的說法尚須依於「出仕」與否而立論，「邦有道，則仕；邦無道，則可卷而懷之。」（〈衛靈公〉）是孔子對於為官的態度，而「邦有道，穀；邦無道，穀，恥也。」（〈憲問〉）則是孔子對於出仕之時代背景的價值判斷。然孟子並非扣緊「仕與不仕」的問題而發聲，在其以為，「我亦欲正人心，息邪說，距詖行，放淫辭，以承三聖者；豈好辯哉？予不得已也。能言距楊墨者，聖人之徒也。」，箇中所傳達出的堅定意志，乃是孟子之所以不論世道而堅持己志的核心信仰。

再者，當今對於儒學道德主體挺立的說法，實則承自宋明心性之學的脈絡，而宋明心性論的「主體」之挺立，猶以孟學傳統為理論背景，換言之，關乎道德主體的烘托，《孟子》相較於《論語》無疑更為顯著。而此處論及《孟子》之「達」觀，仍可依於「道德主體」的挺立而論說：

> 人之有德慧術知者，恒存乎疢疾。獨孤臣孽子，其操心也危，其慮患也深，故達。

朱熹註曰：「達，謂達於事理，即所謂德慧術知也。」[23]曾昭旭以「德行、智慧、技術、才能」述解，而達於事理即是達於「德慧述知」，然

---

[23] 〔宋〕朱熹：《四書章句集注》，頁496。

此章節按曾氏所理解為：「他下面舉孤臣孽子為例，正因他們處境危疑，常在無保障的情況之中，因此反而使他們覺悟到一切外在事物都是不可靠的，唯一可靠的只有自己，遂因此激發起他自信自主的力量」[24] 曾昭旭的說法符應道德主體的挺立一說，亦說明「故達」所顯現出的「主體力量」的湧現。接著，下一則亦是自「道德主體」而論：

> 孔子登東山而小魯，登太山而小天下。故觀於海者難為水，遊於聖人之門者難為言。觀水有術，必觀其瀾。日月有明，容光必照焉。流水之為物也，不盈科不行；君子之志於道也，不成章不達。

朱熹以為：「此章言聖人之道大而有本，學之者必以其漸，乃能至也。」[25]此章可與《論語·述而》篇「志於道，據於德，依於仁」對顯，儒家藉由道德主體對於超越道體的把握，落實於禮樂制度的施行，並成就其朗現良知良能的內聖德性。換言之，透過主體對於形上之道的落實，縱貫天人的連結，使得自我價值得以契合形上價值，並以此為依據而展開現象界的行為活動，而此能依能據之超越實體亦賦予儒家成聖成賢的內在本質與工夫進路一種價值上的保證。再者，朱熹註曰：「成章，所積者厚，而文章外見也。達者，足於此而通於彼也。」[26]朱子解「達」為「足於此而通於彼」，若置於本章宗旨「聖人之道大而有本」，意即，道雖大卻仍有本可據，而本即是透過「學」而能致，此處之學，不僅是文章練達，更涵攝「志於道」的「成德」趨向，而成德之學，即是儒家所學之「道」的具體內容。

---

[24] 王邦雄等著：《孟子義理疏解》（新北：鵝湖月刊社，2010年），頁159-160。

[25] 〔宋〕朱熹：《四書章句集注》，頁500。

[26] 〔宋〕朱熹：《四書章句集注》，頁500。

〈盡心上〉篇中，除了上述自我道德主體的挺立之內聖說，孟子亦提及君子化人的五種方法：

> 君子之所以教者五：有如時雨化之者，有成德者，有達財者，有答問者，有私淑艾者。此五者，君子之所以教也。

朱熹曰：「聖賢施教，各因其材，小以成小，大以成大，無棄人也。」[27] 此處「財」解作「材」，各因其所長而教之者也。然而，即便方法有五項，但在儒家視域中洵可收攝於「道德價值」的觀點之下而論，意即，文中言「達材」，其所欲化而達者，乃是其「自性的實現」，徐復觀以為：「孟子既從心上論定性善，而心的四種活動即是『情』。『乃若其情，則可以為善』的情，即指惻隱、羞惡、是非、辭讓等而言。從心向上推一步即是性；從心向下落一步即是情；情中涵有向外實現的衝動、能力，即是『才』。」[28] 換言之，在儒家思想裡，一人最終所要成就者，無非係「自身德性」的朗現，而這亦是儒家透過內聖工夫而言及其學說之外王事功的「德化」目標。

最後，在〈盡心下〉中唯一一則論及「達」之文獻為：

> 人皆有所不忍，達之於其所忍，仁也；人皆有所不為，達之於其所為，義也。

此章節可與孟子的「外王論」對觀，所謂「人皆有不忍人之心。先王有不忍人之心，斯有不忍人之政矣。」（〈公孫丑上〉）而孟子所欲行的「王道之政」即是「仁政」，意即「堯舜之道，不以仁政，不能平治天

---

[27] 〔宋〕朱熹：《四書章句集注》，頁508。

[28] 徐復觀：《中國人性論史・先秦篇》，頁174。

下」（〈離婁上〉），換言之，孟子外王觀的最終目的乃是「仁覆天
下」，此處論「達」可理解為「實踐」的意義，以「達之於其所忍」講
「仁」；而「達之於其所為」說「義」，正是孟子藉由「仁義」為依準
將所當行之事施設且落實於外王治功之上，牟宗三說：

> 我們要知道，儒家主要的就是主體，客體是通過主體而收攝進來
> 的，主體透射到客體而且攝客歸主。所以儒家即使是講形而上
> 學，它也是基於道德。儒家經典中代表主體的觀念比如孔子講
> 仁，仁就是代表主體。……仁是理、是道、也是心。孔子從心之
> 安不安來指點仁就是要人從心這個地方要有「覺」。[29]

按牟氏言，孔子自「心能安與否」來指點「仁」，強調了主體之「覺」
的重要性，而此「覺」即是孟子所繼承並開展的「不忍人」的勝義，朱
熹註曰：「惻隱羞惡之心，人皆有之，故莫不有所不忍不為，此仁義之
端也。然以氣質之偏、物欲之蔽，則於他事或有不能者。但推所能，達
之於所不能，則無非仁義矣。」[30]四端乃《孟子》脈絡的核心要旨，孟
子以「四端」定位人之所以為人的本質，換言之，無惻隱、羞惡、辭
讓、是非之心者，非人也。人皆有不忍人之心，即是「不忍之心」係普
遍內在於主體之中作為人之本質而存在，而這正是孟子「性善論」的宗
旨與基源。勞思光在理解儒家仁義禮之關係時說道：

> 禮以義為其實質，義又以仁為其基礎。此是理論程序；人由守禮
> 而養成「求正當」之意志，即由此一意志喚起「公心」，此是實
> 踐程序。就理論程序講，「義」之地位甚為顯明；就實踐程序

---

[29] 牟宗三：《中國哲學十九講》（臺北：臺灣學生書局有限公司，1983年），頁79。
[30] 〔宋〕朱熹：《四書章句集注》，頁523。

講，則禮義相連，不能分別實踐。故孔子論實踐程序時，即由「仁」而直說到「禮」。[31]

儒家論「義」無能離「仁」一主體，亦不可脫「禮」來呈現，勞思光就理論與實踐程序的細緻區別，解析儒家仁義禮三者的關係，孔子由仁直說到禮，在實踐時則禮義無法斷截，必須同體而論，而仁一主體的發顯，則須透過具體的禮樂制度而呈現，但禮若失仁，即徒有形式而無內涵，孟子把握了孔子論「仁」的主體性，擴而充之，將良知主體的朗現與重要性極大化，啟發日後宋明心學的理論幅度。此章節以「達其所忍；達其所為」闡明「不忍」之實踐內容，在主體處彰顯「仁心」的重要意義，並擴及外王向度，開展一套《孟子》義理的內聖外王之學。

綜上而論，《孟子》文獻中具道德價值之「達」皆在〈盡心〉篇，王邦雄以為《孟子》思想「就修養而言，內聖最高，就事功而言，通向外王才是極成之道。內聖是德，外王是福；讓天下有德的人有福，或再進一步讓天下人都有德，也都有福，德福一致才算是圓滿。故孟子在修養論之外，又開外王事功的價值論。」[32]換言之，孟子講內聖必得涵及外王事功而併論，在此一視域當中，孟子論道德價值之「達」，不僅是內聖意義的德性實現，更得談出「立人；達人」的淑世精神。

二、《老子》、《莊子》的「通達觀」

（一）《老子》中的「通」與「達」

《老子》文獻論及「通」「達」者，僅有二篇，即便如此，仍可勉強構設其通達觀的輪廓，以便作為與《莊子》「通達」文獻的對照，並從中索繹《老》《莊》思想之承衍關係，《老子·第十五章》曰：

---

[31] 勞思光：《新編中國哲學史（一）》，頁118。

[32] 王邦雄等著：《孟子義理疏解》，頁270。

古之善為士者，微妙玄通，深不可識。夫唯不可識，故強為之容。豫兮若冬涉川；猶兮若畏四鄰；儼兮其若容；渙兮若冰之將釋；敦兮其若樸；曠兮其若谷；混兮其若濁；孰能濁以靜之徐清？孰能安以久動之徐生？保此道者，不欲盈。夫唯不盈，故能蔽不新成。

此章乃《老子》對於「體道者」的描摹，可以「微妙玄通」四字作為理解全段的核心宗旨，關於第十五章的「善為士者」，傅佩榮於《究竟真實》中寫作「善為道者」。[33]然而，據陳鼓應理解，「善為道者」為《帛書乙本》之內容，王弼本與郭店簡本皆作「善為士者」，[34]可見「士者」較近古本內容。此外，於思想史意義而言，王弼本具有其歷史文獻比較之地位，具備權威意義，故本書擇王弼本作文內容依據。

再者，「微妙玄通」四字，郭店簡本及帛書乙本皆作「玄達」，[35]可見通與達於不同版本的校釋間仍存有互訓的可能性，關於此處，憨山註曰：「此言聖人體道深玄，故形神俱妙」[36]，對於「通」字未有解釋，[37]吳怡理解「微妙玄通」為「致精微、寓神妙、體虛玄、通事理」，[38]然而《老子》言「通」並未如《莊子》來得豐富，即便如此，

---

[33] 傅佩榮：《究竟真實》（臺北：天下遠見出版股份有限公司，2006年），頁107。

[34] 陳鼓應：《老子今註今譯及評介》（臺北：臺灣商務印書館，2013年），頁109。

[35] 〈馬王堆帛書老子乙本殘卷〉，〔魏〕王弼等著：《老子四種》（臺北：大安出版股份有限公司，1999年），頁35。〈郭店竹簡老子甲組〉，〔魏〕王弼等著：《老子四種》，頁17。但是，仍有學者以為兩種版本皆可，吳怡即以為：「王弼、河上公等版本作『善為士』，傅奕及近代許多版本改為『善為道』。其實，這裡所謂『善為士者』，乃是『善為道之士』。所以一字之改，無關義理。」（見吳怡：《新譯老子解義》（臺北：三民書局股份有限公司，2017年），頁102。）

[36] 〔明〕憨山德清著：《老子道德經憨山解》（臺北：新文豐出版股份有限公司，2005年），頁68。

[37] 王淮即以為：「老氏拈此四字豈輕易為之者，而歷來註家皆等閒視之，以為隨便形容之語句，亦可謂不善讀老氏書者矣！」（吳怡：《新譯老子解義》，頁102。）

[38] 吳怡：《新譯老子解義》，頁101。

《老子》論「通」仍具備哲學價值，並非僅是普通意義的詞彙，而是以
「通」字作為「道」的作用，如王淮所言：「微妙，喻其『體』之無
為，玄通，喻其『用』之『無不為』。」[39]「玄通」即意味著藉由「工
夫實踐」而契合、體悟「超越界道體」的一種體用論闡述。而後文接以
諸多狀貌的形容，則是具體地闡述「玄通」之「善為士者」的眾多形
象。

　　《老子》王弼本論及之「達」，亦具備其哲學價值，第十章曰：

> 載營魄抱一，能無離乎？專氣致柔，能嬰兒乎？滌除玄覽，能無
> 疵乎？愛民治國，能無知乎？天門開闔，能為雌乎？明白四達，
> 能無為乎？生之、畜之，生而不有，為而不恃，長而不宰，是謂
> 玄德。

關於此章，王弼本作「明白四達，能無為乎？」而《帛書乙本》、河上
公本、憨山註皆作「能無知乎」吳怡以為：

> 「明白」指對外物深徹的了解，「四達」指通達四方，無不周
> 延。這是指的「知」，可是王弼的註本卻說「能無為乎」。王弼
> 的註說：「言至明四達，無迷無惑，能無以為乎？則物化矣！」
> 這是說，明白四達是真知。真知之用，乃是順物性之自然，而不
> 用一己之知去干擾萬物，這也就是無為。……河上公和其他的一
> 些版本，寫作「能無知乎？」這和「愛民治國，能無知乎？」的
> 「無知」發生了雷同。於是有的版本又把「愛民治國」的「無
> 知」改為「無智」或「無為」。這樣的東改西補，於原義並沒有
> 什麼發明，還不如維持王弼的原文，更能說出「真知」和「無

---

[39] 吳怡：《新譯老子解義》，頁102。

為」之間的深切關係。[40]

憨山註解謂：「此章教人以造道之方，必至忘知絕跡，然後方契玄妙之
德也。」[41]憨山註以「工夫論」作解，闡明此章要義，「忘知絕跡」然
後契「玄妙之德」，換言之，即是藉由對治「心知」之有為造作，而契
悟大道周行的「自然如此」之義。按義理脈絡而言，王弼本與他本的
「改異」，對於整體義理的發明並無太大影響，意即，無論作「能無為
乎」抑或「能無知乎」，皆可收攝於「無為」工夫之詮釋當中而談；就
章節句法來說，《老子》藉由一連串的問句反思，為得是透過「遮撥」
的方式正言道體之玄妙與作用，而非以肯定的語氣直說道體的本質與狀
貌，這是《老子》行文的特殊之處，再者，細觀此一連串的發問內容，
可以見得，「無離」、「嬰兒」、「無疵」、「無知」、「為雌」、
「無為」六者並非對仗關係，詞性或有不同，故「明白四達」後接以
「無知」或「無為」，於句法結構上皆無衝突。但是，若以王弼本為
《老子》註本權威的情況之下，勢必要在其架構當中發明箇中要理，並
產生適當性的解釋。自詮釋學原則而言，以局部推演全幅，再以整體橫
定局部之定位，「明白四達」在不同版本間皆無出入，於系統內部亦無
任何詮釋斷截，如此，要如何理解王弼本接續「能無為乎」一句，仍須
就「明白四達」的義理內涵作為定錨而釐清其意義。

王弼以「言至明四達，無迷無惑，能無以為乎？」[42]理解「明白四
達」，只是，何以「至明四達，無迷無惑」能夠達至「無以為」的作用，
卻未見詳解。吳怡以「真知」詮解「明白四達」[43]，雖能對顯其義理價

---

[40] 吳怡：《新譯老子解義》，頁71。

[41] 〔明〕憨山德清著：《老子道德經憨山解》，頁61。

[42] 〔魏〕王弼等著：《老子四種》，頁17。

[43] 吳怡：《新譯老子解義》，頁71。

值，卻也無法詳盡箇中思想肌理。然而，憨山註藉由「合光內照」[44]作為一種文學筆法的意象詮釋，其實隱約帶出了「明白」之光何以能通達四處，且周遍萬物的「無不為」勝境，《莊子》論及「心齋」工夫時提及「虛室生白，吉祥止止」（〈人間世〉）這句話可與「明白四達」互詮，郭象註曰：「吉祥所集者，至虛至靜也」[45]此乃自作用層而言，而所能臻至此一境界之工夫，即是「虛室生白」的實踐，成玄英疏：「能虛其心室，乃照真源，而智惠明白，隨用而生。白，道也。」[46]成疏緊扣「心齋」立論，說明「心知」乃障道的唯一問題，若能「無掉心知」，則自然「能照真源」，換言之，只要藉由「無為」的修養，萬物之德自然乍現。而透過此一內聖工夫所實現的作用，於內聖說即是吉祥止止，於外王論則係「鬼神將來舍，而況人乎」的明王之治景象。

接續上述討論，「明白四達」與「虛室生白」可作互詮，「明白」就「工夫」論，「四達」就「作用」說，而「明白」可謂「真知」，換言之，它並非以知識作為建構通曉事理的來源，而是「無為」之「損」所達致的「無不為」的普遍作用，故王弼本作「明白四達，能無為乎？」即可置於《老子》思想脈絡同觀，如「為無為，則無不治」（《老子・第三章》）；「道常無為而無不為」（《老子・第三十七章》）「上德無為而無以為」（《老子・第三十八章》）「損之又損，以至於無為」（《老子・第四十八章》）意即，自「無為」說「明白」，由「無不為」論「四達」，順此，接以「能無為乎」的反問，更能再次印證與強調「無為而無不為」的真諦。

綜上而論，《老子》述及「通」「達」者僅有二處，但卻都涵攝其哲學價值，並且能於整體脈絡中見其通達之定位，無論是「微妙玄

---

[44] 〔明〕憨山德清著：《老子道德經憨山解》，頁63。

[45] 〔清〕郭慶藩撰：《莊子集釋》（臺北：城邦文化事業股份有限公司，2018年），頁115。

[46] 〔清〕郭慶藩撰：《莊子集釋》，頁115。

通」，亦或「明白四達」皆關涉道論的討論範疇，亦皆展開其體用論的論述架構，通達作為「道」的作用，於《老子》的思想中並無太大分別，換言之，在文獻中的「通」與「達」皆作為道於作用層的普遍開展，雖然《莊子》承繼《老子》的要義，成就其論「通達」的特殊性，但有別於《老子》論通與達的類似性，《莊子》則提出不同詮釋。

（二）《莊子》中的「通」與「達」

《莊子》關於「通」的論述，相較於《老子》，在文獻中更具備理論系統的建構意義，自本體、存有論、工夫論、境界論言，《莊子》確實能夠在「通」的脈絡中構設出一套具備系性的義理探討。並且，能夠進一步與「達」同論，將《莊子》的「通達觀」談出莊學特色的思想內容。

承上所述，本書將先各自探討「通」與「達」於《莊子》文獻中的意義，再而統合《莊子》論通與達的內在義理連結，自分疏而合論，完整《莊子》通達觀的系統與內涵，以便作為後文談論「和諧觀」的先要基礎。首先，《莊子·內篇》論及「通」者，分別見於〈齊物論〉、〈人間世〉、〈德充符〉、〈大宗師〉，其中，尤以〈齊物論〉之「通」論能夠總攝其餘諸篇論「通」之義理內容。〈齊物論〉曰：

> 故為是舉莛與楹，厲與西施，恢恑憰怪，道通為一。其分也，成也；其成也，毀也。凡物無成與毀，復通為一。唯達者知通為一，為是不用而寓諸庸。庸也者，用也；用也者，通也；通也者，得也。

此段言「通」有「道通為一」、「復通為一」、「知通為一」，以及「用也者，通也」、「通也者，得也」，前三者皆以「通為一」為宗旨，而後二者乃根據「通為一」而立論之「庸；用；通；得」的層層詮

解關係。關於「通為一」者，「道通為一」乃是作為「知通為一」之主體所能契悟大道的前提基礎，觀諸歷解，郭象以「各然其所然，各可其所可，則理雖萬殊而性同得，故曰道通為一。」[47]作註，而成玄英則疏曰：「故有是非可不可，執迷其分。今以玄道觀之，本來無二，是以妍醜之狀萬殊，自得之情惟一，故曰道通為一也。」[48]郭註以「理萬疏而性同得」講述萬物同源於道而各自獨化的狀態，成疏則在萬物同源的基礎上進一步指出「以道觀之，本來無二」的「超越界視域」，換言之，成玄英更具體點明「道體」實存的客觀意義。而「復通為一」則是由此範疇之下所建構出的「返道」觀點，且主體在此本體與工夫意義之中，才有「知通為一」的論述價值，順此，此三者乃環環相扣的緊密鏈結，並得以在此脈絡中談及「庸；用；通；得」的特殊內涵。[49]

所謂「是非之彰也，道之所以虧也」，「舉莛與楹，厲與西施，恢恑憰怪」本就是心知之價值分判對於存有之成毀的落實，而「知通為一」的觀點，正是「復」通於道的「是非俱泯」，然此知識心的消彌，所豁顯的即是「為一」的和諧狀態。誠如〈天地〉篇曰：「通於一而萬事畢，無心得而鬼神服。」郭象註曰：「一無為而群理都舉。」[50]換言之，唯有透過

---

[47] 〔清〕郭慶藩撰：《莊子集釋》，頁62。

[48] 〔清〕郭慶藩撰：《莊子集釋》，頁62。

[49] 郭象註：「夫達者無滯於一方，故忽然自忘，而寄當於自用。自用者，莫不條暢而自得也。」（見〔清〕郭慶藩撰：《莊子集釋》，頁63。）按郭象解，即是萬物自化自得，適性逍遙，不因世俗價值之「成心」而框限其「德」，吳怡理解此段言：「他們不以自己的『是』去用萬物，而能本之於萬物的自然之『庸』。這個『庸』就是天生萬物，各有其用的『用』。萬物各有其用，才能互相平等而『通』。能相『通』，才各有所得，而成就自體。」（見吳怡：《新譯莊子內篇解義》（臺北：三民書局股份有限公司，2017年），頁57。）現象界萬物各有其殊異性，換言之，自成心觀之則萬物僅限於一偏之用，意即，萬物之用將受限於成心的判斷而展現其片面性，然此處言「不用為是」，正是「無為」之「無掉心知」後，萬物向人所展現其自身本質之「德」的自然狀態，此時之「用」，並非人之心知所執取的片面之用，而是泯除物物相因相待，各成其性、共成一天的和諧共存狀態，且係能保存萬物殊相卻通而為一的價值存有論。

[50] 〔清〕郭慶藩撰：《莊子集釋》，頁285。

「無為」的工夫，萬物之德才能自然顯現，而這種和諧的齊鳴之舉，則是
《莊子》以「和之以是非，而休乎天鈞」的超越界視域而達致的「兩行」
之道所要進一步化解的〈人間世〉之「兩難」問題。[51]

　　〈人間世〉的「兩難」須透過〈齊物論〉的「兩行」脈絡[52]而解
決，《莊子》以「狙公與狙」的互動過程，提示世俗常以「循名舉實」
作為名號與真實之間的鏈結，並以此為「必然」的對應關係，故往往導
致「與接為構，日以心鬥」的勞心傷神狀態，然透過「朝三暮四」的寓
言可知，《莊子》鬆動人對於名與實的執著言其「名實未虧，而喜怒為
用」，換言之，在名號的桎梏之中，人僅就一事實的片面性而落實於語
言的框架中，並據以為真，於是陷溺於其中。順此，唯有將「心知」所
執著的片面性解消，釋放名言的限制性，才可能達致「依乎天理而因其
固然」的德性展現。而此即是《莊子》論「即內聖即外王」的唯一路
徑：

　　　　瞻彼闋者，虛室生白，吉祥止止。夫且不止，是之謂坐馳。夫徇
　　　　耳目內通而外於心知，鬼神將來舍，而況人乎！

此段言「內通」者，乃相較於「心知用外」而言，成玄英疏：「夫能令
根竅內通，不緣於物境，精神安靜，忘外於心知者。」[53]此處之「外王
論」可與〈應帝王〉「夫聖人之治也，治外乎？正而後行」對舉，郭象

---

[51] 〈人間世〉對「兩難」的描寫相當深刻，如「顏回將之衛」言「菑人」與「益多」；
　　「葉公子高將使於齊」言「陰陽之患」與「人道之患」；以及「顏闔將傅衛靈公大子」
　　言「危吾國」與「危吾身」，皆反映了人際關係網絡中諸多的價值難題。

[52] 成玄英疏曰：「不離是非而得無是非，故謂之兩行。」（見〔清〕郭慶藩撰：《莊子集
　　釋》，頁64。）換言之，《莊子》言兩行之道，即是一種「能入遊其樊而无感其名」之
　　超越的方法。

[53] 〔清〕郭慶藩撰：《莊子集釋》，頁115。

註言：「全其性分之內而已。」[54]意即，外王事功不必有為造作，治於外者，乃是不治之者，唯有「正其性分」，透過「內聖」之「無為」修養，達致「物應於外」的自然應和之功，故言「內通」而不說「外於心知」，而以此「內通」之無為工夫所臻致的外王事功，則是「鬼神將來舍，而況人乎」之和諧的明王之治景象。

　　另一則與「內通」相似的文獻，亦論及「物我」關係，同時也隱隱符應於《莊子》外王論的探討，〈德充符〉有一才全德不形者，謂為「哀駘它」，貌醜卻能為物歸依，與之相處而感其「未言而信，無功而親」，魯哀公更有意委之以政。據哀公與孔子的談話可知，《莊子》對於「哀駘它」的人物塑形，為一「才全德不形」者：

　　哀公曰：「何謂才全？」仲尼曰：「死生存亡，窮達貧富，賢與不肖，毀譽、饑渴、寒暑，是事之變，命之行也；日夜相代乎前，而知不能規乎其始者也。故不足以滑和，不可入於靈府。使之和豫通而不失於兌，使日夜無郤而與物為春，是接而生時於心者也。是之謂才全。」「何謂德不形？」曰：「平者，水停之盛也。其可以為法也，內保之而外不蕩也。德者，成和之修也。德不形者，物不能離也。」哀公異日以告閔子曰：「始也，吾以南面而君天下，執民之紀，而憂其死，吾自以為至通矣。（〈德充符〉）

郭象對於「才全」的理解為「隨所遇而任之」[55]然而，孔子以「死生存亡，窮達貧富，賢與不肖，毀譽、饑渴、寒暑」為「事之變，命之行」，同觀於〈人間世〉「知其不可奈何而安之若命，德之至也。」吳

54　〔清〕郭慶藩撰：《莊子集釋》，頁208。

55　〔清〕郭慶藩撰：《莊子集釋》，頁156。

肇嘉以為，相較於儒家論「命」為具備「客觀限制」的「義命分立」
說，《莊子》論「命」則是「道命相即」的合一觀點：

> 儒家面對「道實現與否」的這些客觀世界的現實限制，是在「知
> 命」中求其「立命」，其理論脈絡中沒有必然的保證。它頂多只
> 能盡心著性，讓德性充顯於身，而對「大道之行」終究給不出必
> 然性的保證。如此的理論形態，雖說是符合於理性的認識，但也
> 背負著實踐者難以釋懷的遺憾。相對於這樣的方法效力，道家的
> 實踐理論則顯現出一種消極性的必然要求。莊子對於「命」有不
> 少論述，不同於儒家的「道命分離」形態，莊子的「命」與
> 「道」之間並沒有壁壘分明的相對性，而是呈現出「相即為一」
> 的交集傾向。這也就是說，「道的應然」與「命的實然」兩個界
> 域是相重合的，對於實踐的結果而言，沒有「道的作用」所不能
> 負責者。[56]

《莊子》看待「命」為一種與「道」相即為一的「德的向外展現」之情
況，意即，「命」於《莊子》的義理脈絡裡並非一種客觀限制，而是出
自於自身德性的煥發。於此，「應然」的命題於道家思想並不具備論述
效度，換言之，道家並無「標準」、「規矩」的限制，僅有「德」能不
能實現的問題，如此，儒家講「義」與「命」的分立之說，在道家皆收
攝於「大道流行」的意義當中，故言萬物皆由道的作用所「負責」，沒
有一物能脫離道而實現其價值。徐復觀亦持此論調：

> 莊子之所謂命，乃與他所說的德，所說的性，屬於同一範圍的東

---

[56] 吳肇嘉：〈論莊子外王思想中的「道」、「命」關係〉，《政大中文學報》第18期
（2012年12月），頁159。

　　西，即是把德在具體化中所現露出來的「事之變」，即是把各種
人生中人事中的不同現象，如壽夭貧富等，稱之為命；命即是德
在實現歷程中對於某人某物所分得的限度。[57]

據徐氏所言：「莊子所謂命，乃指人秉生之初，從『一』那裏所分得的限
度。」[58]於此，「知其不可奈何而安之若命」一句，並非一種悲觀主義的
托出，按吳肇嘉所理解：「既說要將不可奈何之事安之『若』命，那麼顯
然『不可奈何』之事並不是『命』，因為不是命，才要嘗試將之視為
『命』；所以『不可奈何』與『命』之間的意義是有距離的。」[59]，然
而，要將「不可奈何」視作「命」的先要條件即是「德之至也」、「唯有
德者能之」，順此，「哀駘它」作為一「有德者」，其所能「使之和豫，
通而不失於兌」的「安之若命」狀態，便是因於「故不足以滑和，不可入
於靈府」的「無為」修養。郭象註曰：「苟使和性不滑，靈府閒豫，則雖
涉乎至變，不失其兌然也。」[60]此處可謂「心齋」工夫的另詮，意即，有
德者遭臨事之變，仍可藉由無為工夫而應物，成就「入遊其樊而无感其
名」的超脫性格。而此亦是「內保之而外不蕩」[61]且能使「物不能離」、
「與物為春」[62]的外王向度呈現。

　　最後，〈大宗師〉中論及「通」者，一為對「真人」的描述，另一

57　徐復觀：《中國人性論史・先秦篇》，頁376。

58　徐復觀：《中國人性論史・先秦篇》，頁375。

59　吳肇嘉：〈論莊子外王思想中的「道」、「命」關係〉，頁163。

60　〔清〕郭慶藩撰：《莊子集釋》，頁156。按成玄英疏，滑，亂也。靈府，精神之宅，
　　所謂心也。然此處之心並非「智識心」，換言之，並非為依著於「概念」的「心知」。
　　再者，兌，通悅，遍悅也。體窮通，達生死，遂使所遇和樂，中心逸豫，經涉夷險，兌
　　然自得，不失其適悅也。

61　郭象註曰：「內保其明，外無情偽，玄鑒洞照，與物無私，故能全其平而行其法也。」
　　此可以為法者，並非一繩墨之經式義度，而係「無情至平，天下取正」之「正己而正眾
　　生」的「即內聖即外王」之說。

62　郭象註曰：「群生之所賴也。」

為對「道體」無封無畛的肯定。張默生以為：「本篇中所論及的，卻不
只單論『道體』，而尤致意於『生命』的認識。『道』為無始無終的一
大生命，萬物的生命，亦即此大生命所散發。故道的生命，即萬物的生
命；萬物的生命，亦即道的生命。」[63]接下來的文獻，即是《莊子》藉
由對真人的描摹所發顯的「生死觀」：

> 古之真人，不知說生，不知惡死；其出不訢，其入不距；翛然而
> 往，翛然而來而已矣。不忘其所始，不求其所終；受而喜之，忘
> 而復之。是之謂不以心捐道，不以人助天。是之謂真人。若然
> 者，其心志，其容寂，其顙頯，淒然似秋，煖然似春，喜怒通四
> 時，與物有宜，而莫知其極。（〈大宗師〉）

此段文字一言以蔽之：「泰然而任之也」。[64]所謂「古之真人，不知說
生，不知惡死」即是以「方生方死，方死方生」（〈齊物論〉）作為其
認知觀點的基礎發端，換言之，生死無別，心知不著於此，泯除價值判
斷，自然不受好惡之情的影響。再者，文獻中所提及的「真人」，能夠
「喜怒通四時，與物有宜，而莫知其極」，郭象以為：「無心於物，故
不奪物宜；無物不宜，故莫之其極。」[65]不以概念框架在物的本質上，
不依一己之見侷限物的可能發展，換言之，真人不透過心知而認知萬物
的本質，而是如同懸鏡照物，物來斯照，讓物呈現如實樣貌。然此處言
真人「喜怒通四時」之「通」，乃是「與道合一」的生命展示，郭象註
曰：「夫體道合變者，與寒暑同其溫嚴，而未嘗有心也。然有溫嚴之
貌，生殺之節，故寄名於喜怒也。」[66]真人無心，意即真人不以成心化

63 張默生：《莊子新釋》（臺北：天工書局有限公司，1993年），頁159。

64 〔清〕郭慶藩撰：《莊子集釋》，頁166。

65 〔清〕郭慶藩撰：《莊子集釋》，頁168。

66 〔清〕郭慶藩撰：《莊子集釋》，頁168。

待萬物,而是以「真知」照鑒萬物真常,而喜怒之情僅是一種透過語言對其狀貌的描摹,然其實則不與物遷、與物為春,故《莊子》更言:「天與人不相勝也,是之謂真人。」郭象解道:「夫真人同天人,齊萬致。萬致不相非,天人不相勝,故曠然無不一,冥然無不在,而玄同彼我也。」[67]總言之,真人泰然任之之所以可能,仍須收攝於〈齊物論〉「道通為一」的脈絡中而作為「天人不相勝」的論述基礎,如此,道作為「真人」以「真知」契悟萬物內容的肯定才有其理論支撐與義理效度。

再者,〈大宗師〉裡另一則關乎「通」的文獻,關係《莊子》「坐忘」工夫的探討,故事藉由孔子與顏回的對話,由「忘仁義」、「忘禮樂」,最後談即「坐忘」,《莊子》對治心知的方法諸如「坐忘」、「心齋」、「攖寧」、「無己」、「喪我」等,即便方法看似名目眾多,但唯一原則可歸結於「無為」的統攝之下而輻射,王弼以「順自然也」[68]理解「無為」一詞,言雖簡而意實賅,順自然即是不以「人為造作」強加於萬物之上,換言之,只要不將「心知」加諸於他者並要求其符合自身認知,那麼萬物將自顯其德,自適其性。此處談「坐忘」,抑是就「無為」立論:

> 顏回曰:「墮肢體,黜聰明,離形去知,同於大通,此謂坐忘。」(〈大宗師〉)[69]

---

[67] 〔清〕郭慶藩撰:《莊子集釋》,頁173。

[68] 〔魏〕王弼等著:《老子四種》,頁31。

[69] 關乎「墮肢體,黜聰明」一句,成玄英疏曰:「墮,毀廢也。黜,退除也。雖聰屬於耳,明關於目,而聰明之用,本乎心靈。既悟一身非有,萬境皆空,故能毀廢四肢百體,屏黜聰明心智也。」以「墮肢體」言「離形」;「黜聰明」講「去知」,王邦雄以為:「與〈人間世〉之『心齋』工夫比較而觀,『墮肢體』的『離形』,是『无聽之以耳』,『黜聰明』的『去知』,是『无聽之以心』。」(見王邦雄:《莊子內七篇・外

「心齋」能使鬼神來舍，「坐忘」則可同於大通，《莊子》之「無為」乃是為萬物之德的實現而作為其工夫論的唯一實踐原則，使主體上通造化之大道流行、與物無際，而萬物自鑒其德且自正其性，以此達到萬物相諧共存之超越的齊一之境，而此正是《莊子》外王論之本然秩序的實現。順此，〈大宗師〉談及「坐忘」，亦須置放於超越心知之無為工夫而言，成玄英疏曰：「虛心無著，故能端坐而忘。」[70]〈人間世〉言：「虛者，心齋也」，《老子・第三章》亦曰：「虛其心」，然此「虛」意即「無為」之意，《老》《莊》皆對「心知」抱持緊戒態度，「虛」即是透過「無為」的方法而對治「心知」之造作，而《莊子・人間世》言「唯道集虛」，郭象以為「虛其心則至道集於懷也」[71]，甚者，連結於「外王論」，則可言「虛室生白」，虛其心室，乃照真源，而鬼神來舍，此乃〈德充符〉「正生以正眾生」的具體內容對照。

然而，與「坐馳」對反的「坐忘」工夫之所以能同於大通，使得主觀極境與超越的客觀萬物一體相連共在，亦須建基於「道通為一」的存有論基礎上，成玄英理解「大通」為「大道」，換言之，同於大通，正是「齊物思維」的義理脈絡所展延出的理論向度，於〈大宗師〉言真人體道的闡述中，再次符應「齊等萬物」的核心價值。

綜上而論，無論是〈人間世〉「兩難」、「不可奈何」，〈德充符〉「事之變」，〈大宗師〉「通四時」、「坐忘」，皆可收攝於〈齊物論〉「道通為一」的大脈絡底下而發展各自的論述內容，且能夠進一

秋水・雜天下的現代解讀》（臺北：遠流出版事業股份有限公司，2013年），頁351。）王氏此解，將「耳」理解為「形」之「身軀」意，將導致《莊子》指向輕視身體的地步，故此處不如歸結於「心知」的問題，將「墮肢體」之「毀廢」視作「無」的工夫意義，換言之，「墮肢體」即是無掉心知對於形軀身體的執著，如此也能相應於〈人間世〉「支離其形」的論述而言「養其身，終其天年」，意即解消對於「形軀生命」的執著，而非毀棄身體，順此，才不致出現「輕賤身體」的侷限詮釋。

70　〔清〕郭慶藩撰：《莊子集釋》，頁202。

71　〔清〕郭慶藩撰：《莊子集釋》，頁113。

步透過「道通為一」整合《莊子》思想中論「通」的義理內涵，換言之，《莊子》的「通」觀，可自「通為一」之本體論、工夫論、境界論，橫攝〈內篇〉義理的連貫性，亦可由「齊物思維」縱攝諸篇文獻中論及「通」之思想內涵，並開啟道家「無為而無不為」所展延的「即內聖即外王」論點，使得《莊子》「通」觀具備與先秦諸子不同基調的論述空間。

討論完「通」的義理內容，接者，《莊子》文獻談及「達」者有三，分別見於〈齊物論〉、〈人間世〉、〈德充符〉，其中，〈德充符〉之「達」為「窮達貧富」的「命之行」，而〈齊物論〉論「達」乃闡述能「知通為一」之「達道者」的「達者」之意。而具備工夫論脈絡之「達」的探討僅出現於〈人間世〉的討論當中：

> 德蕩乎名，知出乎爭。名也者，相軋也；知也者，爭之器也。二者凶器，非所以盡行也。且德厚信矼，未達人氣；名聞不爭，未達人心。而彊以仁義繩墨之言術暴人之前者，是以人惡有其美也，命之曰菑人。菑人者，人必反菑之，若殆為人菑夫！

理解此段文獻時，將面臨一項艱鉅的詮釋難題，即「德蕩乎名，知出乎爭」一句實則與本書所發出的基源問題有所衝突，意即，本書以為「心知」乃《莊子》體系之唯一問題，然「知出乎爭」卻看似將問題推至「爭」的脈絡，如此，「心知」的基源性將備受質疑，順此，在討論本段之「達」前，須先將此一問題釐清，以便使問題收攝於「簡易」，而非「雜多」。首先，自義理層面言，郭象曰：「德之所以流蕩者，矜名故也；知之所以橫出者，爭善故也。」[72]按郭註，知乃因爭而出，問題的根源為「爭」，意即「知因爭競而產生」，此解依於句法結構，與前

---

[72]〔清〕郭慶藩撰：《莊子集釋》，頁104。

句「德蕩乎名」之「德因名而蕩失」為對稱關係；然林希逸另解為：
「纔有用知之私，則爭競所由起矣」[73]《口義》的解釋，實則根據《莊子》內在義理脈絡而作此詮解，符應《莊子》體系的整體架構。據《莊子》整部文獻而言，「心知」是唯一的根本問題，名號乃心知執著而落實的產物，此對於現象界萬物的切割、宰制，將導致分別與比較，更甚者，則進一步有爭競的現象生成。換言之，「其分也，成也；其成也，毀也」當萬物的現象透過觀看與認知的片面性落實於名號的系統當中，萬物向人呈現者，也只是符合人所要求其所展現的樣態，而非其全貌與本質。何況郭象亦言：「夫名智者，世之所用也。而名起則相軋，知用則爭興，故遺名知而後行可盡也。」[74]如此前後註文相悖，可見其對於《莊子》核心問題的把握仍不清晰。順此，為合乎思想的體系性與義理的精當詮釋，此處以林希逸解為依據，歸結問題至「心知」的對治。

　　處理完上述文獻論題，接續本書所關心的問題：《莊子》「達」觀的討論。此段引文乃顏回將往衛國勸諫衛君蒯瞶，行前與孔子之對話。然衛君為一荒淫昏亂、縱情無道之人，文中言「且德厚信矼，未達人氣；名聞不爭，未達人心。」此句話為孔子警戒顏回「菑人」[75]與「益多」[76]之兩難困境。成疏曰：「矼，確實也。假且道德純厚，信行確實，芳名令聞，不與物爭，而衛君素性頑愚，凶悖少鑒，既未達顏回之意氣，豈識匡扶之心乎！」[77]縱使顏回德性醇厚，不與物爭名，在情感上與認知上也未必能讓衛君接受，更何況透過「仁義繩墨之言術」顯耀於「暴人」之前，豈非以他人之惡突出自身之美，此種「毀人以自成」之舉無異於「菑人」，而荒誕無稽的衛君又何以能忍受，於此，顏回必

---

[73] 〔宋〕林希逸：《莊子鬳齋口義校注》（北京：中華書局，1997年），頁57。

[74] 〔清〕郭慶藩撰：《莊子集釋》，頁105。

[75] 菑，音同災，菑害也。

[76] 益多，以火救火，以水救水，意即適不能救，乃更足以成彼之威。

[77] 〔清〕郭慶藩撰：《莊子集釋》，頁105。

定反遭致災禍。此段文獻其實可與「顏闔將傅衛靈公太子」一則併論：

> 顏闔將傅衛靈公大子，而問於蘧伯玉曰：「有人於此，其德天殺。與之為無方，則危吾國；與之為有方，則危吾身。其知適足以知人之過，而不知其所以過。若然者，吾奈之何？」蘧伯玉曰：「善哉問乎！戒之慎之，正汝身也哉！形莫若就，心莫若和。雖然，之二者有患。就不欲入，和不欲出。形就而入，且為顛為滅，為崩為蹶。心和而出，且為聲為名，為妖為孽。彼且為嬰兒，亦與之為嬰兒；彼且為無町畦，亦與之為無町畦；彼且為無崖，亦與之為無崖。達之，入於無疵。

顏闔將為衛靈公太子蒯聵之師，然衛國大夫蘧伯玉警告顏闔曰：「有人於此，其德天殺」，意即蒯聵「稟天然之凶德，持殺戮以快心」，若縱之無度，則以亡國；而與之方法，則將危及自身。此兩難之道，將使得顏闔進退無度，那麼，要如何不以「仁義繩墨」「蓄人」，又不會因「遷就」、「諂媚」而「益多」，換言之，於兩段文獻義理比較中，要如何不因「蓄人」而「危身」；「益多」而「危國」，則須藉由「達」的方法而自全全人。此處論及「入於無疵」之「達」，其內容正是「就不欲入，和不欲出」一核心要旨。郭象以為：「就者形順，入者遂與同。和者義濟，出者自顯伐。」[78]在外顯之行為能隨順，卻不會同流合汙；於內在則包容，且不高高在上而自以為是。如若形就而入，則係形容從就，同入彼惡，而心和而出，則自顯和之，彼將惡其勝之。前者招致「益多」危國，後者則是「蓄人」危身。據此，唯有透過「達人心；達人氣」之「達」，合論「形莫若就；心莫若和」的內涵，才能在兩難世道中，達致「和諧共存」的存在狀態。《莊子》論「達」之工夫，關

78　〔清〕郭慶藩撰：《莊子集釋》，頁124。

係著萬物相處的「和諧」之境，關乎此一修養內涵，留待後文詳論。

綜上而論，《莊子》論「通」與「達」的內涵，自「通為一」的超越界之齊等價值觀照下，主體藉由「無為」工夫之「復返於道」的價值趨向，而達致「知通為一」的境界開顯，並於〈人間世〉之「兩難」困境中，以「內通」之「虛室」的無為工夫，達致吉祥止止的德性朗現，且開啟「鬼神來舍」的外王事功。並且，在面對事之變的生命侷限時，透過有德者之超越範疇的「道命相即」觀點，將人生限制「安之若命」，使之和豫，通而不失於悅，並展示其與物有宜而喜怒通四時的生命境界，而此即相應於「同於大通」的義理闡述。上述諸多論題，實則圍繞著「心知」的對治而發聲，以「大通」之本體論的架構，保證〈人間世〉之萬物互動關係中，以「達」作為相諧共存的工夫論依據，如此，《莊子》言及「達人心；達人氣」的必然性，才得以透過「道通為一」之前提基礎而產生作用。換言之，主體透過「無為」而「達」至「就不欲入，和不欲出」的必然實現，唯有以「道」作為內在於萬物且為萬物所同源的根據，此一和諧的意義才得以完成。

三、儒、道思想「通達觀」比較

先秦儒、道思想論及「通」與「達」，於其義理脈絡中自成一家之言，儒家就道德視域談論其主體挺立的人格涵養，以內聖開其外王理論，箇中，乃係「志於道，據於德」之對超越道體的肯認，並相信良知主體能夠把握超越真理以落實於名言制度之禮樂行文當中，作為人生價值與行為活動的依準，牟宗三以為：

> 儒家言治道，所以主德化，是由於孔子繼承夏商周三代所累積而成之禮樂而然。禮樂，簡名曰周文。禮樂本于人之性情，其于人與人間方面之根據，則在親親之殺，尊尊之等。親親尊尊，亦本

于性情。由親親尊尊之釐定，則人與人間不徒是泛然地個體之間的一段關係，而且進而舉出其特殊的內容，此即是倫常。由倫常，性情，進而點出道德的心性，曰仁曰義，至孟子則曰仁義禮智，而由惻隱、羞惡、辭讓、是非之心以言之，則「道德的心性」尤顯，而「德」之一觀念遂完成。禮樂，若徒自外部看，猶只是外在的虛文，然若通過倫常、性情，而至道德的心性之「德」，則不是虛文，而是實文，即一是皆「真實心」之流露。[79]

所謂「禮云禮云，玉帛云乎哉？樂云樂云，鐘鼓云乎哉？」對於孔子而言，禮樂並非徒具形式的條文法則，其間，必須依於仁之主體的朗現方能顯明其精神內涵，意即「人而不仁，如禮何？人而不仁，如樂何？」的反思。儒家所論「己達而達人」者，必須為「道德的」內涵，己達為內聖修養，達人則是外王事功。牟氏所言，區別出孔孟性格之異同，同秉於對「周文」的尊崇，孔子講究者在寄理於倫常秩序的日常生活中而證道。孟子則進一步明言四端之重要，發明主體在其思想體系中的要旨，然而，自整體架構而言，孔孟思想皆可收攝於「道德的」視域中而談，然自細緻處說，孟子對於孔子的繼承，在「仁」的主體自覺上延伸至「心性論」的探討，於內聖講道德挺立、從其大體，於外王則更透出「仁政」之「不忍」的滿腔熱血發動。

　　再者，道家思想中的「通」與「達」皆關聯於「道論」的立說，《老子》論「通」並無《莊子》之「大通」的本體義，講「達」，亦不具備《莊子》的工夫義，但《老子》論「通」「達」仍係道論範疇下的體用論闡述，所謂「微妙玄通」之「通」；「明白四達」之「達」，皆是大道周行的作用說明。然而，《莊子》論「通」與「達」者，更須緊扣其內聖外王論來談，關於《莊子》外王的論述，徐復觀有段貼切描

---

[79] 牟宗三：《政道與治道》，頁27。

述：

> 莊子對政治的態度，不是根本否定它，乃是繼承老子無為之旨，
> 在積極方面，要成就每一個人的個性；在消極方面，否定一切干
> 涉性的措施。不過莊子要成就的個性，不是向外無限制伸展的個
> 性；因為若是如此，便會人我發生衝突，反而使人我皆失其性。
> 莊子所要成就的，乃是向內展開的，向道與德上昇的個性；這在
> 他，便稱之為「安其性命之情」。能安其性命之情，亦即是使人
> 能從政治壓迫中解放出來以得到自由。[80]

《老子》之論，主要起自對「周文疲弊」的批判，意即對於「禮樂制
度」的深刻反省，故以針對「禮崩樂壞」而發言，在政治上，乃以「反
名言」為其核心要旨，然而，《莊子》對於「禮樂」的解構已非似《老
子》般強烈，而是以「入遊其樊而无感其名」的「超越」態度反照於人
間的諸多難題，並以對治心知的課題，作為其理論的唯一問題，換言
之，《莊子》雖繼承了《老子》論「無為」的要義，卻也在理論承繼的
轉折中，凸顯出其義理的內在特色，並與《老子》的性格作出細緻區
別。誠如徐復觀所述，《莊子》所講究的外王之道，乃是使人能從壓迫
中解放，以超越之境的顯現而得到完整的自由，它的方法並非積極的否
定政治的宰制，而是反對一切干涉性的措施，意即「無為」工夫的實
踐，再者，徐氏所謂「向內展開」亦恰如其分地突出了「德」的自性顯
現，而要使得「德」之本質自然流露，唯一能做的即是解消「心知」的
造作，這是《莊子》通篇義理一再主張的核心宗旨。

　　綜論先秦儒、道思想的「通」與「達」，儒家論「通」並不具哲學
價值，相較之下，道家思想對於「通」的敘述則扣緊「道論」而發言，

---

[80] 徐復觀：《中國人性論史・先秦篇》，頁409。

其中，《老子》與《莊子》的「通」觀雖可同納於道論的範疇中論述，然自更精緻處說，《莊子》論「通」更具備「道通為一」的本體論與存有論觀點，以及「知通為一」的工夫論闡述，並涵具「復通於道」的「歸返」的方向性指涉，及其箇中價值觀的說明。

而「達」一內容，於儒、道二家雖皆具有哲學意義，然不同的是，儒家乃建基於「道德價值」的觀點而論其「己欲立而立人；己欲達而達人」之「德化」的內聖開外王說，而道家則自「達人心；達人氣」的論述中，談及外王事功如何可能的問題，當中，實則關係著《莊子》「即內聖即外王」說的義理向度，順此，本章節旨在透過儒、道思想對於「通」「達」之文獻內容的檢別與義理內容的建構，對照出二家思想論述的觀點差異，也對舉出《莊子》之「通」「達」觀於先秦思想的哲學史意義，以此突顯《莊子》論「通」「達」的特殊之處。

接著，本章將自上述對比的觀點中所顯明的莊學特色立論，自更精細處分析《莊子》通達觀的內容，意即，後文所聚焦者，乃是《莊子》通達觀的工夫論內涵的建構，以及此工夫論如何可能的理論效度探討。

第二節　實踐和諧的方法：《莊子》通達的工夫論內容

《莊子》「通達觀」的工夫論內容，見於〈人間世〉「夫徇耳目內通而外於心知」與「達人心；達人氣」，以及「達之，入於無疵」三處。順此，本節就工夫論的探討，藉以詳細疏理《莊子》通與達的工夫意義，並從中索繹《莊子》「和諧觀」的範疇論析。

首先，自「通」的工夫進路言，〈齊物論〉有「知通為一」之主體以「真知」契悟萬物的價值觀實踐，而此一主體之「知」，乃須就工夫而達成，在《莊子》的工夫論中，唯一的實踐方法即是「無為」，更細緻說，即是對心知造作的解消。順此，論及《莊子》通達觀的工夫內

容，勢必要圍繞著此一方法而詮釋。前文提及「內通」之要旨，乃係就「心知紛馳」的止息而論及內聖外王的成就，〈人間世〉曰：

> 瞻彼闋者，虛室生白，吉祥止止。夫且不止，是之謂坐馳。夫徇耳目內通而外於心知，鬼神將來舍，而況人乎！

成玄英疏曰：「夫能令根竅內通，不緣於物境，精神安靜，忘外於心知者。」[81]成疏以內外對舉，說明內在修養持靜，外則不待於物的精神境界，然此處更重要者，乃是「無為」工夫所展現的「無不為」向度的內在義理脈絡，據文獻意，「徇耳目內通而外於心知」是「無為」工夫，而「鬼神將來舍，而況人乎」則是「無不為」的遍潤狀態，其間，「內通」之內聖工夫，必須與「虛室生白」之「坐馳能止」並論，其所達致的內聖極境乃「吉祥止止」的理想境界。郭象註云：「故將任性直通，無往不冥，尚無幽昧之責，而況人間之累乎！」[82]「任性直通」四字，可謂其「獨化」說的義理脈絡，湯一介說：

> 「有」是郭象哲學體系中的最基本概念，是「唯一的存在」，其存在的根據並不在自身之外，而即其自身之「自性」。每一事物依其「自性」而存在，必以「自生」、「無待」、「自然」為條件。事物的存在雖是「無待」，但如有執著，則為「有待」，故必「無心」（無所執著），方可「無待」。[83]

所謂「任性」，是因萬物之「德」具備活動意，換言之，只要不以「有

---

[81] 〔清〕郭慶藩撰：《莊子集釋》，頁115。

[82] 〔清〕郭慶藩撰：《莊子集釋》，頁115。

[83] 湯一介：《郭象與魏晉玄學》（臺北：谷風出版社，1987年），頁263。

為」造作於萬物，則萬物將自化，自然成為其最理想的樣態。而「直通」之意，並非橫通於物物之間而曉透彼此心知意念，根據「無往不冥」一義可知，「直通」乃一具「普遍性」意義的說法，換言之，只有同於大通，方可遍照一切萬物，順此，直通者，乃依於「知通為一」的主體意義而言。連接於「夫徇耳目內通而外於心知」一段，即可知曉，使耳目內通而不以心知造作於萬物之所以能「鬼神將來舍，而況人乎」支撐了郭象以「獨化」觀作為《莊子》詮解的理論背景。

然而，「徇耳目內通」尚有解為「喪耳目之見聞」者，憨山以為「徇作殉」，為喪失之義。[84]此解可與「墮肢體，黜聰明，離形去知」同觀，只是，若以「喪形軀」為解，則不符於《莊子》「入遊其樊而无感其名」的「超越性格」，況且，此解將導致《莊子》有「輕視形軀」之疑慮，故「徇」字當以成疏「使」義解，作「使耳目內通」而排除心知，高柏園亦持此論：「莊子並未否定耳目及感官之本質，而是通過修養境界而保存其真實之作用。」[85]那麼，要如何使耳目「內通」而不依於「心知」，則須將此「內通」義與「無為」工夫聯繫，於《莊子》之脈絡，意即「心齋」，以及與「坐馳」相對之「坐忘」，林希逸言：「雖聞其所聞，見其所見，而無心於聞見也。」[86]《口義》的說法，透顯「無心待物」的意義，其內涵則相應於「應物無心」之脈絡，順此，亦可與「无聽之以心而聽之以氣」互作詮解，所謂「氣也者，虛而待物者也。」，「耳目內通」即是不以「心知」框限萬物，而方法正是「聽之以氣」的「無為」工夫，於此，「內通」、「無心」、「聽氣」可謂一體共構之關係，王邦雄亦持此論：「耳目不外逐，心知不執著，既『无聽之以耳』，又『无聽之以心』，而升越在『聽之以氣』的層

---

84 〔明〕憨山德清著：《莊子內篇憨山註》（臺北：新文豐出版股份有限公司，2005年），頁310。

85 高柏園：《莊子內七篇思想研究》（臺北：文津出版社有限公司，1992年），頁134。

86 〔宋〕林希逸：《莊子鬳齋口義校注》，頁66。

次。」[87]再者，郭象以為「夫無心而任乎自化者，應為帝王也。」[88]換言之，不以心知待物，而以氣聽物，則「聽不止於耳，心不止於符」，且能與鬼神合德，而言及外王事功的明王景象。高柏園有一段統合心齋與內通的文獻為：

> 心齋的內容在於虛靜，其層次則由耳而心而氣，而其意義則在心齋乃是將耳目心知予以超越的肯定，即所謂「作用的保存」，而不是「本質的否定」，由此而一方面達到心虛之境而有本，另一方面又能「徇耳目內通而外於心知」，以為萬物之化而有其迹。有本有迹而相冥為一圓境，即為「行無地」，亦即為〈人間世〉論心齋之精義所在。[89]

按高氏所言，心齋工夫保存了感官的認知能力，同時也超越地肯定心知的作用。並在「絕迹易，无行地難」的論述當中，保留了〈人間世〉的現實意義，使之以超越的範疇，臨照於世間萬物的活動軌跡，而非一味地將《莊子》拉出現實面而空談超越之境的理想。高氏圓融的說法，同時保證《莊子》的超越面與現實面，得以透過更全面的詮釋空間理解莊學的內涵，但是，其以為《莊子》「超越地肯定」了「心知」一語，卻不盡然能合乎《莊子》的文獻內容與義理脈絡，原因在於，綜觀《莊子》一書對於「心知」的批判是不爭的事實，對於「心知」的問題，《莊子》所述並非以「超越」、「肯定」的態度立論，其所超越地肯定者，應是「入遊其樊而无感其名」的「名」，而非「心」，乃因「心」在整部文獻中仍是作為一基源問題而被深刻批判的。接著，自「外王

---

87 王邦雄：《莊子內七篇‧外秋水‧雜天下的現代解讀》，頁197-198。

88 〔清〕郭慶藩撰：《莊子集釋》，頁205。

89 高柏園：《莊子內七篇思想研究》，頁137。

論」的討論中，所進一步應用者，乃是〈人間世〉裡「兩難視域」下的
應對關係：

> 且德厚信矼，未達人氣；名聞不爭，未達人心。而彊以仁義繩墨
> 之言術暴人之前者，是以人惡有其美也，命之曰菑人。菑人者，
> 人必反菑之，若殆為人菑夫！

此段為《莊子》論「達」的工夫論內容，以「達人心；達人氣」為宗
旨，「菑人」為警示。陳壽昌於《南華真經正義》曰：「已雖不用知而
未孚於人之氣，已雖不爭名而未通於人之心。」[90]意即，即便德信厚實
而不用其智，也未必能使人服氣；縱使不與人爭名，也未必能使人心意
相通。王邦雄解釋此段為：「你未能與他的氣同行，未能與他的心同
在，你在他之外，所有你的好，都將成為他的壓力與傷痛。」[91]只是，
陳壽昌此解並未能清楚表述「達」的工夫意義，僅是扼要簡述其字義內
容，無法達致義理詮釋的效度。況且，陳解以「不用知」而「未孚於人
之氣」；「不爭名」而「未通於人之心」，明顯係相應於同段「名也
者，相軋也；知也者，爭之器也。」的「知」「名」對舉，然而，此處
實則為「心」與「氣」的義理論述，如此，將可能導致詮釋範疇錯置的
疑慮，使得義理內容混淆難解。換句話說，前文雖以「心知」與「名
言」對照，然此處所論者在「心」與「氣」的詮解，若將「氣」的理論
逕自以「知」的內容概括，則不免喪失更豐富的詮釋向度。再者，王邦
雄的理解，雖能起至「古典新詮」的效果，卻也無法釐清箇中義理內
涵，何以謂「未能與他的氣同行；未能與他的心同在」，即便此處稍微
帶出「達」的工夫意味，卻毫無嚴謹的文獻支撐與內在義理連結。順

---

[90] 〔清〕陳壽昌：《南華真經正義》（臺北：廣文書局有限公司，1978年），頁26。

[91] 王邦雄：《莊子內七篇‧外秋水‧雜天下的現代解讀》，頁179。

此，要如何理解《莊子》論「達人心氣」之「達」，勢必要回到莊學的
義理脈絡而作一局部與整體的論述衡定。

　　本書所貞定之《莊子》的唯一基源問題乃「心知」之造作，而所能
解決的唯一方法即是「無為」的修養，其間，透過無為工夫而讓開後，
萬物能夠自適其性的原因為萬物的「德」具備活動義，再者，萬物活動
之所以能夠相諧共存的背景正是基於大道周行的保證。此為本書所主張
的莊學詮釋立場。於此，理解「達」一工夫時亦須合乎此一詮釋脈絡而
闡述。

　　「德厚信矼，未達人氣；名聞不爭，未達人心」，所謂「德厚」
者，成疏曰：「道德純厚」[92]，與後者之「名」同觀，此處之「德」並
非「上德不德，是以有德」，而是「下德不失德，是以無德」的內容，
換言之，此處論「德」已是將無可名言的「超越界之德」落實於概念之
中，作為一「可依據」的「道德價值」。然而，一旦將超越界之德落實
於現象界的名言之中，則無法達至「上德無為而無以為」的普遍作用，
換言之，「德厚信矼」之所以「未達人氣」，乃是肇因於「有意為之」
的「心知」造作，如此，要能「達」於「人心」「人氣」者，必須為
「不依心知而落實之德」，意即「不可道；不可名」之「超越界道
德」，其作用方能普遍於萬物，無所不能。由此可知，「德厚信矼」與
「名聞不爭」仍屬「有為」，順此，必須透過「無為」才能「達人心；
達人氣」，而非禮樂制度或名言法規的框限，職是之故，「彊以仁義繩
墨之言術暴人之前者」勢必導致「菑人」之後果，其原因乃是「以人惡
有其美也」之以己之善而加諸他人之惡的自以為是之舉。

　　承上所述，「達人心；達人氣」的工夫，必須以「無為」作為其內
核，只是，要如何以「無為」工夫達至「達人心；達人氣」的效果，卻
不會被影響而遷就於他人，接下來的文獻可謂具體方法的論述：

---

[92] 〔清〕郭慶藩撰：《莊子集釋》，頁105。

形莫若就，心莫若和。雖然，之二者有患。就不欲入，和不欲
出。

郭象註言：「形不乖迕，和而不同。」[93]郭註引《論語‧子路》「和而
不同」作解，然而，《莊子》論「和」與「同」，是否相應於儒家脈
絡，可進一步細緻檢視，〈子路〉：「子曰：『君子和而不同，小人同
而不和。』」註曰：「和者，無乖戾之心。同者，有阿比之意。君子尚
義，故有不同。小人尚利，安得而和？」[94]此解依於儒家價值觀之「義
利之辨」立論，仍屬於「道德價值」的論述範疇，以君子、小人之人格
對比，透顯出箇中道德價值的評判，君子「和而不同」乃「義之與比」
的道德實踐原則，換言之，君子「以和為貴」，在「道德層面」不同於
「小人」的阿比奉承之舉。然而，小人「同而不和」，意即小人「以利
為尚」，於「利益層面」求同趨利，但在道德層面卻不「依義而行」，
所謂「富與貴是人之所欲也，不以其道得之，不處也」，君子所講究
者，在合「道」，必得「無終食之間違仁，造次必於是，顛沛必於
是」，而「義」即是以「仁」為核心的合宜之舉。此為儒家言「和」與
「同」時，以「道德價值」所區別出的義理內涵。[95]據此，在人際對待
關係中，君子「和而不同」的具體表現可以「君子易事而難說也：說之
不以道，不說也。」為詮說，而小人「同而不和」則可透過「難事而易
說也：說之雖不以道，說也。」為對照。其中，悅與不悅的前提，正是
「以道說之」及「不以道說之」的層次差距。此為儒家論「和」與
「同」的義理內容。

再觀以「和而不同」註解《莊子》的詮釋，文獻言「形莫若就，心

93　〔清〕郭慶藩撰：《莊子集釋》，頁124。

94　〔宋〕朱熹：《四書章句集注》，頁204。

95　可參照潘君茂：〈就不欲入，和不欲出：《莊子‧人間世》倫理觀及〈齊物論〉形上依
據〉，《中正漢學研究》第37期（2021年6月），頁223。

莫若和」，據此可知，《莊子》在討論「和」的要義時，其內容含括「形」與「心」的探析，而非似儒家僅以「道德」為標準做分判，其中，對於「形就」、「心和」的論述，《莊子》並非以二元論作選擇，而是同時保存了「形能就」、「心能和」的狀態。面對權勢的兩全之道，王邦雄以為：「外表要能隨順，內心要能調和，『形莫若就』是沒有比隨順更好的處世態度，『心莫若和』是沒有比調和更好的人生智慧。」[96]

　　然而，兩全得以同時實現的方法，即其所謂「就不欲入，和不欲出」的不入不出之境。王邦雄進一步說：「在『不入』也『不出』的修養工夫之下，達彼之心是跟他的心同在，達彼之氣是跟他的氣同行。」[97]王氏的說法綰合此段論「達」與「達人心；達人氣」的「心氣」脈絡，只是，其論證方法並不嚴謹，僅作段落之間的合論，卻無義理之間的架構，換言之，逕自以「心和而不出」對應「達彼之心」而以「達人氣」理解「形就而不入」，當中的邏輯辯證並不清晰，關乎心氣關係的論述，留待第四章專文討論。再者，「與他的心同在」、「與他的氣同行」二句，背後看似有一套「同一性」的存有觀，意即，「同其心」、「同其氣」的預設，此乃是基於「萬物之德」的本質相同而論，如此，方可言「兩心相通」、「彼我之氣相同」，只是，《莊子》是否秉持著萬物本質相同的理念，此觀點是值得商榷的。況且，王氏的說法並未清晰此文「工夫論」的向度，故應作更細緻討論。

　　關於此段文獻，張默生有不同看法：

　　　本段的主旨，在「形莫若就，心莫若和」二語，但形莫若就，並不是完全在玩弄手段，仍當看作是「因物付物」的意思，這與

〈應帝王〉篇：「君與之虛而委蛇，不知其誰何，因以為弟靡，因以為波流。」也是同一意義。心莫若和的「和」字，雖可解為「和善」，但是此「和善」仍具有絕對的意義，是與道體相合的。因此，我們又可以說，形莫若就，是「用」；心莫若和，是「體」。「體」是無為無形的，故說「和不欲出」；「用」是無心而因應的，故說「就不欲入」。明乎此。才不至淺視莊子。[98]

張默生以「體用觀」為論，說明「即體顯用」的義理區別，「心莫若和」為「體」，與道體相合之下，才能起「形莫若就」之「用」，並且，以「形就」之內涵為「因物付物」之「因循」觀念，闡述與物相處時，須「因順」萬物之活動而活動。張默生的說法的確將「心和」與「形就」的層次作出區分，但是，仍未托出「達」的工夫意義，亦未解釋「形就」之「用」的標準為何，意即，「形莫若就」要如何「就不欲入」的依據何在？若僅是「因循」萬物，那麼，與之「形就」何以能達至「不入」其惡而「與之為無方」的「危吾國」處境，這是張氏的說法所須進一步詳論之處。

再者，張默生將「和」解作「和善」，將其視作具備「絕對意義」之「與道合一」的說法確實合乎〈齊物論〉的脈絡，然而，此解雖能突出「和」之存有論背景，卻無法解決上述「形就」如何能「不入」的依據，也無法為「因循」一說法解套，使得此一體用論產生罅隙而脫節。順此，在張氏兩層次說法的基礎上，本書以為，「形莫若就」當為「作用」，「心莫若和」則為「工夫」。原因如下：一、突出此段「工夫論」的要義，使之與「達」的工夫脈絡接榫；二、以「心和」為工夫，其背後所展示的是一套〈齊物論〉「道通為一」的存有觀，意即，以「無為」修養所解消之「心知概念」而達致之「和諧」，乃是萬物之德

---

[98] 張默生：《莊子新釋》，頁122-123。

任性活動且能共成一天的工夫論向度指向；三、以「形莫若就」為「作
用」，乃是符應「無為而無不為」的義理脈絡，換言之，透過「心和」
之「無為」工夫所臻至的效用，即是萬物皆能為道所負責的普遍作用，
亦即道之「無不為」的效度。此說不僅能夠擺脫「因順」、「因循」的
依據問題，同時，以「道體」作為終極保證，使「心和」的工夫得以絕
對地、普遍地讓萬物之「外顯行為」自然合道之活動軌跡，如此，「就
不欲入」才有可能實現。[99]

關乎此段之「達」，須連結「形就」「心和」而論：

> 形就而入，且為顛為滅，為崩為蹶。心和而出，且為聲為名，為
> 妖為孽。

前文以「就不欲入，和不欲出」說明與「其德天殺」之人相處時的應對
之方，不欲入，講述不與之陷溺，同流合汙；不欲出，則表示不以「蓄
人」之舉而高高在上，以他人之惡成就自身之美善。接者，文獻繼續說
明「就而入」與「和而出」的結果。「為顛為滅，為崩為蹶」即「顛覆
滅絕，崩蹶敗壞，與彼俱亡」；「為聲為名，為妖為孽」則係「濟彼之
名，彼將惡其勝己，妄生妖孽」[100]所謂「妖孽」，成疏曰：「變物為
妖。孽，災也。」[101]，與「蓄人」同觀，則可知曉，「心和而出」即
是「彊以仁義繩墨之言術暴人之前者，是以人惡有其美也」。再者，對
於「就而入」的進一步描述，《莊子》寫道：

> 彼且為嬰兒，亦與之為嬰兒；彼且為無町畦，亦與之為無町畦；

---

99 可參照潘君茂：〈就不欲入，和不欲出：《莊子·人間世》倫理觀及〈齊物論〉形上依
據〉。

100 〔清〕郭慶藩撰：《莊子集釋》，頁124。

101 〔清〕郭慶藩撰：《莊子集釋》，頁124。

彼且為無崖，亦與之為無崖。達之，入於無疵。

此處言「嬰兒」者，成玄英以為「同嬰兒之愚鄙」，而「町畦，畔也，埒也」，[102]為田野之界線義，而「崖」則係「涯際」之義，總論之，意即愚鄙且無分際之狀。關於此解，王夫之有不同理解：「彼喜怒無常如嬰兒，吾之不識不知亦嬰兒也；彼之蕩閑踰檢無町畦，而吾之彼此不隔亦無町畦也；彼之卑下為無崖，吾之若谷若水亦無崖也。不入不出，兩無疵焉！」[103]船山之解具備兩重境界的轉晉意義，箇中顯示出做工夫的重要性，並展現「兩難」困境中的兩全之道，此即符應「兩行」脈絡的實踐意義，王邦雄以為：「無疵有雙重涵義：一是不能挑師傅的過錯，不會危及吾身；二是將事實義之被現象困住的嬰兒，引領而為價值義之修養境界的嬰兒，那就不會危害吾國。」[104]王氏的理解，順應著王夫之的說法，將「現實」義晉升為「價值」義，以「超越」的範疇看待現實層面的限制，以達致「不入不出」的兩全狀態。

最後，《莊子》以動物為喻，透過生動的方式，闡述「形就心和」的脈絡：

汝不知夫螳蜋乎？怒其臂以當車轍，不知其不勝任也，是其才之美者也。戒之慎之！積伐而美者以犯之，幾矣。汝不知夫養虎者乎？不敢以生物與之，為其殺之之怒也；不敢以全物與之，為其決之之怒也。時其飢飽，達其怒心。虎之與人異類而媚養己者，順也；故其殺者，逆也。夫愛馬者，以筐盛矢，以蜄盛溺。適有蚉虻僕緣，而拊之不時，則缺銜、毀首、碎胸。意有所至，而愛

---

[102] 〔清〕郭慶藩撰：《莊子集釋》，頁124。

[103] 〔明〕王夫之：《莊子解》卷四（香港：中華書局，1976年），頁12。

[104] 王邦雄：《莊子內七篇‧外秋水‧雜天下的現代解讀》，頁215。

有所亡，可不慎邪！

「螳臂當車」乃「知之所無奈何而欲強當其任」者，比喻「以己之美」
欲勸說他人之惡者，反而犯觸威勢，必致危亡，此即「心和而出」。
「養虎之喻」言「媚養己者，順也；故其殺者，逆也」，意即「知其所
以怒而順之」，可謂「形就而入」，以概念機心因循對方行為舉止，最
終仍受制於他者。最後，「愛馬之喻」則以「意有所至，而愛有所亡」
立說，闡明過分順從而患得患失之感，說明對待他者時的困難處境。三
則故事皆呈現了「兩難」之境的對待關係，張默生以為：

> 螳螂之喻，是說有心自伐其美，必遭碎身之禍；養虎之喻，是說
> 無心以順物性，反致虎亦媚己。可見凡事有心去作，無不失敗。
> 試看愛馬之喻，本是有心去愛物的，而愛亦因之而亡失。這都是
> 從反正面來證明「形就心和」及「就不欲入，和不欲出」的道理
> 的。[105]

綜上而論，「有心有為」則「日以心鬥」，「形就心和」而「不入不
出」的方法不在「成心」，而是「無掉心知」後，入於無疵的相諧狀
態，關乎此和諧之境的開顯，後文將透過境界論的展示說明。

第三節　和諧之境的內容：《莊子》通達的境界論展示

前文論及「夫徇耳目內通而外於心知」與「達人心；達人氣」，以
及「達之，入於無疵」的工夫論內容，其背後所支撐者，乃是「道通為

---

[105] 張默生：《莊子新釋》，頁122-123。

一」的價值範疇。換言之，《莊子》通達觀的本體論依據，乃是以「客觀實存」之「道」作為萬物必然和諧的終極保證。那麼，藉由此一存有價值觀以實踐的工夫論內容，所開顯的境界，即是本書所欲討論的「和諧」意義。

〈齊物論〉以「齊一」為旨，終於「物化」之說，《莊子》藉由「齊平萬物」之論所實踐者，乃是〈逍遙遊〉中無所依待的「遊」之境界，杜保瑞以為：

> 人如能站在道的立場，以超然的眼光平觀萬物與種種現象，則不難有「天地與我並生，而萬物與我為一」（齊物論）的觀感，而頓然胸中灑然，了無滯礙。從這種「天地與我並生，而萬物與我為一」的觀感便可說「物化」。這物化實是逍遙遊的最高境界。[106]

據杜保瑞所言，其以為「物化」乃依於〈齊物論〉「天地與我並生，而萬物與我為一」的觀感所出，並且作為「逍遙遊」之最高境界，換言之，能逍遙「遊」乎天地之間者，其視域乃是以「與物無際」之「物化」觀點為終極之境，「遊」若脫離了「物化」的範疇，則「遊」便有了侷限性。再者，本書主張《莊子》並非出世之學，〈人間世〉的諸多難題，正是其透過「齊物思維」而「遊」於世間的「處世」智慧。於內聖說，《莊子》以「無為」工夫對治「心知」紛馳，而無為的效度所臻至者，即是「無不為」之外王向度的「明王之治」景象，故言《莊子》乃「即內聖即外王」之學。只是，關鋒卻以為《莊子》之說僅是一套滑頭的混世學說：

> 讀了逍遙遊以後，知道莊子是要到無何有之鄉去找絕對自由的；

---

[106] 杜保瑞：《莊周夢蝶》（臺北：書泉出版社，1995年），頁81-82。

> 但他卻離不開人間世，他也並不主張出世。這套自命高潔、心安
> 理得的滑頭主義、混世主義的處世哲學，正是他形骸在人間世而
> 精神在所謂無何有之鄉裏逍遙遊的真正手段。[107]

關鋒以「手段」之「權謀術語」看待《莊子》，反映了早期中國學者對
於道家學派的「偏見」，在其以為道家之說乃是「階級爭鬥」失敗之下
的產物，如此，《莊子》勢必只能成為以「權謀手段」苟延於世的衰敗
學說。為了避免詮釋走向自我侷限，《莊子》一書的精神必然得符應當
代社會的脈絡而共振，順此，談論〈人間世〉的兩難詮釋時，則須合乎
〈齊物論〉的兩行脈絡作詮說，如此，其內在價值方能透過超越意義的
保證而得到具備普遍性與必然性的內容，而不致淪於如「手段」一說法
的片面性與侷限性觀點。關乎此論題，徐復觀有一段精闢的文字曰：

> 莊子只是順者在大動亂時代人生所受的像桎梏、倒懸一樣的痛苦
> 中，要求得到自由解放；而這種自由解放，不可能求於現世。也
> 不能如宗教家的廉價地構想，求之於天上、未來；而只能是求之
> 於自己的心。心的作用、狀態，莊子即稱之為精神；即是在自己
> 的精神中求得自由解放；而此種得到自由解放的精神，在莊子本
> 人說來，是「聞道」、是「體道」、是「與天為徒」，是「入於
> 寥天一」。[108]

徐復觀以為「自由解放，不可能求於現世」，意即世俗價值乃係「心知
名言」所切割、片面化後的一偏之見，而此片面性知識即《莊子》所謂
之「成心」。於此，要能夠「與天為徒」而得到絕對的精神自由，則必

---

[107] 關鋒：《莊子內篇譯解和批判》（北京：中華書局，1961年），頁184。

[108] 徐復觀：《中國藝術精神》（臺北：臺灣學生書局有限公司，1981年），頁61-62。

須透過對治「心知」之有為造作而至，而這正是〈人間世〉之處世之學背後所透顯出的〈齊物論〉內涵。換言之，關鋒的說法忽略了《莊子》最為基礎的文本依據，而逕自以「自我慰藉」之詞理解，一則無法呈現莊學的義理價值，另一則使其莊學詮釋走入泥淖之中。而徐氏之言，藉由對〈人間世〉的理解貫串了〈齊物論〉的本體依據，以及〈逍遙遊〉的精神境界指向。

關乎〈人間世〉的脈絡理解，宣穎以為：

> 人間世不過有二端：處人與自處也。處人之道，在不見有人；不見有人則無之而不可。……自處之道，在不見有己；不見有己，則以無用而藏身。凡處人而攖患者，又只因自處未能冥然。蓋與人生競，病根在用，己之見未消也。[109]

據宣穎言，處人與自處實則一體之兩面，所謂「凡處人而攖患者，又只因自處未能冥然」，換言之，處人之方即是自處之道，連結於外王論，問題的根源在「正己」，而非「治人」，亦即〈應帝王〉「夫聖人之治也，治外乎？正而後行」之意，牟宗三曾述：

> 道家之道，若用之于治道上，亦實可有它的作用與境界。它也是叫人君歸于自己之自適自化而讓開一步，讓物物各適其性，各化其化，各然其然，各可其可。這也是散開而落在各個體上，忘掉你權位的無限，進而成為道化人格的圓滿自足之絕對與無限。而此圓滿自足之絕對與無限也是歸于「獨」，故能推開讓開，而讓物物各落在其自身上。故道化的治道之極致便是「各然其然，各可其可，一體平鋪，歸于現成」，也就是莊子所說的「無物不

---

[109]〔清〕宣穎撰：《莊子南華經解》卷二（臺北：廣文書局有限公司，1978年），頁2。

然，無物不可」。[110]

牟氏的說法，乃根據郭象「獨化」說的脈絡立論，在政治論中，其以為萬物「各然其然，各可其可」的原因，正是「人君歸于自己之自適自化而讓開一步」，此言即是《莊子》「幸能正生，以正眾生」的詮說，此外，王邦雄則更進一步將〈應帝王〉與〈人間世〉綰合同論，將古典政治理論轉化為具備現代倫理意義的說法：

> 他是帝王家，他要領導天下，引領天下人，所以說應物無心乃帝
> 王之德。我們進一步解釋，因為我們每個人不一定當皇帝，也不
> 一定從政，故對我們來說，每一個人也在應物，我們跟人相處，
> 跟人間在一起，所以我們也要應物無心，只要我們應物無心，我
> 們就跟帝王一樣。[111]

據此，在政治論與倫理學的意義上，《莊子・人間世》的義理內涵，不僅止於「兩難」困境的解脫，更指向一人際互動中，物物齊平，人人皆能「應帝王」的緊密連結。

再者，宣穎所謂「蓋與人生競，病根在用，己之見未消也。」，說明「只因自處未能冥然」之自處處人的處世障礙在「成心」，只要「心知」冥然，在〈應帝王〉則可言「萬物將自化」，於〈人間世〉則可說「通達」。上述論及〈齊物論〉之「齊」的觀念，為〈逍遙遊〉能「遊」的前提，並應用於〈人間世〉的「兩難」困境中，當中，更涉及〈養生主〉「以无厚入有間」的義理內容。順此，理解「達人心；達人氣」之說，其所臻至的「和諧」境界，勢必關乎著整部《莊子》的思想

---

[110] 牟宗三：《政道與治道》，頁34。

[111] 王邦雄：《莊子道》（臺北：漢藝色研，1993年），頁193。

內涵。換言之，「无厚」即是藉由「齊」之價值存有觀而能「遊」於「有間」之複雜人世的「無為」修養。然而，人間之諸多問題，實則出於心知之「用」，據宣穎的說法，「蓋與人生競，病根在用，己之見未消也。」，「用」的問題，推至更根源處說，即是「己見未消」之由，而「用」於《莊子》義理中，乃心知所觀出的理解方式，換言之，有用無用，全在「心知」所認定的價值判斷與執取。徐復觀以為：

> 世人之所謂「用」，皆係由社會所決定的社會價值。人要得到此
> 種價值，勢須受到社會的束縛。無用於社會，即不為社會所拘
> 束，這便可以得到精神的自由。但由無用以得到精神的自由，究
> 其極，仍是「不薪乎樊中」（養生主）的消極條件。僅有此一消
> 極條件，則常易流於逃避社會的孤芳自賞，而不能涉世，不能及
> 物；於是「遊」便依然有一種限制。較無用更為積極的，是莊子
> 所特提出的「和」的觀念。「和」是「遊」的積極地根據。老、
> 莊所謂的「一」，若把它從形上的意義落實下來，則只是「和」
> 的極至。和即是諧和、統一。[112]

按徐氏說法，若僅求「用」之解消，其究極也只能是自身精神的自由，尚不能擴及「外王」論之涉世及物向度，如此，「遊」便有了限制。更積極來說，要能使自處處人之方法達到普遍而絕對的意義，則必須藉由超越界的終極支撐，即是徐復觀所謂的「和」的極至，其言「和是遊的積極地根據。老、莊所謂的一，若把它從形上的意義落實下來，則只是和的極至。」，意即「和」的境界所開顯者，乃是透過形上道體而保證其「諧和」、「統一」之物物齊平、各適其性且能共成一天的極境狀態，其中，徐氏更將「一」與「和」連結，說明無為工夫後之「和」的

---

[112] 徐復觀：《中國藝術精神》，頁66-67。

必然性，乃係透過萬物自「道」所得之「德」的活動而開顯的齊鳴之境，而這其中，因無有人為造作，而萬物能自化，此乃「和」之外王範疇。再者，藉由「和」一境界的觀點，〈人間世〉論「通」與「達」的工夫，才能在《莊子》「外王」的理論的範疇中具備「即工夫即境界」的意義，換言之，「夫徇耳目內通而外於心知」、「達人心；達人氣」，以及「達之，入於無疵」三者，總的來說，皆可收攝於「無為」一工夫論而論及「無不為」的普遍作用，只要解消「心知」後，萬物之德自顯，則自然「物應於外」；只要解消「有為造作」，則「達」之「形就心和」自然能「不入不出」且無有「蕃人益多」之患。此即是《莊子》論「和」的最高境界內容。

〈德充符〉以「人莫鑑於流水，而鑑於止水，唯止能止眾止」闡明「德充於內，物應於外」之旨。成玄英疏：「夫止水所以留鑑者，為其澄清故也。」[113]換言之，止水澄清對照於人心能止，心知止息則萬物自照，且眾自來歸湊，亦即「鬼神來舍」之意，此即「唯止能止眾止」之「即內聖即外王」事功。而主體「遊心乎德之和」[114]則在萬物和諧之境，自然能「官知止而神欲行」，且能「以无厚入有間」地遊走於〈人間世〉的「兩難之境」中，則係「依乎天理」的先行基礎。《莊子》論「通達」所臻至的究極之「和」，其內涵可謂齊物之「無己」，萬物自化之「無功」，以及入遊其樊而无感其名之「無名」。自「通」與「達」談及《莊子》論「和」，涵擴工夫、本體、境界論的諸多範疇，並展開其「即內聖即外王」；「即工夫即境界」的豐富義理，在此基礎上，後文將開啟更多面向的討論。

---

[113] 〔清〕郭慶藩撰：《莊子集釋》，頁143。

[114] 郭象註：「都忘宜，故無不任也。都任之而不得者，未之有也；無不得而不和者，亦未聞也。故放心於道德之間，蕩然無不當，而曠然無不適也。」成玄英疏：「既而混同萬物，不知耳目之宜，故能遊道德之鄉，放任乎至道之境者也。」〔清〕郭慶藩撰：《莊子集釋》，頁142。

第四章　《莊子》心氣關係論述

　　本章重點在論述《莊子》心氣之關係，在「達人心；達人氣」如何可能的問題主線上，用以承接第三章論通達觀後，進一步要討論之箇中所能通達的內容，意即心與氣於《莊子》思想的辯證關係。全文共分三節，第一節主要講述《莊子》「心齋」的工夫論範疇，及其所指向的和諧內涵；第二節則係論述在齊物之聽氣工夫實踐後，所開展的一體共在世界的探討，而此節則是著重在存有論之氣的範疇研究；最後，於第三節處，則是統整《莊子》工夫論與存有論之氣的論述，予以辯證「氣」觀念於《莊子》思想的義理內涵，並提出本書對於《莊子》氣論的主張，以及「達人心；達人氣」的詮釋理解。

第一節　聽之以氣：心齋工夫的和諧指向

　　承自上文對於《莊子》主體性的確認，以及通達觀的探析後，主體通達如何可能之議題，實則擴及《莊子》「和諧思想」如何可能的討論，其中，尤以「達人心；達人氣」一命題貫串整部文脈的論述架構，職是之故，本章節在索繹主體性與通達觀的討論後，勢必要論及主體通達之內容：「心氣關係」的論述。首先，本節將先分析主體意義之「心」於《莊子》思想中的工夫論內涵，及其所指向的「和諧思想」探討。

　　關乎《莊子》在「心」上做工夫的討論，不可不提及文獻中最經典的「心齋」一段，〈人間世〉裡顏回問孔子何謂「心齋」，《莊子》藉孔子之答覆講述其對於齋戒心之有為的看法：

> 无聽之以耳而聽之以心，无聽之以心而聽之以氣。聽止於耳，心
> 止於符。氣也者，虛而待物者也。唯道集虛。虛者，心齋也。
> （〈人間世〉）

郭象註曰：「遺耳目，去心意，而符氣性之自得，此虛以待物者也。」[1]
郭註在「聽」之工夫義上並無作出細緻檢別，而僅就耳、心的遺棄，氣性
的符合立論，實在不能看出箇中的具體義涵。關乎耳、心、氣的層層遞
進，首先，聽之以耳為第一層次的接物狀態，王邦雄即以「感官」（形
軀）釋「耳」，並指出「感官形軀」執著於外物的危殆性，主張「離形」
（按王氏脈絡即有對立形軀身體的意味）的重要。[2]然而，王邦雄的理解
可能導向《莊子》對於形軀的輕忽，且不合乎〈養生主〉「全生保身」的
義理。[3]再者，第二層次的「聽之以心」，則較無詮釋爭議，眾家註解多
以「心要求外物符應自身概念」的意義作解，如陳壽昌：「聽以心則必有
心以求其符合」[4]、林希逸：「外物必有與我相符合者」[5]王邦雄釋道：
「有心即自家心知的執著，以責求外在事物符合我執著的價值標準。」[6]

1　〔清〕郭慶藩撰：《莊子集釋》（臺北：城邦文化事業股份有限公司，2018年），頁
　　111。

2　王邦雄以為：「與〈人間世〉之『心齋』工夫比較而觀，『墮肢體』的『離形』，是
　　『无聽之以耳』，『黜聰明』的『去知』，是『无聽之以心』。（參見王邦雄：《莊子
　　內七篇・外秋水・雜天下的現代解讀》（臺北：遠流出版事業股份有限公司，2013
　　年），頁351。）

3　應當按徐復觀解為「不為形所拘限」：「莊子對形的態度怎樣呢？既不是後來神仙家所
　　說的長生，也非如一般宗教家，採取敵視的態度，而是主張『忘形』（形有所忘）；再
　　落實一點，則是『不位乎其形』（〈秋水〉），即是不為形所拘限（位），不使形取得
　　了生活上的主導權。再進而以自己的德，養自己的形，使形與德合而為一，以使其能
　　『盡其所受於天』（〈應帝王〉）」（參見徐復觀：《中國人性論史・先秦篇》（臺
　　北：臺灣商務印書館股份有限公司，1969年），頁379。）

4　〔清〕陳壽昌：《南華真經正義》（臺北：廣文書局有限公司，1978年），頁29。

5　〔宋〕林希逸：《莊子鬳齋口義校注》（北京：中華書局，1997年），頁63。

6　王邦雄：《莊子內七篇・外秋水・雜天下的現代解讀》，頁194。

意即在決定判斷力的理解上，認知主體要求外物符應自身的價值認知。最後，心齋工夫的最高境界則係「聽之以氣」，林希逸以為：「氣者，順自然而待物以虛。」[7]而王邦雄解釋道：「在解消主體的心知，心不執著氣，不宰制氣，氣無須壓抑，也不被扭曲，氣得到全面的釋放，而還歸氣的自身。」[8]換言之，聽氣即是不停留在感官經驗，且不以心知概念把握萬物之理，而是以直觀、直覺的「無為」修養，任萬物自顯其真實面貌，意即排除心知後對萬物無目的性的觀賞，此即無為工夫後德之本質自然而然的活動，以最恰當的姿態現身。

　　承上所述，為了更進一步且細緻檢別耳、心、氣的關係，本書將藉以《孟子》「知言養氣」說為對舉，廓清同時代《莊子》對此向度理解的比較。《孟子・公孫丑上》有則孟子與告子對於「言、心、氣」的論辯，告子以為，應當以「言」為依據，告子曰：「不得於言，勿求於心；不得於心，勿求於氣。」（《孟子・公孫丑上》）據引文，告子在言、心、氣三者之間，以「言」作為外在知識的標準，透過對知識的確定，進而確立認知價值的方向。曾昭旭以為告子之論為「心於言不得其解時，勿執著以害其氣之清通。」[9]只是，「氣」的清通與否於告子或許不是最主要的，自其思想系統觀諸告子的理解，相較於《孟子》仁義內在的說法，告子的「義外」[10]說，支持了他在論述「不得於言，勿求於心；不得於心，勿求於氣。」的觀點，反觀楊祖漢對告子此段文字的詮釋：「外物是什麼，我們便要說它是什麼，不能說外物是什麼由我們內心所決定。而如何做才是符合於義的行為，要服從客觀的道理的規

---

[7]　〔宋〕林希逸：《莊子鬳齋口義校注》，頁63。

[8]　王邦雄：《莊子內七篇・外秋水・雜天下的現代解讀》，頁194。

[9]　王邦雄等著：《孟子義理疏解》（新北：鵝湖月刊社，2010年），頁236。

[10]　告子曰：「食色，性也。仁，內也，非外也；義，外也，非內也。」（《孟子・告子上》）

定，也不是我們主觀上要如何便如何的。」[11]從此詮釋觀點可知，告子的「得於言」必須是合邏輯的、可掌握的，合理的知識才能夠進一步放到心上作價值判斷，最後透過氣的生理運作實踐出來。因此，「義外」的客觀性、普遍性，必須以「言」作為基礎而把握，此即告子「認識活動」的說法。然而，以「道德活動」為優先的《孟子》則以為「心」才是最主要的宗旨。[12]

承上所述，《孟子》以「心」為本，論「知言養氣」的意義：

> 不得於心，勿求於氣，可；不得於言，勿求於心，不可。夫志，氣之帥也；氣，體之充也。夫志至焉，氣次焉。故曰：「持其志，無暴其氣。」（《孟子・公孫丑上》）

《孟子》自「心」之主體講知言養氣的重要，乃是依據其理論中的「心」係具備道德判斷之標準，無道德價值，則不可進一步役氣，必得要求「心」之道德價值朗現，使心之良知義展示，方可讓氣的活動有方向、標準可據，否則，便會有氣反動心的狀況產生，即所謂「志壹則動氣，氣壹則動志也。今夫蹶者趨者，是氣也，而反動其心。」（《孟子・公孫丑上》）志至則氣動，志乃心之所向，心能使氣，操控氣的走向，雖說「志壹則動氣，氣壹則動志。」看似志與氣相互作用影響，但《孟子》所主張的仍舊是「心」的工夫意義，因此，即便氣能反動其心，亦只是不在心上作工夫的後果罷了，「心」在《孟子》的理論中，依然是最主要的樞紐，故要透過心來把握氣，「以直養之」、「配義與道」，才能使氣具備正當的走向。[13]

---

[11] 楊祖漢：〈孟子告子之辯的再探討〉，《鵝湖學誌》第60期（2018年6月），頁105。

[12] 關於孟告之辯的詳細論述，可參考拙作潘君茂：〈乃若其情，則可以為善矣——「情」作為《孟子》道德判斷的優先性〉，《輔仁中研所學刊》第41期，2021年5月，頁68。

[13] 「其為氣也，至大至剛，以直養而無害，則塞于天地之閒。其為氣也，配義與道；無

復次，在「知言」的面向，《孟子》則以為「詖辭知其所蔽，淫辭知其所陷，邪辭知其所離，遁辭知其所窮。生於其心，害於其政；發於其政，害於其事。」（《孟子·公孫丑上》）換言之，「言」必須依從於良知的判斷，即「知言」之「知」係透過道德主體之心的道德判斷，所有偏頗、放蕩、斜僻、逃避的言語，皆遮蔽了道德的顯明，[14]故此，「言」必得由乎「心」而發，才不致使道德價值失落於其中。黃俊傑即指出：

> 孟子的「心」在本質上與宇宙的「理」是同步同質的，「心」具有「思」的能力，所以不會為「心」以外的存在所劫奪，這是孟子所峻別的「大體」（「心」）與「小體」（「耳目口鼻」）的根本區別之所在。[15]

《孟子》在「心」上做工夫，求其放失之本有道德價值，不因外物、欲望蒙蔽而蕩失純善本性。其原因乃如黃氏所述，《孟子》之「心」有「思」（自覺）的功能，能夠進行道德判斷，且為仁義禮智四端所出，所謂「仁義禮智，非由外鑠我也，我固有之也，弗思耳矣。」（《孟子·告子上》）便指出「心」一良善主體乃人皆有之，且能夠把握形上之理，應用於待人接物之上，即可展開儒家以道德價值為依據的倫理本色。

藉由理解《孟子》論述「言、心、氣」的說法，以此脈絡重新詮解

是，餒也。是集義所生者，非義襲而取之也。」（《孟子·公孫丑上》）此段論述參見拙作：〈乃若其情，則可以為善矣——「情」作為《孟子》道德判斷的優先性〉，頁69。

[14]　參見拙作：〈乃若其情，則可以為善矣——「情」作為《孟子》道德判斷的優先性〉，頁69。

[15]　楊儒賓主編：《中國古代思想中的氣論及身體觀》（臺北：巨流圖書有限公司，1993年），頁358。

《莊子》講述「耳、心、氣」的觀點，一可藉由比較對照系統之間的異同，且在思想史意義上產生該時代對於此一命題的講述態度，二可透過系統之間的對照，在義理對觀的意義上，更清晰《莊子》對此觀點的討論，並發掘出更適合於《莊子》思想的詮釋向度。於此，鑒於上述《莊子》註釋中對於「耳」作為「感官」所可能導致的對立形軀之說，本書以為，將「言、心、氣」與「耳、心、氣」互作詮說，則可避免棄絕形軀生命的褊狹態度。

　　繼上述體系，若考慮以「言」的意涵理解「耳」此一層次，則其意義可以擴大為「文化體系」的意涵，一則避免《莊子》有要求外物配合概念的意味，合乎《莊子》養生之義；二則與《孟子》思想有對照之效。順此，重新理解「无聽之以耳而聽之以心，无聽之以心而聽之以氣。聽止於耳，心止於符。」一段，便可解釋為「不要執持於外在言說所加諸於自身的概念框架，不要執持於心知所做出的片面之見，執著於社會框架、既定印象則限於一隅，心知造作則對客觀存有有所『要求』，使萬物無法以最自然的姿態呈現自身，致使彼我有隔，無法和諧。」

　　復次，「聽之以耳」為主體之成長背景、文化體系所灌輸的概念系統，有被動接收權威知識、他人經驗的意義，「聽之以心」則係主體主動進行價值判斷，以自身所涉之經驗構築概念，形塑客觀存有的意義。職是之故，最高境界之「聽氣」說，則是擺脫既定標籤框架，屏除心知的片面性思考後，以直觀、直覺與萬物接合，在真實的存有之域中與物無際，且彼我相諧，共成一天。自此說法對照理解《莊子》「聽之以耳」、「聽之以心」、「聽之以氣」，即可顯出《孟》《莊》於「心、氣」的觀念，前者以心為道德主體，作為把握超越界道體的根據，並透過心的判斷能力（良知），對語言系統、文化體系進行價值上的裁斷，同時亦可使動氣的方向，使氣的運行合乎道德法則。而《莊子》則以「聽氣」作為最高境界

的修養工夫，將心的意涵設定為「知」的造作，[16]視其為割裂萬物、切分彼是的體道障礙，而聽之以氣則係聽任萬物的自然活動，[17]任憑萬物自呈本質、自足性分，並且，在聽之以「耳」的生活背景中能解消心知而「入遊其樊」，逍遙於聽之以氣的「无感其名」之中。

關乎《莊子》「心齋」工夫的修養，其所涉及者並不止於自身的主體轉化，而實則涵攝與外在環境互動的脈絡，在即內聖即外王的意義下，心齋在主觀境界之外，同時實現一種客觀實有意涵的作用，於〈養生主〉「庖丁解牛」一文的併觀中便可看出箇中緣由：

> 始臣之解牛之時，所見无非牛者。三年之後，未嘗見全牛也。方今之時，臣以神遇，而不以目視，官知止而神欲行。（〈養生主〉）

據文獻，庖丁解牛歷經三階段的工夫遞進，第一階段為「所見无非牛者」；第二階段為「未嘗見全牛」，最後階段則為「以神遇不以目視」。[18]首先，「所見无非牛者」乃以感官經驗去見，「未嘗見全牛」

---

16 《老子‧第十章》曰：「專氣致柔，能嬰兒乎？」按王弼註曰：「專，任也。言任自然之氣。」（〔魏〕王弼等著：《老子四種》（臺北：大安出版股份有限公司，1999年），頁8。）又，《老子‧第五十五章》曰：「心使氣曰強」。可見《老》、《莊》在「心」與「氣」的關係理解上，皆同意「聽氣」（任氣）為接物的最高理想狀態，而心知之心則係阻礙物我和諧的障礙。

17 據徐復觀謂：「德的不忘不化，只有在心上，亦即在所謂靈府、靈臺的光照之下，德才可以經常呈現。」（參見徐復觀：《中國人性論史‧先秦篇》，頁386。）

18 亦有學者以為此處當解作「兩層」，然王邦雄認為，作三層解不僅合乎文獻義理，更能貼合「心齋」一文的三階段說：「歷代注疏與當代學者都以兩層境來理解，一是目視，一是神遇。如成玄英疏云：『謂目主於色，耳司於聲之類也。既而神遇，不用目視，故眼等主司，悉皆停廢，從心所欲，順理而行。』宣穎亦云：『手足耳目之官不用，心神自運。』此官知連讀，而與神遇上下兩層對應。當代學者劉笑敢將『官知止』解為『五官和知覺的作用停止』，且將『三年之後』與『方今之時』混同不分，皆屬『神遇』，而與『目視』上下兩層對應，崔大華亦然，凡此皆漢視，甚至抹煞了原典而不求甚解。」（參見王邦雄：《莊子內七篇‧外秋水‧雜天下的現代解讀》（臺北：遠流出

則是透過心知去把握牛體，而「以神遇不以目視」才是擺脫感官經驗與心知的干擾，直觀照現對象的本質。然而，此處仍可藉由本書上述系統對「庖丁解牛」展開探討，王邦雄以耳為感官義，主張棄絕形軀，而本書則考慮擴大「耳」的意涵，將其視作「文化體系」的影響，故此處「目視」「牛」者，依仍可作為知識論意義的「經驗」汲取，意即，藉由感官經驗所獲取的「對於牛的認識」。[19]

再者，「未嘗見全牛」則係「聽之以心」階段，將外在經驗抽象為符應心知判斷的要求，為透過「名言」片面化、概念化後所定義的概念知識，意即以心知所設定的概念知識要求外物符應於自身的認知，此時已非單純「目視」的「牛體」，而是抽象於概念知識中的「符號化的牛」，屬決定判斷。（心止於符，於主體經驗已知何者為「牛」，故日後述及「牛」時，便有抽象「牛」一物之能力）只是，無論聽之以耳或聽之以心，在理論上其實皆屬於「有待」[20]的範疇，故而歷來諸解有將「庖丁解牛」視為「兩層」修養境界的說法，如成玄英疏云：「謂目主於色，耳司於聲之類是也。既而神遇，不用目視。」[21]然而，若僅將解牛一段視作兩層便無法細緻檢視箇中的義理脈絡（文獻即有始解牛時、

版事業股份有限公司，2013年），頁158。）

[19] 徐復觀亦以為：「『聽止於耳』，俞樾以為當作『耳止於聽』者近是，即是耳僅止於聽，而不加美惡分別之意。」（參見徐復觀：《中國人性論史·先秦篇》，頁381。）

[20] 此處以〈逍遙遊〉「有待」與「無待」說立論，目的在解釋主體精神不受外物所累，且能與物同遊的狀態。徐復觀指出：「物因『己』而顯，忘己即同時忘物。忘己忘物，乃能從形器各種牽連中超脫上去而無所待。故與道合體之人，便自然能乘萬化而不窮。如此便在精神上無一物與之對立。」（徐復觀：《中國人性論史·先秦篇》，頁392-393。）根據徐氏的說法，有待與無待的差異在於「忘」的工夫實踐，一旦無有物我之分，則能超脫於形器世界的對待關係，達致精神上的逍遙自適。只是，這樣的說法亦僅能限於主體精神的超越上講述，無法涉及客觀世界的作用，於此，應當在「解牛」的意義下，同步述及主觀精神的超越與客觀世界的作用，方可完整解牛理論的通透意涵，同時符應《莊子》「即內聖即外王」的範疇，而此解牛之解，則係屏除心知後（齊物），所透顯出之與物無際的一體世界，而此狀態，亦是〈逍遙遊〉「無待」的理境。

[21] 〔清〕郭慶藩撰：《莊子集釋》，頁94。

三年之後，以及方今之時），亦無法對照心齋工夫的三層階段說。順此，本書以為，在心齋段與解牛段同觀併論的詮釋之下，當以三階段為詮釋進路，如此，除了在系統內部有對觀之效，亦可與《孟子》「知言養氣」說對照，更清晰《莊子》「心氣」論述的內容。

接續上述前二階段之「有待」執境（所見無非牛、未嘗見全牛皆屬認知意義之見，非真知之神遇），最高修養階段的「神遇」、「聽之以氣」的「無待」說，則係《莊子》解牛工夫的無執之境，同時亦是心齋工夫的最高境界。據文獻言，「以神遇，而不以目視，官知止而神欲行。」《口義》解道：「以神遇而不以目視者，言心與之會也」[22]，林希逸雖以「心與之會」為詮說，但不可混淆於第二層次的「聽之以心」，林氏此處所述之「心」，當作靈府義看待，而非心知認識之義。再者，此一「會」字實則耐人尋味，「與之會」透露出主體並非將客體視為一「知識論意義的對象」，而更具備「神遇」意味的互動連結。徐復觀在講述《莊子》的「精神」觀時曾指出：

> 莊子主要的思想，將老子的客觀的道，內在化而為人生的境界，於是把客觀性的精、神，也內在化而為心靈活動的性格。心不只是一團血肉，而是「精」，由心之精所發出的活動，則是神；合而言之即是「精神」。將內在的心靈活動的此種性格（精神）透出去，便自然會與客觀的道的此種性格（精神），湊泊在一起；於是老子的道之「無」，乃從一般人不易捉摸的灰暗之中，而成為生活裏靈光四射的境界，即所謂精神的境界。而此精神的境界，即是超知而不捨知的心靈獨立活動的顯現。[23]

---

[22] 〔宋〕林希逸：《莊子鬳齋口義校注》，頁50。

[23] 徐復觀：《中國人性論史・先秦篇》，頁387-388。

首先，徐復觀理解的「精」，實則出自《老子》對於道體的描述：「其中有精；其精甚真」一句，相較於《莊子》論道的實存性，《老子》對於道的客觀意涵摹寫確實落實許多，尤其是「道之為物」一句（《老子・第二十一章》）實在地點出「精」字在此處的「物質性」內容，然而，誠如徐復觀所述，《莊子》連結了「精」與「神」，合稱為「精神」一詞，更往心靈的意涵靠攏，故徐氏定義為「心之精所發出的活動，則是神」如此，精神一詞的使用，便削弱了「精」的意涵而偏向「神」的活動。[24]只是，即便《莊子》有將客觀世界向內收於主觀境界的傾向，亦不妨礙《莊子》對客觀世界存在的肯定。誠如陳政揚所言：

> 在認知面，莊子並未否定世界具有離我獨存的客觀實在性。也未否定人具有清楚辨析『物─我』之差異的認知區別能力。[25]

按陳氏所述，《莊子》並無否定人具備認知能力，以及所認知與未認知到的客觀世界的實在性。只是，細究其語，仍有幾點值得討論，首先，對於客觀世界的實在性並不能透過「認知概念」而呈現，認知不同於真知，認知對於客觀世界實在性的判斷實則無能為力，反之，只有透過真知，才能不以「聽之以耳」、「聽之以心」的方式，在「聽之以氣」的

---

[24] 賴錫三以為：「『精』和『神』雖然暫分為『物』和『道』兩層次，但『精』這個屬生命身體的能量概念，卻也能透過工夫而進一步地調適上遂、精益求精，以成為形上無形的『精神』之『至精』。可以這樣說，『精』這個概念，在《莊子》的文脈中，約和『氣』一概念相當，可通形下、形上說，只是一般文脈中的『精』是指形下的物之精，『至精』才是指形上的絕對之精，而這個形上層的『至精』，通常就以『精神』來稱之。或許因為這個原故，『精』這個概念在《莊子》的文本中，一方面常和形下的『形』並列而成為『物之精也』，卻也常和形上的『神』連成一氣而成為『精神』。」（參見賴錫三：〈《莊子》精、氣、神的工夫和境界——身體的精神化與形上化之實現〉，《漢學研究》第2期（2014年12月），頁128。）

[25] 陳政揚：〈從戴君仁先生〈魚樂解〉試探莊子的淑世精神〉，《臺大文史哲學報》第88期（2017年1月），頁17。

狀態中，使物各付物，呈現自身。而《莊子》「庖丁解牛」的「神遇」
說，並非僅能收攝到主觀境界的提升，而更指向與客觀世界和諧共存的
意涵，如同徐復觀以為：「將內在的心靈活動的此種性格（精神）透出
去，便自然會與客觀的道的此種性格（精神），湊泊在一起。」此種內
外和諧、主客為一的齊物思維，同步肯定了萬物同源於道的存在價值，
故而有主體精神自然會與客觀世界相諧的理解，曾春海亦指出：

> 「道」深不可測的體性及玄奧的妙用稱為「神」，人由道所稟受
> 之德，是人的本真之性，分享了「道」，形上的精神特徵，構成
> 了人的本體。因此，在人生命結構的形神關係對應了宇宙論的道
> 氣關係。[26]

曾春海更進一步點明天地萬物同歸於道的意義，並且將人之生命結構與
充塞宇宙之氣連結，使得人與萬物在同源於道的闡發中，具備自然和諧
的指向。而這樣的論述，同本書在表述「即內聖即外王」的觀點時以
為，內聖外王本是一事，並無斷層，是故在對「解牛」一文的理解，並
非僅限於主體修養的境界提升，而更擴及對客觀世界的作用，此論調實
則為吳肇嘉所講述之內容：

> 「解」字未必一定只能就「主觀」這一面言。以「庖丁解牛」之
> 寓言為例，若以刀刃喻心，而以牛身喻人世，則其「解牛」的活
> 動一方面是「遊刃」（開展精神空間），另一方面也是「解節」
> （解消人世對立）；實乃一事之兩面。[27]

---

[26] 曾春海：〈莊子的形神觀及其依道製器之藝術實中踐觀〉，《哲學與文化》第8期
（2007年8月），頁6。

[27] 吳肇嘉：《莊子應世思想研究》（臺北：臺灣學生書局有限公司，2011年），頁14。

張默生說：「庖丁的刀，以喻善養生的人；牛的形體，以喻人類所處的環境。」[28]王邦雄亦以為：「牛身象徵著人間世界，而刀刃則是我們的心。」[29]然而主體涉入人世，且無所逃於天地之間，《莊子》藉牛體喻人間世，以運刀三階段作工夫境界的提升，「解」牛之「解」同時涵涉運刀之人的精神開展，以及刀刃所及之外在世界的接物處事之智慧，順此，遊刃與解節在「解消心知」的無為工夫之下，實則為一體兩面之事。牛體能否迎刃而解，關鍵在主體擺脫了成心的限制，不執著於概念知識或立場標準，而以直觀鑒照對象的本質，由此才有可能「依乎天理」、「因其固然」。

再而對觀〈人間世〉「心齋」一段，主體能「入遊其樊而无感其名」的關竅便在於「徇耳目內通而外於心知」。職是之故，牛體象徵世間，然世間本身並不紛雜，而是主體以名言認知涉入世間，導致主體處世時的精神損耗，而關節肌理則意味著「有間」的人世，是故，如何「以无厚入有間」，即與牛體所指向的人世「樊籠」緊密關聯，換言之，若無生活場域一存在背景，則主體亦無須談轉化之工夫，如同〈大宗師〉之「縣解」；〈德充符〉之「桎梏」，人因生活於符碼世界所構築出的文化體系，而必須時刻耗費精神於其間，而此亦關乎《莊子》對於「用」的思考。主體於主觀境界所涉入之認識對象，總是帶有「用」的考量，換言之，某物被看做是什麼，被處以何種用途，皆具備目的性的趨向，而此目的性於《老子》則稱為「徼」，文獻開宗便指出：

> 道可道，非常道。名可名，非常名。無名天地之始；有名萬物之母。故常無欲以觀其妙；常有欲以觀其徼。（《老子·第一章》）

---

[28] 張默生：《莊子新釋》（臺北：天工書局有限公司，1993年），頁31。
[29] 王邦雄：《莊子道》（臺北：漢藝色研文化，1993年），頁99。

牟宗三於《中國哲學十九講・第五講》中即解釋道：

> 道家的道是無，無起徼向性，從徼向性說生萬物。因此首先不能
> 客觀地說客觀世界有個東西叫無來創生萬物，而要收進來主觀地
> 講，靠我們有無限妙用的心境，隨時有徼向性，由徼向性說明客
> 觀事物的存在。[30]

「觀其徼」即是觀道之有性，而有無乃道的雙重性，牟宗三以為，萬物
的有必須收攝到主觀來說，意即客觀世界的存在，即是透過主體的觀看
而呈現在人的主觀境界之中，於此說明客觀世界所呈現於主觀境界中的
現象，而人即是藉由主觀認知對待世界萬物，故而當人對物有「用」之
觀看而意識到某物的存在時，某物便以某種特定的概念型塑於主體的認
知之中，換言之，「人皆知有用之用，而莫知無用之用」（〈人間
世〉）即點出某物之所以為某物，在知識論的意義下，便帶有特定目的
而呈現於人的認知當中。然而，有「用」的目的性則無法擺脫現象的片
面性，某物透過特定的視域而被觀看成具備某種用途或型態的存在，即
是心知作用於客觀世界的結果，而在認識論的意義下，人對於客觀世界
的把握皆是透過對待與依循的認識，意即彼我之關係皆呈現為一種相因
相待的存在模式，如此，便無法在生命場域中達致逍遙無待的理境。換
言之，要如何以「无厚」工夫入於「有間」世界，即須要體認無用之用
的妙用，意即無掉目的性後，對萬物不帶價值判斷、不涉入概念知識的
觀看，而此即是无厚刀刃能悠遊於牛體的關鍵所在。以靈府之心泰然任
物，故物不能累，順物之理而行，意味依乎天理，故而能遊刃有餘，然
而，養生之法並非僅限於主體的保全，而須擴及「兩不相傷」的自全全

---

[30] 牟宗三：《中國哲學十九講》（臺北：臺灣學生書局有限公司，1983年），頁105-106。

人向度。

　　然而，亦有以養生所重為全生之論調者，勞思光即以為，解牛一文，所重主體內聖，不重解牛之完成：

> 莊子此一寓言（按：「庖丁解牛」）主旨即在於刀刃之能不傷。
> 蓋解牛不足重視，可重視者唯乃應事物之心靈如何能使其生命力
> 不耗於此種肆應之中。蓋莊子所貴者乃「全生」，而非完成此解
> 牛之事。[31]

　　勞思光此言以「全生」涵蓋解牛一段，並說明全文主旨在生命力保存的意涵，而非解牛一事之完成，然而，僅以「全生」總攝〈養生主〉文脈，於文獻上總有不盡之處，於義理上更無法擴及對整段文獻的統括，並且，若將解牛一文限縮於全生之理，則不免傾向《莊子》僅能言內聖而無法論及外王的詮釋侷限，於此，在最大閱讀原則的理由下，庖丁解牛一文勢必談出與他篇相應連結的脈絡，以符合理解《莊子》的一體通貫路徑。

　　承上所述，「庖丁解牛」係置於〈養生主〉的文脈中，而〈養生主〉開篇即言可以「保身」、「全生」「養親」以及「盡年」之理。在「即內聖即外王」的範疇中，「保身」、「全生」為內聖修養，「養親」則為外王事功。然「養親」一詞歷來註釋頗具爭議，吳肇嘉即於〈論莊子「養親」義的詮釋困境及其超越意義〉中說明「養親」一詞應當以「幸能正生，以正眾生」為內涵，以解困《莊子》為混世學說的侷限：

---

[31] 勞思光：《新編中國哲學史（一）》（臺北：三民書局股份有限公司，2018年），頁269。

〈養生主〉的「養生」，從「保身」「全生」而至「養親」，是
生命由內而外的步步實現，其中隱含深意。要充分理解其中旨
趣，除字義章句的考釋外，應當還要併同思想理論的層次考慮
之。作為養生實踐的重要作用之一，「養親」一詞若只以傳統
「孝養雙親」之義解釋，除與道家思想向來所強調的超越性格不
合外，也局限了莊子「內聖外王」之道的恢弘格局，這樣的詮釋
顯然是未盡高明的。而若能通貫地思考《莊子》義理，以〈德充
符〉「幸能正生，以正眾生」的自正正人之義來理解修養工夫的
「作用」，將「養親」視為「給養親近之人」，則其義理格局顯
然會擴大許多。這樣的詮釋，同時也並不至於違背文義與語用之
例，故應是較為周延的理解。[32]

以「養護親近之人」釋「養親」一義，不僅擴大「養親」的內涵，以銜
接《莊子》「自正正人」的內聖外王之道，同時可解放歷來諸解對於道
家思想中何以出現儒家語脈之「孝親」觀念的疑慮，使得「養親」一詞
的語用接合道家思維的義理詮說，也合乎〈養生主〉中「庖丁解牛」一
文的釋解，將「保身」「全生」「養親」的「內外和諧」之道與「解
牛」的過程緊密連結，透過提刀、運刀、藏刀的一氣呵成，闡明遊刃有
餘的主客和諧景象。而此即是「無為」工夫後所達致的最高境界，誠如

[32] 吳肇嘉等合著：《諸子學刊·第二十一輯》（上海：上海古籍出版社，2020年），頁
128。吳氏解釋道：「前文曾以統計方法分析『親』字語用以考慮諸家注說的可信度，
現在或許亦可透過這些分析來考慮以『實現萬物』詮釋『養親』一詞之恰當性。在之前
的歸納中，《莊子》中的『親』字有26表達的是『親近』之意（在全文52例中佔二分之
一強），而其中又有10次作名詞使用，有時可以具有『相親近者』的意思。若就此意而
言，它實可與『外王』意涵兼容而將『相親近者』指向萬物，讓『養親』指謂『滋養與
主體相親近之萬物』，只不過此義須在物我相感相應的實踐意義上談。這是說，所謂
『親』可釋為『與實踐主體相親近者』，此義既可包含父母至親之意，又不會局限於
『親屬』的狹隘關係，而甚至能擴及於萬物存有。」（參見吳肇嘉等合著：《諸子學
刊·第二十一輯》，頁125-126。）

吳肇嘉所述：

> 文本中這些對於和諧景象的著墨（按：解牛過程）不是沒有意義
> 的，它暗示讀者修養工夫的「作用」領域不止於主體內在，還及
> 於外在客觀世界，這才能令兩者的相契和諧成為可能。[33]

主客兼眩，內外和諧，「解牛」之「解」含擴主體的轉化以及客觀世界
的相契諧調，故而在即內聖即外王的範疇當中，「保身」、「全生」、
「養親」只有一種修養路徑，即是「無為」。於此，在無為工夫的作用
之下，物我皆能「盡其所受之年」。誠如〈應帝王〉所謂：「體盡無
窮，而遊無朕，盡其所受於天，而無見得，亦虛而已。至人之用心若
鏡，不將不迎，應而不藏，故能勝物而不傷。」（〈應帝王〉）成疏
曰：「所稟天性，物物不同，各盡其能。……夫懸鏡高堂，物來斯照，
至人虛應，其義亦然。」[34]物來乃鑒，鑒不以心，且任物自然，故能馳
萬物而無窮。主體與萬物之間無有心知造作其中，僅有各自所稟受之德
的活動實現，因此同乎解牛一文，皆可收攝於《莊子》內聖外王之道中
互相對應觀照，此即文本通貫整全之特質所在。

　　再者，對照《莊子》言「勝物而不傷」，《老子》文獻中亦有相關
呼應說法為：「含德之厚，比於赤子。蜂蠆虺蛇不螫，猛獸不據，攫鳥
不搏。」（《老子·第五十五章》）王弼註曰：「含德之厚者，不犯於
物，故無物以損其全也。」[35]所謂含德厚者，即是所稟受於道之德性完
全彰顯者，德的完全實現，意味著毫無心知作用其間，全然為「聽之以
氣」的互動實踐過程，於此，在此彼我無際、相互和諧的狀態當中，自

---

[33]　吳肇嘉等合著：《諸子學刊·第二十一輯》，頁125。

[34]　〔清〕郭慶藩撰：《莊子集釋》，頁219-220。

[35]　〔魏〕王弼等著：《老子四種》，頁48。

然無物損其全，而此即是保身、全生，復次，因含德厚者亦無所用心，外物亦能自鑒其德，呈現其最理想的樣態，而此便是不犯於物之「養親」內涵，統括而言，即是正生以正眾生的應帝王之道，同時亦是養生主之養生之理。

《莊子》「聽之以氣」的心齋工夫，在心與氣的工夫論爬梳中，可以見得，自〈養生主〉的「解牛」遞進，〈人間世〉的「聽氣」修養，以及自此兩篇所連結之「外王」論述，皆可觀出《莊子》工夫論範疇中的內在體系統一性，同時，藉由與《老子》文獻的對照，證成道家思想的承繼關係，並且，在《孟子》義理的對舉中，更可廓清儒、道思維的差異性質，進而使《莊子》理論詮釋得以更加清明透徹。本節述及《莊子》心氣關係中的工夫論探討，乃與下節所欲分析之存有論範疇作一比較，意即，藉以不同範疇的心氣關係對照，在分別檢視《莊子》論心與氣的意涵後，為本書所欲解決之「達人心，達人氣」一命題作一觀點整合的路徑鋪陳。

第二節　通天下一氣：一體世界的共在和諧

《莊子》以「心齋」修養述明「聽之以氣」的實踐意涵，乃文獻中工夫論的義理向度，並且，在對觀「庖丁解牛」層層遞進的體道路徑中，无厚刀刃遊走於牛體的有間肌理時能夠順暢有餘之緣由，乃是主體「依乎天理」的和諧性內涵。換言之，主體能夠依乎天理，其內在因素即是屏除心知造作後，以直觀直覺與物相接，那麼，何以主體實踐無為修養，萬物自然會與之相諧，其中勢必內蘊著主客和諧的存有論探討，意即在「齊物思維」的意義下，彼我無際、內外通達的「天下一氣」論調。

〈大宗師〉有則文獻講述真人踐道能「登高不慄，入水不濡，入火

不熱。」真人應世，內能無所懼，外則不傷於物，對照於《老子‧第五十五章》言「蜂蠆虺蛇不螫，猛獸不據，攫鳥不搏。」可以見得，道家文獻在論述主客之間的和諧關係時，皆指向著「德性」完全實現後的相諧共在景象，而這種相處模式，亦是〈德充符〉中「唯止能止眾止」的論述脈絡。彼我之德同出於道，主體無為、德性顯明，則客體照鑒，德性亦出。〈天地〉篇指出：「故通於天地者，德也；行於萬物者，道也」，萬物皆分別秉自於道體的部分內涵，成就自身殊異的存有特質，然正因萬物皆同出於道，就分說，為萬物之德，就全說，則為整體之「一」，道作為萬物存有的終極根據，也內定著萬物和諧共在的存有模式，所謂「通於一而萬事畢，無心得而鬼神服。」（〈天地〉）即指向「無為」修養後，萬物在「齊物思維」的意義下相諧共存的理想狀態。同乎〈人間世〉曰：「夫徇耳目內通而外於心知，鬼神將來舍，而況人乎！」心知乃萬物和諧的窒礙，故而「以虛靜推於天地，通於萬物。」（〈天道〉）虛靜即無為之意，而以無為工夫應於天地萬物，即可通於萬物，然此「通於萬物」之「通」何以可能，實則係「天下一氣」所支撐之論調。

　　承上所述，本節重點即著墨於《莊子》論「天下一氣」的存有論探討，關乎《莊子》文獻中的存有論之氣，最經典者莫過〈知北遊〉「通天下一氣」說：

　　人之生，氣之聚也，聚則為生，散則為死。若死生為徒，吾又何患！故萬物一也，是其所美者為神奇，其所惡者為臭腐；臭腐復化為神奇，神奇復化為臭腐。故曰：「通天下一氣耳。」聖人故貴一。」（〈知北遊〉）

成玄英疏曰:「夫氣聚為生,氣散為死,聚散雖異,為氣則同。」[36]成疏以「氣同」論萬物具象雖異,而實則皆為「氣」所變化而成,無有分別。且進一步釋言:

> 夫物無美惡而情有向背,故情之所美者則謂為神妙奇特,情之所惡者則謂為腥臭腐敗,而顛倒本末,一至於斯。然物性不同,所好各異;彼之所美,此則惡之;此之所惡,彼又為美。故毛嬙麗姬,人之所美,魚見深入,鳥見高飛。斯則臭腐神奇,神奇臭腐,而是非美惡,何有定焉!是知天下萬物,同一和氣耳。[37]

神奇臭腐乃概念的分殊,無有價值定準,猶如毛嬙麗姬為人所美,卻也不見於魚鳥之類,〈齊物論〉曰:「毛嬙、麗姬,人之所美也,魚見之深入,鳥見之高飛,麋鹿見之決驟。四者孰知天下之正色哉?自我觀之,仁義之端,是非之塗,樊然殽亂,吾惡能知其辯!」總歸一句,仍舊是「儒墨是非之辯」的範疇,故而亦是「心知」造作之基源問題所出。順此,所謂絕對標準之「正色」,並無法自有限經驗及概念知識所決定,因此,在《莊子》「齊物思維」的意義中,〈知北遊〉的義理依仍可納入「舉莛與楹,厲與西施,恢恑憰怪,道通為一。」(〈齊物論〉)的齊等脈絡中討論。那麼,主體要能「復通於道」勢必要透過「無為」工夫,以實現「知天下萬物,同一和氣」的超越範疇。意即,能「知」天下萬物為一氣者,並非以概念活動的智識心所能達成,而須以〈大宗師〉中的「真知」方能成就此理境,然「真知」作為一種非概念性的直觀,且能與天為徒,則係內蘊著物我之間的和諧內容,葉海煙即透過「去主宰」的觀點,消彌主客之間的對待關係,用以說明萬物共

---

[36] 〔清〕郭慶藩撰:《莊子集釋》,頁506。

[37] 〔清〕郭慶藩撰:《莊子集釋》,頁506。

存的一體狀態：

> 如此地在「去主宰」的關係總體之中，一切皆歸於功能自發自現
> 之存在，而既打開了「自我」之封限，物我之間的對應關係於是
> 交付於各自「回返自身」而因此和諧共存的一體狀態。[38]

按葉氏理解，物我之間的對應關係應當歸復於「自身」的回返而展開和
諧共存的無封限狀態，而此「回返自身」之意，林明照又稱作「反身
性」，他指出：「莊子的道論同時具有客觀性及實踐性意涵，而反身性
乃是其間的聯繫。」[39]據林氏所言，「反身性」作為《莊子》道論中客
觀性及實踐性的中介，聯繫著主體體道的工夫超昇，以及客觀道體存有
的證成向度，換言之，主體透過反身實踐與物相接，且藉著不斷叩問認
知與語言的框架，醒覺自身生命的本質，進而契合於道所指向的流變。
然而，無論是葉海煙的「去主宰」，抑或林明照的「反身性」，其實無
有不同，都可收攝於「無為」工夫的範疇中討論。再者，〈知北遊〉

---

[38] 葉海煙：《道家倫理學：理論與實踐》（臺北：五南圖書出版股份有限公司，2016
年），頁88。

[39] 據林明照所述：「道之指向萬物整體存在性的解釋：差異而流變，以及自然而本真的存
在性。莊子言道在指向整體存在性或存在真實的同時，更關注的是作為生命實踐之參與
者個人，如何契合與融入道的存在真實中。換言之，道所指向的存在性，對於個人而言
乃既是客觀又是實踐的，而這在莊子，正是體現在反身性上。所謂反身性，指向個人回
視自身、顯現自身的歷程，並在這歷程中契入道所指向的存在真實。對於莊子而言，個
人的反身實踐主要在以下幾側面向中契合著道差異而流變，以及自然而本真的存在性.
凸顯純然的在己性、反身而專凝，以及反身反思等。首先，在反身的在己性中，莊子既
彰顯了生命屬己的特殊性以及不可共量性，同時也由此不可替代、共量的在己性，呈現
一種孤獨、疏離的存在感。在反身的屬己性中，生命正契合著道所指向的差異性的存在
真實；其次，在反身實踐的內斂專凝中，並非凝止於自我內在，而是在物我遭遇的當下
彼此穿透、互達自身，而生命也因之融入了道本真自然的存在真實中；再者，在反身的
反思性中，透過持續地反思與懸問，醒覺自身的認知與語言的質性與框架，並逐漸鬆
脫、懸宕，而讓心靈達至一種對於認知與語言既超越又順應的遊動與自由，並契合著道
所指向的流變的存在性。（參見林明照：〈莊子的道論與反身性〉，《哲學與文化》第
10期（2010年10月），頁25-26。）

「通天下一氣」一段文獻中，實則涉及價值論與存有論的探討，而整段文字義理，實乃「價值存有論」的展現，生死為氣之聚散，臭腐復化神奇，故言萬物為一，此一便是差異之整全，因此《莊子》在氣論的觀點上，提出「通天下一氣」的說法，實則亦是「齊物思維」的變相托出。

關於「通天下一氣」的闡述，張恆壽以為：「這裡說『通天下一氣耳』，就是說整個世界是氣貫通著的。」[40]日本學者福光永司則指道：「在《莊子》中用『氣』的聚散離合對包括人類的萬物生滅變化作原理性說明的文字。」[41]前者自「氣」的通貫性說，後者則強調「氣」所影響的變化性。而李申則從人與世界萬物的存在狀態之連結上講述：「在《莊子》書中第一次說出，人的存在是由氣的聚合。氣聚合起來就產生生命，氣分散，生命就結束；並且推廣到一般，認為世界上的一切，都是氣的存在狀態，叫做『通天下一氣』。」[42]然而，無論自何種角度切入，皆反映出「氣」論千差萬別、千變萬化的一切存在根源的一體性。[43]而此存在根源即是「聖人貴一」的「一」，徐復觀以為道家文獻中的「一」即等同於「道」，[44]《老子・第三十九章》曰：「萬物得一以生；侯王得一以為天

---

[40] 張恆壽：〈莊子的哲學思想〉，錄於胡道鏡主編：《十家論莊》（上海：上海人民出版社，2004年），頁451。

[41] 小野澤精一、福永光司、山井涌等編著，李慶譯：《氣的思想：中國自然觀與人的觀念的發展》（上海：上海人民出版社，1980年），頁123。

[42] 李申：《道與氣的哲學——中國哲學的內容提純和邏輯進程》（北京：中華書局，2012年），頁47。

[43] 小野澤精一、福永光司、山井涌等編著，李慶譯：《氣的思想：中國自然觀與人的觀念的發展》，頁122。

[44] 徐復觀指出：「老子的所謂的『一』，我認為與上面所說的上一層次的『有』（按：「常無欲以觀其妙的『有』，非是現象界中相對意義之『有之以為利』的『有』」），是屬於同層次、同性質的觀念。依然指的是萬物最基本的共同元素；此元素對上一層次的『無』而言，則稱之為『有』；對下一層次的『眾』而言，亦即對分化後之『多』而言，則稱之為『一』。因為此時要分化而尚未分化，所以是『一』。『一』之與『無』，可以說其間相去，不能容髮；因此，『有』與『一』，依然應概括於『道』的概念之內；所以書中所用的『一』字，多與道字同義。」（參見徐復觀：《中國人性論史・先秦篇》，頁333。）

下貞。」河上公註言：「萬物皆須道以生成也；侯王得一，故能為天下平正。」[45]「一」作為「道」之整全義，與萬物之「眾多」殊相在理論上相即不離，可謂一多相即的關係，而一與多的關係，箇中便是道與德的分合狀態，就分言德，就全言道，然其中道與物的連結即是「氣」的一體貫通，意即「氣」通貫起道與物之間的聯繫，作為形上形下世界連續整全的介質單位。如此，萬物因得自於道的內在秩序而只消自正自化，便可成就共存相和的自然景象。故言「侯王得一以貞天下」，即是對萬物之「德」自然活動的肯定。而在《莊子》則係「幸能正生，以正眾生」的外王實現。

再者，此一通天下之「氣」，作為一具備存有論意涵的觀念，確實指向萬物得以存在的活動義，甚至，相較於《老子》論氣，《莊子》更突出了「氣」的諸多價值，曾春海即以為：「莊子對『道』如何生發萬物，亦即西方哲學中有關宇宙生發（Cosmogenesie）的問題，採用老子的論述架構而突出了『氣』的介質。」[46]觀諸《老子》論氣之文獻共有三處，且多置於工夫論的意涵討論，如第十章「專氣致柔」、第五十五章「心使氣曰強」，涉及存有向度者，僅出現於第四十二章宇宙生成論中：「道生一，一生二，二生三，三生萬物。萬物負陰而抱陽，沖氣以為和。」王弼註曰：「萬物萬形，其歸一也。何由致一？由於無也。由無乃一，一可謂無？已謂之一，豈得無言乎？有言有一，非二如何？有一有二，遂生乎三。……雖有萬形，沖氣一焉。」[47]《老子》所指稱的「一」，就整全的意涵說，亦即道的面向之一，而「道生一」再而分化為萬物者，即是無形質之道落向有形質之物的過程。既然「一」為道之整全面相的稱謂，與萬物得之於道之「眾多」殊相（德），便成就一多

---

[45] 〈老子河上公注卷三〉，收錄於〔魏〕王弼等著：《老子四種》，頁50。

[46] 曾春海主編，曾春海、葉海煙、尤煌傑、李賢中合著：《中國哲學概論》（臺北：五南圖書出版公司，2005年），頁47。

[47] 〔魏〕王弼等著：《老子四種》，頁37-38。

相即的概念。關於一與德的關係，徐復觀指出：

> 德依然是將形而未形，但它已從「一」分化而為多，所以說是
> 「未形者有分」；以見德在「未形」的這一點上，與「一」相
> 同；而在「有分」的這一點上，卻已經較「一」更向下落實一
> 層。因為「有分」，所以才能分別凝結而成萬物。……德雖然
> 「未形」，但它從「一」分化出來的作用即是「生」，生的成就
> 即是物；「流動」是形容分化而生物過程中的活動情形。「物成
> 生理」，是說成就物後而具有生命、條理，即是形；形因為是德
> 的具體表現，所以它一定是合理性的。[48]

據徐氏理論，德在「未形」的面向中，可謂與「一」無別，然在「有
分」的已分狀態，則德已凝結為萬物，此時，「德」已然在活動義上具
體落實為「形」，於此，德與一的關係，便有了層次上的間隔，然而此
落差並非存有論上的距離，而係理論上的詮說，就整體存有意義而言並
無差別，僅有概念應用上的不同。再者，就徐復觀所謂「流動」的生化
過程之活動情形而論，箇中實則蘊藏著「氣」的流變，意即，德具體表
現為形，便指向「萬物負陰而抱陽，沖氣以為和」的存有論向度。徐復
觀認為：「萬物得此虛氣已成其生命之諧和。」[49]按徐氏所述，萬物因
「氣」而能成就生命之諧和性，箇中即涉及了存有論之氣的探討。可惜
的是，《老子》對於「氣」的論述並未具備系統性的建構，然《莊子》
則擴而充之，對於氣的討論益加豐富凸顯。〈至樂〉篇即曰：

> 雜乎芒芴之間，變而有氣，氣變而有形，形變而有生，今又變而

---

[48] 徐復觀：《中國人性論史・先秦篇》，頁372-373。

[49] 徐復觀：《中國人性論史・先秦篇》，頁335。

之死，是相與為春秋冬夏四時行也。（〈至樂〉）

成玄英疏曰：

> 大道在恍惚之內，造化芒昧之中，和雜清濁，變成陰陽二氣；二
> 氣凝結，變而有形；形既成就，變而生育。且從無出有，變而為
> 生，自有還無，變而為死。而生來死往，變化循環，亦猶春秋冬
> 夏，四時代序。[50]

生死往來，猶如四季循環相代，其間，變生變死乃陰陽二氣的凝結與散
發，關乎陰陽之氣的論述，亦出現於〈大宗師〉：「陰陽之氣有沴」；
〈田子方〉：「至陰肅肅，至陽赫赫；肅肅出乎天，赫赫發乎地；兩者
交通成和而物生焉。」；〈天運〉：「一清一濁，陰陽調和」；〈秋
水〉：「受氣於陰陽」；〈知北遊〉：「陰陽四時運行，各得其
序。」；〈則陽〉：「天地者，形之大者也；陰陽者，氣之大者
也」；〈外物〉：「陰陽錯行，則天地大絯」；〈漁父〉：「陰陽不
和，寒暑不時，以傷庶物。」等文獻之中。崔大華以為：

> 莊子認為「氣」本身是虛無，根據它在具體事物的存在狀態中所
> 顯現的性質不同，可以分為陰、陽兩種。這是莊子「氣」論的基
> 本的、靜態的內容。當運動的觀念進入後，莊子「氣」論就有了
> 新的、更豐富的內容。[51]

---

[50] 〔清〕郭慶藩撰：《莊子集釋》，頁423。

[51] 崔大華亦指出：「莊子『氣』論的萬物生成理論，作為人類早期的思想理論還是十分貧
    乏的，但它卻包含了這樣兩個在中國古代思想發展進程中具有重要意義的內容：第一，
    它用自然本身的，而不是自然以外的某種因素來解釋自然萬物乃至社會事件的生成，使

在《老子》「萬物負陰而抱陽，沖氣以為和」（《老子・第四十二章》）的理論基礎上，《莊子》陰陽之氣的諸多說法可謂自此一理論而延伸發散，擴及對生命諸多面向的探討。正如崔大華對於《莊子》氣的運動觀點：「正是『氣』的運動不息所表現出的萬物生成、發展、滅亡的過程，構成了宇宙的全貌。」[52]換言之，《莊子》的宇宙觀建構，實則內蘊著一套氣論的模型撐架。順此，基於天地萬物為氣的運動所交織融攝的動態意涵，回觀「通天下一氣」的存有論架構，作為存有之物質性形塑的「氣」，於理論上確實通透於包括人的天地萬物之間，曾春海便認為：

> 人與天地萬物既溯源於一氣之流行變化，人在形神相親，以神導形時，與萬物感通無礙，在形神交融下，莊子借「氣」的虛靈活潑義來喻說人之神與物遊的精神境界，〈逍遙遊〉所謂：「若夫乘天地之正，而御六氣之變，以遊無窮者，彼且惡乎待哉！」莊子的存有學是為價值論奠基的，他的境界哲學是立基在存有學上的。[53]

按曾氏之語，其以為《莊子》的價值論奠基於存有學之上，若無天下一氣作為存有論的基礎用以支撐整個宇宙價值觀的論說，則萬物之間的互

得中國古代思想從殷周宗教觀念擺脫出來後獲得一個新的基礎或立足點；第二，它還提出了萬物生成過程的一個原則：陰陽『交通成和』，即兩種性質對立的『氣』，要有一種合乎秩序的相互作用，才能生成萬物。否則，如果是『陰陽之氣有沴』，『陰陽錯行』，就要導致人的病態，物的解體。……『交通成和』的原則正是莊子『氣』論解釋萬物生成的支撐點；這一原則所指向和蘊藏著的朦朧、模糊的宇宙秩序或規律，正是此後中國古代科學和哲學不倦地追尋的目標。」（參見崔大華：《莊學研究》（臺北：文史哲出版社有限公司，1999年），頁112-113。）

52 崔大華：《莊學研究》，頁113。

53 曾春海：〈莊子的形神觀及其依道製器之藝術實中踐觀〉，頁6。

動關係則將備受障礙，然而，曾春海的說法側重於《莊子》氣觀念的存
有論思考，雖說可突出存有論之「氣」於義理中的重要性，卻不免忽視
了工夫論意義的聽氣觀念所建構出的主體轉化修養。於此，本書以為，
應當在「齊物思維」的脈絡當中，說明天地萬物之價值乃因皆秉受於道
的部分，故而在存有意涵上無所分別，而氣作為《莊子》存有論的背
景，支持著萬物得以感通無礙、並行不悖的諧和狀態，並且，主體於此
價值存有論的基礎上，能夠透過「無為」的修養，轉化心知為靈臺的層
次，以此與物同遊、無所待物且兩不相傷。如此，不僅能維持氣之存有
觀念於《莊子》的重要性，同時亦能托出工夫論於此中的意涵，職是之
故，主體「乘天地之正，而御六氣之變」且能「以遊無窮」才不致有理
論跳躍的疑慮（先有齊物工夫，才知萬物價值本共成一天）。

　　承自曾春海「人與天地萬物既溯源於一氣之流行變化」的思考，人
與天地萬物皆為氣之流變，楊儒賓對此觀念亦有「氣化身體觀」的闡
述：

> 道家身體思想最大的一項特色乃是氣化的身體觀，更進一步的界
> 定，我們可以說這是「負陰抱陽沖氣以為和」的身體（此觀念首
> 先由老子明確提出）。在這種陰陽沖氣以成的身體觀模式底下，
> 人的軀體不只是和宇宙的氣息相通，而且根本上來說，它就帶有
> 濃厚的宇宙性。[54]

楊儒賓以「氣化」的思維統攝人的身體觀以及其氣化宇宙論的討論，並
以此氣化宇宙論的存有學觀點，呈顯身體與宇宙的關聯性，指涉箇中身
體所具備的宇宙性，關於此一思考模式，賴錫三則更進一步與西方哲學

---

[54] 楊儒賓：《中國古代思想中的氣論及身體觀》（臺北：巨流圖書公司，1993年），頁
21。

對觀，藉以遠古神話為基底，闡述身體與世界的互動連結。[55]只是，《莊子》的身體觀或許可藉由「氣」的流變作為與世界互動的基礎，若貿然以西方哲學如海德格、梅洛龐蒂等現象學語脈逕做比附，而無有細緻檢別對證，則在理論程序上並無法達致有效的對比效果，換言之，在「視域交融」的意義上，如何使得中西哲學保存各自特色，以及展開合理對話，此一方法論的檢討應當作為先要基礎論述，再而於此基石上建構一套比較哲學的論域，才不致有為比較而強作附合之疑慮。順此，楊儒賓的說法則較為中道，其建基於道家文本的依據，進而展開《莊子》身體觀的討論，確實較有文獻脈絡的支持，而其「氣化的身體觀」所賦含的宇宙性意味，便是在「氣」的存有論向度述及人的身體與宇宙萬物所共構的一體性內容，然而，此說法亦是「通天下一氣」的延伸。

　　「通天下一氣」所內蘊的存有學意涵，在《莊子》的哲學語境中，實則不僅止於存有的討論，意即，在將《莊子》視作一部理論一貫的哲學文本時，便同時指涉著箇中的理論互證原則，換言之，述及《莊子》的存有論，便不能忽略其工夫論、境界論，甚至外王理論的諸多議題，誠如曾春海將「氣」的存有論視為一支撐價值論的條件，本書即將其重述為一背景式的理論架構，進而支撐起價值存有論的論說，並且，將此一價值存有論置放於「齊物思維」的向度之中，環環扣起工夫論、境界論，以及外王思維的連結。此外，亦有逕以「氣論」觀點講述《莊子》外王理論的路徑，鍾振宇即提出：

　　　若從氣論的當代詮釋之觀點來看，內聖與外王可以有一個共通的

---

[55] 賴錫三在講述道家「渾沌」思維時，多藉引中國遠古神話為喻，說明天地萬物的生成過程，以及與整個宇宙世界的連結性：「道家道生萬物的肉身化隱喻，具象化的意象來源實為渾沌的肉身化隱喻；而渾沌的肉化萬有的隱喻實源自遠古的渾沌破裂和分化神話。」（參見賴錫三：《當代新道家——多音復調與視域融合》（臺北：國立臺灣大學出版中心，2011年），頁318。）

標準，就是「氣的通暢」：「通氣」。無論是內聖的身體、或是外王的天下國家，最高的理想都是通氣。[56]

鍾振宇自「通氣」的向度聯繫內聖及外王的關聯，說明《莊子》無論內聖或外王皆以「通氣」為最高理想狀態，他接著說：

> 宇宙一氣作為存有論的根源，可以直接通向內聖。然而，在外王面展現的通氣就曲折、間接的多。「通氣」包含「通天地一氣」（存有論宇宙論、內聖）與「通天下一氣」（政治社會論、外王）。內聖的通氣是構造性的、可達到的；外王的通氣是軌約性的，需要無窮努力、永無止境。[57]

首先，於內聖的面向，鍾氏以「存有論」為理論根據，述明《莊子》內聖之道應立基於內在之氣與宇宙之氣的一體性而論說；復次，於外王面，則較為曲折，須要按照一定的軌道來進行約束，乃須調節的無窮努力途徑，並且永無止境。關乎鍾振宇的說法有幾大疑慮值得商榷：一、何以在宇宙一氣的存有論範疇之中，可以直接通向內聖，《莊子》文本有此說法嗎？二、為何在外王面的「通氣」說係軌約性的，而且乃須要無窮努力而永無止境的，其調節的方法為何，無窮努力的依據何在，又永無止境是否也意味著《莊子》的外王理論並不可能實踐於現世？三、其區分通氣為「通天地一氣」（存有論、內聖）及「通天下一氣」（政治社會論、外王）其間，「天地」與「天下」的差別判準為何？又《莊子》僅有「通天下一氣」而無「通天地一氣」的說法，於文本依據上並

---

56 鍾振宇：〈批判的氣論——莊子氣論之當代開展〉，《中國文哲研究通訊》第23卷第4期（2013年12月），頁144。

57 鍾振宇：〈批判的氣論——莊子氣論之當代開展〉，頁162-163。

無根據。四、鍾氏截斷內聖與外王兩面向，似乎暗示著達致內聖與外王的方法有二，並且，其忽略工夫論的講述方式，弱化「無為」於道家思想的重要性，逕以「氣」的通透即能達致內聖的說法，不免有理論跳躍，邏輯程序不符的疑慮，況且，在內聖外王的理論架構當中，〈應帝王〉有：「夫聖人之治也，治外乎？正而後行」一說，郭象則註言：「全其性分之內而已。」[58]既然外王為內聖之餘事，何以須要界別二造之間的斷層，這也是鍾氏理論所須要細緻闡述的內容。

再者，在外王層面的討論中，甚至有日本學者以《莊子》氣論可能導致個人獨立、分離的妨礙，抨擊中國哲學無法開出合理的外王向度：

> 在這種「氣」互相交感的社會中，人與人之間的關係是永遠牽連的。……中國話把兩人互通鼻息，不知在搞什麼鬼稱為「沆瀣一氣」，氣是貶意，但人與人之間的關係確是「一氣」，而君—臣—民之間氣脈既能相通，要統治、要濟眾也才有所可能。這種「一氣相通」的人際關係，不管怎麼說，到底還是妨礙了個人的獨立、分離。[59]

據坂出祥伸的論述，可以見得，他將「氣」的通透設定為「負面」意涵的觀念與文化內容，於政治治理、個人完成的議題上，展開對一氣觀的評判，只是，這樣的「誤解」，甚有可能導致《莊子》詮釋的折損，與早期中國大陸學者以唯物觀點評價《莊子》的態度如出一轍。首先，由政治論說《莊子》的外王思想，本書業已不厭其煩地講述道家「物然其然」的自生自化之說，再者，於個人的完成，抑是同構於「物然其然」

58　〔清〕郭慶藩撰：《莊子集釋》，頁208。

59　（日）坂出祥伸著，盧瑞容譯：〈貫通天地人之「一氣」──其自然觀與社會秩序觀〉，楊儒賓主編：《中國古代思想中的氣論及身體觀》，頁146。

的外王觀點，如此，內聖外王即是一事，無有不同，無論自價值存有論說、由工夫論談，在「齊物思維」的大架構裡，個人的完成便指向整體存在的和諧，此即「幸能正生，以正眾生」的應世實踐，亦是「唯止能止眾止」的德性燦備。順此，自主體自我的完成，論及與天地萬物的諧和，才係《莊子》「即內聖即外王」的完整論調。誠如曾昭旭所謂：「自我存在的完成才只是人我相通的開始。」[60]自我存在的完成，即內聖工夫的實踐，而內聖工夫實踐後，以「無為」的修養應世接物，則萬物自鑒其德，鬼神於斯來舍。

　　然而，關乎此立論於「心性」的論說模式，亦有學者認為不足以應對現今社會的局勢，鍾振宇即說道：

> 傳統上對於「一逍遙，一切逍遙」之內聖式逍遙講得已經太多，
> 也就是以「心」、「性」（心性論）作為講述逍遙的中軸，如
> 「真心逍遙」、「適性逍遙」之說法。時代的要求是批判與新外
> 王（社會政治實踐）之外王逍遙的展開。真人面對時代、天下的
> 不通氣、不逍遙，自身也不一定逍遙得起來。此時，應反轉為
> 「一切逍遙，一逍遙」的態度。[61]

按鍾氏說法，真人面對時代的要求，應當由心性論的自身逍遙論轉向「一切逍遙，一逍遙」的模式，此說法雖說可具備「大乘佛學」的同體大悲基調，卻在理論上不合乎文獻的義理脈絡，〈大宗師〉述及真人應

---

[60] 曾昭旭以為《莊子》論人際間的相處乃無法透過心知相知，故人我相通必得係莫逆之知：「莊子很奇異的似乎是採取了一個截然相反的方式，就是大力論證生命存在的孤絕本質，說人與人之間是不可能相知的，每個人都是活在一個僅屬於他自己的夢中，而受其矇闇。他所有的感受、認知、見解，都僅在這封閉的系統中有意義，一旦越出自我的範圍思去碰觸別人，便盡屬一廂情願的曲解。」（參見曾昭旭：〈論莊子的整體存在感與人我相通感〉，《鵝湖月刊》第 1 期（1991 年 7 月），頁 15。）

[61] 鍾振宇：〈批判的氣論──莊子氣論之當代開展〉，頁 153。

世的態度乃「不知說生,不知惡死;其出不訢,其入不距;翛然而往,翛然而來而已矣。」[62]成玄英以為:「不用取捨之心,捐棄虛通之道;亦不用人情分別,添助自然之分,能如是者,名曰真人也。」[63]翛然,意味著自然無心而自爾,應物無心則萬物自然其然,換言之,無須刻意介入世間有心作為,而僅要與天為徒,即可一逍遙,一切逍遙。而天下「不通氣、不逍遙」僅是現象義,並非存有意義上的不和諧,是故〈大宗師〉曰:「其一,與天為徒;其不一,與人為徒。天與人不相勝也,是之謂真人。」郭象釋道:「夫真人同天人,齊萬致。萬致不相非,天人不相勝,故曠然無不一,冥然無不在,而玄同彼我也。」[64]意即,在齊物思維的範疇當中,真人只消無心應物,萬物齊,則天人不相勝,萬致不相非,誠如林明照指出:

> 當莊子以道來意指如此豐富而充實的存在整體時,無怪乎其不肯以任何特定而已然判分、割裂的概念言之。而是最終以「一」言之,同時強調這豐富而多樣的「一」並非「同」,而是差異的整全、相互的轉化與涉入的「通」亦即「道通為一」。[65]

曠然無不一,冥然無不在,玄同彼我並非抹煞萬物的存在特質,而係在「道通為一」的齊物觀點中,同時保存道的整全性,以及萬物的殊異性,並且,主體透過自我修養,達致天人不相勝的存在狀態,而此一狀態即是自身消溶於天地萬物之中,與之通為一氣,無有概念界限,亦如曾昭旭以為:「莊子對生命整體存在感的掌握,便是透過無限接納當前

---

[62] 不悅生不惡死,意指與化為體;出不訢入不距,則係泰然任之。翛然獨化,任理遨遊,雖復死往生來,曾無意戀之者也。〔清〕郭慶藩撰:《莊子集釋》,頁167。

[63] 〔清〕郭慶藩撰:《莊子集釋》,頁167。

[64] 〔清〕郭慶藩撰:《莊子集釋》,頁173。

[65] 林明照:〈莊子的道論與反身性〉,《哲學與文化》第10期(2010年10月),頁29。

真實的生活而完成的。」[66]換言之，《莊子》的理論並非遁世逃避，而
是以自身涉入世間，在與世界的互動中，成就生命整體的存在意義，敞
開自身的特質，與萬物同奏齊鳴。此即〈齊物論〉「吹萬不同，而使其
自己也。」的真諦。如此，物各付物，且自我敞開的通天下一氣之說，
即是一體世界共在和諧的理想之境。

第三節　氣於工夫論與存有論之辯證

一、應當如何看待《莊子》的「氣」

　　本書伊始即在《莊子》論「氣」的議題上，藉由王邦雄的提問，展
開諸多面向的考量：

> 何以莊子的「心齋」工夫，會將聽之以氣，安放在聽之以心之
> 上？從人的存在格局而論，氣在心之下，從修養工夫而論，氣反
> 而在心之上，如是《莊子·內篇》所謂的氣，似有兩層的意思，
> 此即「心齋」最難解的問題。[67]

關於「心齋」中工夫論之氣與《莊子》文本中所涉及的存有論之氣的兩
層意義，似乎使《莊子》氣論於義理的釋解產生理論上的衝突，而馮友
蘭曾提出心齋一說非屬莊子親著的說法：「坐忘是代表莊子所以為莊
者，心齋則不然。」[68]只是，這樣的說法業已被幾位學者所批判。崔大

---

[66] 曾昭旭：〈論莊子的整體存在感與人我相通感〉，頁15。

[67] 王邦雄：〈《莊子》心齋「氣」觀念的詮釋問題〉，《淡江中文學報》第14期（2006年
　　6月），頁21。

[68] 馮友蘭：《中國哲學史新編》（第二冊）（臺北：藍燈文化公司，1991年），頁117。
　　箇中原由乃馮氏認為心齋是《管子》〈內業〉、〈白心〉之方法。張恆壽：《莊子新
　　探》亦以為「如果《管子·白心》篇包含宋尹學派的部分遺說，那麼人間世第一章就比

華即以三項論據確定《莊子》內篇是莊子本人的思想：一、《莊子》各篇中對莊子生平言行的記述。二、《莊子・天下》對莊子思想的概述。三、荀子對莊子思想的評述。[69]崔大華藉以文本脈絡，以及荀子對《莊》的判語，證成內篇為莊子所著。再者，劉笑敢則在《莊子哲學及其演變》中批判張恆壽將〈人間世〉前三段視作非莊子親著的疑慮[70]：一、〈人間世〉前三節與後四節有一定聯繫，不應斷開。二、這也說明〈人間世〉前三節與《莊子》內篇各篇有一定聯繫，而這種聯繫明顯多於它與外雜篇或《管子》等書的聯繫。三、這亦說明「心齋」、「坐忘」以及「見獨」皆是相通的，於此，說「心齋」不是《莊子》的修養工夫，根據是不足的。[71]據崔大華與劉笑敢二位學者的斷語，其皆視「心齋」為《莊子》本具之義理，此一說法亦同時牽涉內篇理論統一性的問題，然而，本書於開宗即指出，應當如徐復觀將「《莊子》一書是否為莊子本人親著」的論題，轉化為內外雜篇哲學價值高低的分判，並將全書視為「莊學系統」而觀，如此，在理論一致性的原則之下，使得《莊子》研究達致最大化的閱讀效果。那麼，既然本書同意「心齋」為莊學系統的環節，勢必要面臨王邦雄所提出的詮釋疑慮。於此，對於《莊子》氣於工夫論與存有論的辯證關係，則係本節所關心的主旨。

關乎《莊子》思想中的「氣」一觀念，涉及存有論向度者，觀諸前文，其論據多出自外雜篇，如〈至樂〉、〈秋水〉、〈知北遊〉等，[72]

〈白心〉等篇包含更多的宋尹學說。」（參見張恆壽：《莊子新探》（湖北：人民出版社，1983年），頁99。）

[69] 崔大華：《莊學研究》（臺北：文史哲出版社有限公司，1999年），頁84。

[70] 張恆壽以為「從這三章（按：〈人間世〉前三段）的整個態度，及個別字句看來，我疑心它是屬於戰國晚期宋、尹學派的作品。」（參見張恆壽：《莊子新探》，頁97。）

[71] 劉笑敢：《莊子哲學及其演變》（北京：中國社會科學出版社，1988年2月第一版），頁24-26。上述觀點整理改寫自王邦雄：〈《莊子》心齋「氣」觀念的詮釋問題〉，頁16-17。關乎上述問題，王邦雄於〈《莊子》心齋「氣」觀念的詮釋問題〉文中亦提出陳述。

[72] 〈至樂〉：「雜乎芒芴之間，變而有氣，氣變而有形，形變而有生。」；〈秋水〉：

而內篇指涉「形構始基」之氣者，有〈齊物論〉「大塊噫氣」、〈大宗師〉「陰陽之氣」，以及〈應帝王〉「遊乎天地之一氣」等。王邦雄以為：「除了『大塊噫氣』，象徵本體宇宙論的根源之道外，構成人體的自然材質，是陰陽之氣，天地萬物的存在，也在一氣之化中。」[73]內外雜篇皆有述及存有論之氣的觀點，鄭世根亦指出：「『氣』是『普遍性』的，同時也是『物質性』的，換言之，『氣』是『普遍性的物質』。」[74]鄭氏的理解即是「通天下一氣」的說法，然而，此一具備「物質性」內容的氣，如何於「聽之以氣」中達致主體修養實踐的依據，則成了心齋論題最難解之處。而此詰問亦曾出現於《莊子》隸屬唯心或唯物的爭辯論域。[75]然而，此種二分法過分簡化《莊子》氣論的意涵，如同鄭世根所說：「唯物主義與唯心主義之間不一定有深仇大恨，也不一定有不可跨越的鴻溝。哲學的發展本身就是不同思想的『辯證』、『浮沉』和『博約』。」[76]於是，如何跨越此種二分化約的框架限制，並且解決王邦雄所提出的問題，使得氣論的理解有別於早期唯心唯物的化約模式，而於當代《莊子》詮釋的脈絡中具備時代意義，則是本書所繼承與開創之所在。

當代《莊子》氣論的研究，較為顯著者可分作四大研究方向，按顏銘俊的整理有：一、以傳統中國哲學詮釋方法為路徑，說明《莊子》氣

「自以比形於天地而受氣於陰陽。」；〈知北遊〉：「人之生，氣之聚也，聚則為生，散則為死。若死生為徒，吾又何患！故萬物一也，是其所美者為神奇，其所惡者為臭腐；臭腐復化為神奇，神奇復化為臭腐。故曰：『通天下一氣耳。』」

[73] 王邦雄：〈《莊子》心齋「氣」觀念的詮釋問題〉，頁18。

[74] 鄭世根：《莊子氣化論》（臺北：臺灣學生書局有限公司，1993年），頁20。

[75] 鄭世根在「氣與唯心論的矛盾」一觀念中指出：就他（按：《莊子》）的「本體論」而言，最大的爭論就在於「唯心」與「唯物」之辯。許多中國大陸的學者認為莊子是「唯心論者」，是「主觀或客觀唯心主義」，因此，從他們所維護的唯物論觀點出發，他們判定莊子哲學是反動性的、無價值的。職是之故，莊子「氣」論也無法獲得對它真正的批判和評價。（參見鄭世根：《莊子氣化論》，頁22。）

[76] 鄭世根：《莊子氣化論》，頁23。

的觀念。二、藉由其他文本與《莊子》對觀,辨析兩造氣觀念異同。
三、以「氣化身體觀」或「氣化宇宙論」觀點詮釋《莊子》。四、透過
現象學理論與《莊子》氣論做對照。[77]關乎後二者,本書於前文中曾述
及,亦提出批判。而前二項則較符合本書對莊學詮釋的態度,且牟宗
三、唐君毅、勞思光、徐復觀等大家學者亦自此脈絡做詮解。如此,自
文本脈絡爬疏《莊子》氣觀念,確實較合乎本書研究方法的原則。關乎
《莊子》文獻中的氣,證諸文本,的確在理解上涵有存有論與工夫論的
面向。如內篇中有「絕雲氣;御六氣;乘雲氣」(〈逍遙遊〉)、「大
塊噫氣」(〈齊物論〉)、「未達人氣;聽之以氣」(〈人間世〉)、
「以襲氣母;陰陽之氣有沴;遊乎天地之一氣」(〈大宗師〉)、「汝
遊心於淡,合氣於漠;是殆見吾衡氣機也」(〈應帝王〉)。外雜篇則
有「雜乎芒芴之間,變而有氣」(〈至樂〉)、「養其氣」(〈達
生〉)、「人之生,氣之聚也;通天下一氣耳」(〈知北遊〉)等。

　　承上所述,在眾多「氣」的文獻中,《莊子》於存有論係以虛無
的、變動不居的「氣」為萬物基始。[78]而陰陽二氣、六氣等,依日本學
者湯淺泰雄的觀點,可謂包含於「氣」的大架構當中所延伸出的概念:

　　　　無論陰陽二氣也罷,陰陽風雨晦明六氣也罷,都是從氣引申出來

---

[77] 針對《莊子》哲學的「氣」概念,當代學者的研究大抵曾發展出以下較清晰的進路:
　　(一)以哲學本體論、宇宙論、工夫論、境界論……等框架,論述《莊子》的「氣」論
　　建構,如鄭世根、吳汝鈞、謝明陽都有過相關研究成果;(二)除了解析《莊子》
　　「氣」論的語意與哲學意涵外,更與其他哲學文本中的「氣」論建構並觀,對照彼此間
　　的異同,與哲理建構上可能的承接關係,如陳麗桂、日本學者小野精一與福永光司等合
　　編的《氣的思想:中國自然觀與人的觀念的發展》一書,便有相關成果;(三)從「氣
　　化身體觀」的角度出發,將《莊子》一書的「氣」詮釋為可以統貫形上學、心性論、工
　　夫論與身體觀諸論域的核心概念,如賴錫三便在這方面有傑出的成就;(四)援引西方
　　「現象學」理論,將《莊子》的「氣」思想詮釋為一套「氣化現象學」,如鍾振宇便在
　　這種工作上用力。(參見顏銘俊:〈辨析「氣」概念在《莊子》哲學中的意涵面向〉,
　　《彰化師大國文學誌》第30期(2015年6月),頁108-109。)

[78] 崔大華:《莊學研究》,頁113。

的，而其作用都是用以解釋「天地為一同質性、交相融釋的有機
體」此一事實。[79]

再觀崔大華對《莊子》氣的論述：

> 在莊子的自然觀中，「氣」是瀰漫宇宙的普遍的存在，它的特質
> 在於它本質是「虛無」，然而卻能顯現在具體事物的存在狀態
> 中：氣也者，虛而待物者也。（人間世）在《莊子》中，「氣」
> 在具體事物的存在狀態中的顯現是多樣的，屬於自然方面的，有
> 「天氣」、「六氣」、「雲氣」、「春氣」等；屬於人的方面
> 的，有「人氣」、「血氣」、「志氣」、「神氣」等。莊子雖然
> 沒有對「氣」的性質作更多的、明確的說明，但從這些「氣」在
> 具體事物存在狀態中的顯現的描述，仍可看出他是把天地間的季
> 節風雨等自然現象和人的生理、心理狀態皆歸結為「氣」的某種
> 運動。這是莊子思想中對世界統一性的基本的理解，即確認人與
> 自然之間有著某種一致和相通。[80]

湯淺泰雄與崔大華視氣為《莊子》存有論的形構基始，皆合乎文本脈絡
的理解。且兩者對於文獻中諸多「氣」概念的認知，皆收攝於「氣」一
大架構所延伸出的眾多面向立論。換言之，無論係天地間的自然現象或
人的生理、心理狀態，凡是以「氣」為詞組者，皆指向一種「動態的有
機狀態」。而崔大華更指道，《莊子》於人之氣與自然之氣間有著「某
種一致和相通」的存有模式，而此一致性便是湯淺泰雄所謂的「天地為

---

79 （日）湯淺泰雄：〈「氣之身體觀」在東亞哲學與科學中的探討〉，楊儒賓主編：《中
   國古代思想中的氣論及身體觀》，頁63-99。
80 崔大華：《莊學研究》，頁111。

一同質性」；相通性即是「交相融釋的有機體」之說。亦有學者持相同觀點，張立文即以為：

> 道家莊子繼承老子沖氣是陰陽之氣的和諧的觀點，認為陰陽之氣
> 是氣的最本質、最根本方面，是構成天地萬物和人類的共同本始
> 物質，無論是被人稱讚的神奇之物，還是被人所厭惡的腐臭之
> 事，或應活著而死去的人，或該死去而活著的人，一樣是氣所構
> 成。正由於氣包含著陰陽兩個方面，因而能或聚生物，或散死
> 物，不斷運動變化。[81]

誠如〈知北遊〉中關乎氣的運動狀態，張立文的說法並觀《老子》論氣的和諧性，開展《莊子》氣論的存有意涵，以及價值論的探討。而《莊子》論氣固然具有存有論的面向，但亦不可忽略其工夫論的向度。福光永司便提出道家論氣的特色乃同時具備存有與工夫兩大範疇的理解：

> 先秦時代道家的「氣」論，將其大致區分一下，可分為用「氣」
> 來說明世界之始，天地開闢和萬物生成的宇宙生成論和在天地宇
> 宙間秉生的人怎樣保全自己之生，用「氣」來說明怎樣得到「一
> 受其成形，不亡以待盡」（《莊子・齊物論》）之睿智的養生
> （或養性）論兩部分。而宇宙生成論的「氣」論和養生（性）論
> 的「氣」論儘管大致被區分，但在其根基上還有著相互的關聯，
> 在終極上仍可視為一體之物──這被認為是道家「氣」論的特
> 點。[82]

---

[81] 張立文：《氣》（臺北：漢興書局有限公司，1994年），頁7。

[82] 小野澤精一、福永光司、山井涌等編著，李慶譯：《氣的思想：中國自然觀與人的觀念的發展》，頁120。

按福光永司的說法，《莊子》氣論涵具「宇宙生成論的氣」與「養生論的氣」二種向度，前者闡述《莊子》對於天地創始、萬物生成的存有觀點，後者則是說明人之主體修養的實踐進路，而兩者儘管大致被區分，卻在「根基上」仍存在相互的關聯，自此在終極上仍可視作一體，而此即是道家氣論的特色。關於以上列舉說法，可以歸納為幾點認知：一、道家氣論同時具備存有與工夫兩大範疇，是學界共識。二、《莊子》論氣乃活動性的有機狀態。三、《莊子》存有論之氣與工夫論之氣在理論上似乎存在著可交涉的關聯性。而第三項的觀點，正是福光永司所言之「終極上可視作一體」的說法，只是，其所謂「根基」為何，並無進一步說明。而崔大華以「氣的運動」收攝存有論與工夫論之氣的方法，雖與福光永司「終極」之義有異曲同工之處，卻也無有更為細致的解釋，甚是可惜。

然而，亦有學者不主張將內外雜篇視作同一系統來理解。劉榮賢即斷開內篇與外雜篇的體系，將其視作兩套不同思路的文獻。[83]而此觀點雖無須解釋王邦雄所提出的問題（存有論之氣多出於外雜篇，如此，聽之以氣便無須考量兩層次之氣的說法），卻也在研究方法上阻斷《莊子》為一部統一、通貫之哲學文本的看法。然此說法危險之處亦在於將

---

[83] 劉榮賢以為：「從《內篇》的文字看來，莊子的思想似乎已不能離開『氣』的思維。然而莊子思想的目的卻並不在於建立一套客觀世界的氣化流動體系，〈養生主〉中所說的：『依乎天理，因其固然』只是莊子成就逍遙的生命境界的修養工夫，莊子思想的主體性其實建立在『心』之上。莊子的生命境界以『遊』的觀念來呈現，所謂『遊』者固然是遊於『氣』，然而『能遊者』則在於『心』。〈人間世〉篇中所謂的『乘物以遊心』，遊的是『心』，而不是『物』。然而發展到《外雜篇》之後，雖然仍然有代表聖人與天地同流的生命境界的『遊』的觀念，但比起《內篇》來明顯的在『心主』的意義上降低了。檢查《外雜篇》中有關『遊』觀念的文字，可以發現其重點已經逐漸轉移到可以解釋中國統一的大格局政治社會的『渾淪齊一之一氣』的意義之上。這是《內篇》與《外雜篇》在『遊』觀念的本質上的不同。而《外雜篇》中這個與天地精神相往來的『遊』的境界，可以說完全銜接上了戰國後期黃老思想中的『帝王之德』的觀念。」（參見劉榮賢：〈從《莊子》之「遊」看黃老天德觀念的形成與發展〉，《興大中文學報》第29期（2011年6月），頁79-80。）

內外雜篇分割為不同系統的理解，將致使詮釋《莊子》義理時，有拆解文脈、無能達致最大化閱讀原則的限制，況且，此說法亦無法使《莊子》成為一部整全的典籍，而終致結構鬆散、脈絡不連貫的分崩離析之狀，對於《莊子》文本理解而言，或許並非最恰當的詮釋路徑。

那麼，如若《莊子》作為一部系統性的哲學文本，又要如何面對王邦雄將內篇「聽之以氣」之「氣」與「作為萬物始基」之「氣」斷作兩層的難解命題，換言之，於存有論之氣的理解中，眾家學者對《莊子》氣具備存有論的性質大致上並無爭議，而回歸到工夫論之氣時，則須回應兩層氣觀念所導致的理論無法統合之詮釋困難。關乎此議題，王邦雄在《莊子內七篇・外秋水・雜天下的現代解讀》一書中有更進一步的說法：

> 「聽之以氣」要做何解？本來人的存在處境，是心在氣中，而心有「知」的作用，「知」的本質是執著，心執著氣，也禁閉了氣的自然運行。老子云：「心使氣曰強」（五十五章），「強行者有志」（三十三章）與「專氣致柔」（十章），這三句話可以說是解讀心齋工夫的鎖鑰。此言心使氣、志強行，即非「虛其心」、「弱其志」（三章）而開顯的專一，而是「多則擾，擾則亂」的雜多擾亂，甚至扭曲妨害。心不使氣，志不強行，心知退出，讓氣回歸氣的自在，此即在「无聽之以心」中「聽之以氣」，被心知禁閉的氣，因無掉心知的執著，而得到了全面的釋放，回歸「氣」的自身，此「氣」的自在自得，就是「然」從自身來的自然，從無心之修養工夫所開顯的是境界的自然、價值的自然，而不是現象的自然，事實的自然。故「氣」有兩層次可說，一是未做修養工夫之現象意義的實然之氣，一是做了工夫修

養所開顯之價值意義的理境之氣。[84]

　　王邦雄透過《老子》「心使氣曰強」、「強行者有志」、「專氣致柔」
三項論述解釋《莊子》「心齋」一段，說明「心不使氣，志不強行，心
知退出，讓氣回歸氣的自在」的實踐工夫，於此，皆是闡述「以心動
氣」所可能導致的氣的紊亂。然而，誠如王邦雄所謂「在『无聽之以
心』中『聽之以氣』」，亦透露出「聽之以氣」必然要以「无聽之以
心」為先要條件，換言之，「心齋」的「三階段」進程，乃環環相扣，
後者以前者為基礎修養的實踐進路，意即，「聽之以氣」的達成，必不
能排除「无聽之以心」的階段，而「无聽之以心」則不能忽略「无聽之
以耳」之人對於周遭環境的初始認識狀態，即《老子》所謂的「前
識」。只是，王邦雄將「氣」分別為「未做修養之現象意義的實然之
氣」與「做了工夫修養所開顯之價值意義的理境之氣」，似乎意味著
「氣」的狀態乃具備「可純化性」的質變意涵。只是，《莊子》是否提
出「氣」能夠藉由主體修養而達致「質變」的內容，是值得討論的。但
是，觀諸文獻，《莊子》實提及「心知」轉化為「靈臺」，卻無闡述
「濁氣」轉化為「清氣」之說。換言之，工夫只在心上做，可能才是
《莊子》唯一的「無為」修養。

　　再者，王邦雄試圖將工夫論「聽之以氣」的「氣」與存有論之「萬
物始基」的「氣」做出區別，此一詮釋確也合乎其對「精神主體」的重
視，換句話說，形軀、欲望作為精神主體提升的阻礙，於其理論中確實
透露出端倪。故而其將「聽之以耳」與「墮肢體」[85]同觀並論，即指涉
「耳」作為「形軀」，應當被視作體道的障礙。如此，其對於「聽之以

84　王邦雄：《莊子內七篇·外秋水·雜天下的現代解讀》，頁193。

85　王邦雄以為：「與〈人間世〉之『心齋』工夫比較而觀，『墮肢體』的『離形』，是
　　『无聽之以耳』，『黜聰明』的『去知』，是『无聽之以心』。」（參見王邦雄：《莊
　　子內七篇·外秋水·雜天下的現代解讀》，頁351。）

氣」（修養後的理境之氣）與「聽之以耳」（修養前的實然之氣）的兩層區別便其來有致。而這樣的觀點，徐復觀亦有相似說法：

> 莊子既將形與德對立，以顯德之不同於形；則他所追求的必是一種精神生活，而不是塊然地生理生活。若此一看法不錯，則他所追求的精神生活，不能在人的氣上落腳，而依然要落在人的心上。因為氣即是生理作用；氣上開闢不出精神的境界；只有在人的心上才有此可能，既須落在人的心上，則他不能一往反知，而必須承認某種性質的知。[86]

徐復觀指出《莊子》之氣「即是生理作用；氣上開闢不出精神的境界」，故而工夫須在心上落腳，不能於氣上說。只是，徐復觀於同段又言道「氣實際只是心的某種狀態的比擬之詞，與老子所說的純生理之氣不同。」[87]那麼，徐復觀既說《莊子》論氣為生理之氣，若要開出境界則須在心上做，爾後又指道《莊子》之氣為「心的某種狀態的比擬之詞」，且「與《老子》之純生理之氣不同」，如此前後說法不一致，乃是其理論矛盾之處。況且，雖然徐復觀言《莊子》須在心上做工夫，卻又在同部著作中對「心」與「氣」的關係提出與上述文脈相悖之論：

> 莊子對於心的警惕，特為突出，主要原因，是因為「知」的作用，是從心出來的……於是莊子似乎避開心而在氣方面找出路。[88]

按徐氏對於《莊子》理論的闡述，即便於上述討論中呈現出文義上的矛

---

86 徐復觀：《中國人性論史·先秦篇》，頁381-382。
87 徐復觀：《中國人性論史·先秦篇》，頁382。
88 徐復觀：《中國人性論史·先秦篇》，頁380。

盾，卻也可更體貼地為其觀點作一補充，意即，徐復觀於《莊子》論
「心」的向度，藉以「一心開二門」的方式為進路，分別而有靈臺與心
知的區別，然而，上述引文雖於文義上看似衝突，亦可視為徐氏說明不
清之由，若將其文脈置於其莊學理論而觀，或許更能恰當地為其觀點作
出轉圜地理解。只是，觀諸徐復觀對於《莊子》「心」與「氣」的討
論，確實無法清晰心與氣在《莊子》義理中的確定意涵，也無法以此為
依據解決王邦雄所提出的問題。然則楊儒賓對於《莊子》論心與氣的關
係亦有說法如下：

> 我們可以稱呼此常心的靈敏功用為「氣」或「神」。由於此時的
> 「氣」或「神」乃是常心的基本屬性，因此，兩者的位階自然不
> 會不一樣。[89]

比較楊儒賓與徐復觀二人的說法，可以見得，徐氏以「氣實際只是心的
某種狀態的比擬之詞」立論，而楊氏則逕以「常心」之作用指稱
「氣」。雖兩者皆試圖綰合心氣之間的關係，然徐氏「比擬之詞」的說
法，實則無法切中要旨，而楊儒賓將「氣」隸屬為「心」（常心）的作
用，以體用觀點述明心與氣的複雜關係。其於《儒門內的莊子》一書中
則有更進一步的論述：

> 形氣主體的核心在形氣與主體的關係，更落實地說，也可說是意
> 識主體與非意識主體的關係，莊子用心與氣表之，「心」是意識
> 層，「氣」是更深層的作用。「心」因是可意識到的，所以用
> 「人」稱呼之；「氣」是非意識所及的，所以又稱作「天」。非
> 意識主體的氣是綜合整體身心動作的作用者，它不屬於任何感

---

[89] 楊儒賓：《莊周風貌》（臺北：黎明文化事業公司，1991年），頁99。

官，但又穿透一切感官機能；它是一切功能的總和，但又在整體的功能之外多出了作用的盈餘。非意識主體在技藝的創造上最明顯可見，技藝的創造由熟生巧，由技入道，也就是由意識主體融入身體圖式，最後由不落於主體任何方所的「神」或「氣」所帶動。[90]

　　楊儒賓以「形氣主體」為論述結構，說明心與氣的關係乃「意識」與「非意識」之間的互動聯繫，並且，氣作為「綜合整體身心動作的作用者」，並不隸屬於任何感官，卻又能「穿透一切感官機能」，而為「一切功能的總和」。觀諸楊氏此一說法，首先，「形氣主體」一詞統合著意識主體與非意識主體二者，分別對應「心」與「氣」的關係，然而，就主體的能動性而言，應當以何者作為實踐的「主體依據」，換言之，若「形氣主體」統合著意識主體與非意識主體，那麼，於工夫修養時進行活動的主要主體為何者，會否有衝突的情形產生？（做工夫時之主體依憑為意識主體還是非意識主體）再者，延續上一個問題，既然「氣」為「綜合整體身心動作的作用者」，是否意味著「氣」具備主導意識主體的主宰性，其位階高於「心」，如此，又要如何安放傳統以心為主體之精神轉化的工夫論向度，並且解釋箇中所導向的「兩個主體」的問題。最後，若《莊子》對於「由技入道」的操作乃藉由意識主體轉入不落於主體任何方所的「神」或「氣」的流動，其中轉化的工夫所依據者為何？若不在心上做工夫，何來進一步「聽之以氣」的實踐。

　　承上所述，以「形氣主體」立論的說法，看似在心一主體之外，尚有一以「氣」為主體的觀點，然而，在工夫論的理論效度中，是否有能不透過心之主體進行「心齋」工夫而逕自體道的方法，於《莊子》文獻

---

[90] 楊儒賓：《儒門內的莊子》（臺北：聯經出版事業股份有限公司，2019年），頁185-186。

中（尤其內篇）似乎無有根據。況且，如若氣為生死變化的介質，那麼，將氣視為主體，是否也意味著此一主體並不具備同一性，如此又何須言「主體」？換言之，如若像鄭世根所謂：

> 「氣」是「人」的「生命生死」的「主體」，同時也是「宇宙萬物」維持「不斷變化」的「主體」，要言之，「氣」是「我與萬物的變化主體」。[91]

於此，「不斷變化」的「主體」，是否還能稱作「主體」？又，《莊子》將氣視為萬物生死聚散的介質，氣散則亡，氣聚則生，對於死生存亡的態度，乃不入於主觀好惡的修養實踐中，齊等死生的價值意涵，若萬物之主體僅是氣之聚散，忽明忽滅，那便如徐復觀所謂「人不過是塊然一物」罷了：

> 德既內在於人身之內，則人必須通過心的作用，然後在德與形的相對中，能有對德的自覺……莊子若真是不在心上立腳，而只是落在氣上，則人不過是塊然一物。[92]

對於「德」的自覺，於《莊子》理論必須由乎「心知」的泯除，而心知的消彌即是「無為」的實踐，《莊子》以德形相對（對舉之義，而非輕視形軀），闡明德之貴，以及消除執著於形軀生命的認知限制，牟宗三即言：

> 道家將氣性、自然之質、氣一起融於自然生命中，而就自然生命

---

[91] 鄭世根：《莊子氣化論》，頁20。

[92] 徐復觀：《中國人性論史・先秦篇》，頁382-383。

原始之渾樸以言性,是性亦沉在下者。工夫則在心上做,心亦是
越乎性而在性上者。惟對性的態度,則在養而不在治。清心靜心
虛心一心以保養原始渾樸之性而不令其發散,此即所謂養生也。
養生即養性,在心上用功,而在性上得收穫。[93]

「在心上用功,而在性上得收穫」一說法,托出〈養生主〉保身全生之
旨,然保身全生同時也意味著對「形軀生命」的安養,然此養護之工夫
則係「在心上做工夫」所成,如是,心齋工夫的實踐,實則導向生命境
界的逍遙、整全,與應物無累的自由狀態。誠如牟宗三所述,「道家將
氣性、自然之質、氣一起融於自然生命中,而就自然生命原始之渾樸以
言性」自然生命的渾樸之狀,指涉毫未參雜「心知概念」的原始狀態,
意即「嬰孩」、「赤子」之喻,然一旦「與接為構」,則主體必然開始
運用心知概念形塑其「價值體系」,於此,「聽之以氣」則不再可能。
職是之故,肇因於主體「聽之以耳」的「前識」背景,以及「聽之以
心」的判斷要求,所致使對「物化」、「逍遙」的阻礙,泯除物我之際
的「心齋」工夫則成為「聽之以氣」對「聽之以耳」與「聽之以心」層
層消解的唯一憑據,而此即是「齊物思維」觀念中,消除彼我界限、齊
等萬物價值,以此自處應物的內聖外王之道。

　　再回觀王邦雄所提出的氣之兩層問題於「心齋」一段所導致的衝
突,因其將「聽之以耳」之「耳」視為「形軀」,為物質性的存有。雖
可於心齋一段區別與第三階段「聽之以氣」的工夫論之「氣」,卻無法
統合「氣」於《莊子》的統一內涵,換言之,因其將物質性「形構始
基」的存有論之氣排除於工夫論之氣的向度之外,必然產生兩層次氣論
的差距。只是,氣的存有論內容必然導致工夫實踐的失敗嗎?聽之以
「氣」若屏除存有論的內容,是否也意味著主體做工夫後僅侷限於自身

---

[93] 牟宗三:《才性與玄理》(臺北:臺灣學生書局有限公司,1989年),頁24。

精神境界的提升，而無法論及「通天下一氣」之內外相應的外王實現，這是值得討論的。

有鑒於上述問題的詮釋侷限，以及「形氣主體」所內蘊的諸多詮釋考量，本書試圖透過林明照的「心氣交養」說，用以解決「氣」於《莊子》理論中的詮釋困難，林明照於〈論《莊子》的心、氣關係〉一文中指出：

> 氣的能力具體展現在心的活動上。心齋的歷程因此為從「聽之以耳」的受感官聞見所主導，到「聽之以心」地發揮「心」具主動性意義的判斷能力，再進入「聽之以氣」的容受與回應他者的能力，同時判斷、主導之心也轉化為與氣共在的能遊、能感之心。[94]

林明照的理解轉圜前文眾家學者辯證中的詮釋疑慮與難題，其將心與氣的關聯性，藉由「心齋」一段的講述，於理論上更加緊密且合理地縮合，首先，在心與氣的關係上，他有別於徐復觀將「氣」作為「心」的某種狀態的比擬之詞，亦不同於楊儒賓將氣視為「一切功能的總和，但又在整體的功能之外多出了作用的盈餘」的觀點，鑒於徐氏的說法太過籠統，而楊氏的理解又看似模糊，兩者皆無法有效廓清心與氣之間的特殊關係。於此，林明照的詮釋，或可更為清晰《莊子》論心與氣的輪廓。

觀諸引文，可將其論點大致鋪陳為以下幾點：一、「氣的能力具體展現在心的活動上」，便指涉出氣的能力與心的具體活動相關，兩者之間為牽動的關係。二、「聽之以耳」之「受感官聞見所主導」的說法，同於本書對「耳」的觀點。有別於王邦雄將「耳」視作形軀意涵且以排除形軀而成就精神境界的說法，本書贊同「耳」作為「前識」的意義，

因王邦雄「聽之以氣」之氣無法包容物質性的存有之氣,將導致第三階段的「聽之以氣」無法融受「存有論之氣」一說,於理論上須將其作出區隔,也將致使《莊子》氣論的發散,於此,林明照的觀點或可提供另一種更為恰當的理解。換言之,如若不將「形軀生命」視作低於「精神生命」的存在,則不僅保全《莊子》「保身全生」之論,亦能解消王邦雄兩層氣論無法統合的難題。三、「聽之以氣的容受與回應他者的能力」,可謂深具倫理意涵的實踐意義,亦合乎本書對於《莊子》外王論建構的期待,並且,在「聽之以氣」能夠作為與他者互動之工夫意義的脈絡中,聽氣說便能與「即內聖即外王」緊密扣合。四、「同時判斷、主導之心也轉化為與氣共在的能遊、能感之心」層層扣起心齋三階段的關係,且此論點之聽氣階段的心與氣除了能解決王邦雄對於「聽之以氣」修養無法涵容存有論之氣的困難,更可進一步點明心氣之間的交涉關係,並同時帶出氣的存有論及工夫論內容,意即此時之心,乃與氣共在且能遊乎天地一氣之主體,亦能合乎福光永司對道家論氣的特點。[95]

承上所述,林明照更進一步指道:

> 「心齋」之「虛而待物」能「順物自然而無容私」也就是在心氣交養下,心無容私地虛化而合氣,又因合氣而使心能感物、順物。[96]

若同意崔大華「莊子思想中對世界統一性的基本的理解,即確認人與自然之間有著某種一致和相通。」[97]的論調,箇中論及之「一致與相

---

[95] 宇宙生成論的「氣」論和養生(性)論的「氣」論儘管大致被區分,但在其根基上還有著相互的關聯,在終極上仍可視為一體之物 —— 這被認為是道家「氣」論的特點。(小野澤精一、福永光司、山井涌等編著,李慶譯:《氣的思想:中國自然觀與人的觀念的發展》,頁120。)

[96] 林明照:〈論《莊子》的心、氣關係〉,頁70。

[97] 崔大華:《莊學研究》,頁111。

通」，實則涵括存有論與工夫論的論述趨向，若無通天地一氣的存有意
涵，則物我之間必無法談及有意義的相通，然此相通並非心知概念上的
互相知曉，而係同於〈大宗師〉「莫逆於心」的契合之感。而林明照所
謂的「心氣交養」，則更進一步指出箇中的倫理意涵，「心無容私地虛
化而合氣，又因合氣而使心能感物、順物」此一心氣相互辯證的理論意
涵，同時保存了心的主體性，亦能於「在心上做工夫」的修養論中，達
致「與物同遊」、「形神俱靜」的理想境地，誠如成玄英疏：「可遊汝
心神於恬淡之域，合汝形氣於寂寞之鄉，唯形與神，二皆虛靜。」[98]形
與神皆虛靜，便意味著形軀生命與精神生命的並存不悖，而遊心於萬物
且能無累於物，則係主體藉由無為修養後，因著萬物本同源於道的一體
性，而能合氣相諧。故而在遊心與合氣的相互辯證中，心因虛靜而能合
氣，又因合氣而能使心順物無容私。相應於「聽之以氣」一階段，所謂
「氣也者，虛而待物者也」聽氣之所以可能，工夫在「虛」，而「虛
者，心齋也」故而在心上做工夫，即能應物無累。然其中扣合起心之主
體與萬物之存有者，其關竅處正是「唯道集虛」，換句話說，若無
「道」的終極保證，那麼主體與客體之間的和諧便不可能實現。

　　綜上而論，本章節重點在「應當怎麼看待《莊子》的氣」，因其所
涉及者，除了王邦雄所提出的詮釋難題，更關乎整部文獻體系的統合，
換言之，若將《莊子》之氣拆解為內篇與外雜篇的分別，則無能統一義
理體系的完整性，而致使發散紛雜的理解，之於文獻詮釋不僅無法達致
最大化閱讀原則，更有使《莊子》一書分解為不同體系的疑慮。職是之
故，唯有廓清《莊子》論氣的向度，且藉由諸家說法的辯證攻詰，重新
提出一種看待《莊子》氣觀念的說法，方能更有效且清楚地為《莊子》
氣論，甚至整部體系之義理做出精當的詮釋。

---

[98] 〔清〕郭慶藩撰：《莊子集釋》，頁210。

　　如是，本書不贊同徐復觀將氣僅視為心的比擬之詞，亦不能肯定氣主體論失落心的主體意涵而單論氣的意義，否則，生命即成了「塊然一物」，此時工夫論便無價值可言。於此，透過林明照「心氣交涉」一論調，述明聽之以氣並不妨礙氣具備存有論之物質性的意涵，王邦雄對於聽之以氣的兩層氣論難題，肇因於其對精神主體的主張而輕忽了形軀的重要性，如若併觀「遊心合氣」一段即可理解，聽之以氣不必然排除存有論之氣的向度，即便於理論上看似有二種氣的存在，但事實上只有一種，在虛而待物的觀念中，心無為，即能遊於天地一氣之氣中，而又因天地一氣的相通一致，心主體方能透過無為虛靜而與物同遊，和諧共存。是故「心齋」一文，可重新理解為：「无聽之以耳，不受當下所處之文化體系與成長背景之認知所影響」；「无聽之以心，擺脫心知判斷與主觀執著」；「聽之以氣，主體藉由心齋修養而能與物同遊，順物自然」。

二、達人心；達人氣

　　釐清《莊子》氣觀念的辯證關係後，接著要處理的問題，即是本書研究動機中所提出的命題：「達人心；達人氣」的詮釋。此議題關乎《莊子》和諧思想的探討，並且，於前文架構的層層鋪設中可以見得，涉及「達人心；達人氣」一詮釋內容者，須按部就班地對此一理論體系作出環環扣合的細緻闡述，意即，「達人心；達人氣」之所以可能，箇中所牽涉的理論系譜，自主體性爭議的分析整理，至通達觀的內容敘述，再而廓清所能通達之心與氣的關係，其中亦關聯著應當如何看待《莊子》氣論的檢視，最後方能對「達人心；達人氣」一問題展開更為詳盡厚實的解釋與創發。

　　對於〈人間世〉「且德厚信矼，未達人氣；名聞不爭，未達人心。」一段的論析，其所涉及的「心氣」論題，因《莊子》作為一部通

貫、整全的典籍，必然與他段關乎「心」與「氣」之文獻具備理論上的
聯繫，於此，「无聽之以心而聽之以氣」（〈人間世〉）、「遊心於
淡，合氣於漠」（〈應帝王〉），以及此議題所關聯的倫理層面之「形
莫若就，心莫若和」（〈人間世〉）、「莫逆於心」（〈大宗師〉）皆
係涵具相互交織辯證的義理向度。職是之故，本節雖以「達人心；達人
氣」為論題，卻不僅止於此一論題的詮釋，而係擴及諸多面向的整合與
探究，如此，更能開拓「達人心；達人氣」一文的理論範疇，豐富箇中
所具備的倫理意義，為《莊子》和諧思想的建構展開更為厚碩的論述空
間。

　　觀諸歷解，傳統註疏中並無對「達人心；達人氣」作出清楚的釋
義，且當代學者亦無對此段有較為周全的理解。王邦雄即指道：「『未
達』之癥結，在未有主體之自我消解的工夫。德厚信矼所以未達人氣，
名聞不爭所以未達人心，乃因聽之以心而心止於符之故。」[99]王邦雄的
說法，結合了「心齋」一段的義理，聯繫「未達」與「聽之以心」的關
係，並提點出「在心上做工夫」的重要性，以此闡述「達人心；達人
氣」之工夫樞紐在於「聽之以氣」的實踐，只是，若同觀其對於「聽之
以氣」存有論之氣的排除，便只能將「達人心；達人氣」的意涵閉鎖於
工夫論的向度，而無法談及以存有論為背景的倫理意涵。

　　但是，觀諸王邦雄所指出之具「工夫」意味的「達」觀，在工夫論
的理論中仍可提點對「心知」的警戒，所謂「知」的本質是「執」，心
一活動就是知，所以要齋，要能用心若鏡。因現象界中並無絕對的標準
可言，知識也僅是片面化的概念擷取，人於此無有「絕對正確」的價值
立場可憑據，誠如〈齊物論〉曰：

　　既使我與若辯矣，若勝我，我不若勝，若果是也？我果非也邪？

---

[99] 王邦雄：〈《莊子》心齋「氣」觀念的詮釋問題〉，頁19。

我勝若，若不吾勝，我果是也？而果非也邪？其或是也，其或非
也邪？其俱是也，其俱非也邪？我與若不能相知也，則人固受其
黮闇。吾誰使正之？使同乎若者正之，既與若同矣，惡能正之！
使同乎我者正之，既同乎我矣，惡能正之！

名言系統的運作，以概念知識為基礎，而概念之片面性乃由乎認知主體
的觀點侷限所致，因人無法全面照鑒事物之全貌與本質，而僅能由一方
一處擷取個別面向或視角而判斷，故而自身之價值觀便也只是一偏見之
立場，遑論以概念作為彼此相通之媒介，其所能溝通者，僅是表象之名
言系統所建立之遊戲規則，若要藉由名言而知曉彼此真義或真情實感，
在《莊子》而言根本係全無可能。所謂「我與若不能相知也，則人固受
其黮闇。吾誰使正之？」成玄英疏：「彼我二人，各執偏見，咸謂自
是，故不能相知。必也相知，己之所非者，他家之是也。假令別有一
人，遣定臧否，此人還有彼此，亦不離是非，各據妄情，總成闇惑，心
必懷愛，此見所以黮闇不明。三人各執，使誰正之？」[100]二人皆妄執
立場而自是非彼，即便有第三人進行裁斷，亦不脫離是非價值之二元對
立之中，換言之，其所斷定孰是孰非者，只是擇其自身所認同之價值而
為，並無絕對客觀之內容與憑據。如此，便同郭象註曰：「各自正耳。
待彼不足以正此，則天下莫能相正也，故付之自正而至矣。」[101]天下
莫能相正，即是因於人各執主見莫能相知，是故彼我之際便不能透過
「名言概念」相通互達，一如《莊子》對於「成心」之警戒，林明照即
指出：

　　對於〈齊物論〉而言，「成心」正是與未有所自覺而優先於是非

---

[100] 〔清〕郭慶藩撰：《莊子集釋》，頁87。

[101] 〔清〕郭慶藩撰：《莊子集釋》，頁87。

判斷的第一人稱立場密切相關，這樣的立場反映了個人的特定信
念及情感偏好。由於「成心」不具備自覺性，因此基於成心所進
行的論辯，總是在「是其所非而非其所是」、「勞神明為一」地
嘗試讓他人接受自身承認的真理或價值脈絡，而不是一種相互理
解、調整的對話溝通。[102]

人往往以己之是而過人之非，予以判斷分別彼我，誠如「儒墨是非之
辯」，雙方各執立場，自以為是，更甚者，則強行將自身觀點加諸於他
人之上，於此便可能招致反動，即所謂「彊以仁義繩墨之言術暴人之前
者」，而終至「菑人者，人必反菑之」的局勢。然「達人心；達人
氣」，並非「形就而入；心和而出」的諂媚、遷就，而是「就不欲入，
和不欲出」的順物自然，意即不透過心知作為互動的基礎，而是在「聽
之以氣」的心齋修養中，達致彼我價值同存的和諧狀態。如同曾昭旭所
言：

> 當人真徹底放棄與人相通的期盼之時，一種最初步的人我相知之
> 境便發生了。這是一種怎麼樣的相知呢？就是徹底諒解人我之不
> 相知，且深深了解他為什麼會誤會我的相知。這時，人對別人都
> 全無期望也全無怨瞋了，彼此便可以相視而笑，莫逆於心，而相
> 悅以解。[103]

人與人的相通，並不能建立在「心知」的基礎上，按曾昭旭所述，「徹
底諒解人我之不相知」乃因人為「成心」所限圍，致使彼我皆困頓於自
身的價值立場之中而無法相知，然而，此相知之意並非知識論意涵的通

---

[102] 林明照：〈論《莊子》的心、氣關係〉，頁61。

[103] 曾昭旭：〈論莊子的整體存在感與人我相通感〉，頁16。

曉，而是「莫逆於心」的契然。只是，「莫逆於心」之「心」，並非「聽之以心」的「心知」義，而是同於「達人心；達人氣」的「心氣交涉」關係，換言之，彼此能夠「莫逆」者，並非知識訊息傳遞上的吻合，而是具備真情實感交涉的流通之意，如此，「莫逆於心」之「心」便與「達人心」之「心」可謂同一層次的義理內容。再者，子桑戶、孟子反、子琴張三人相視而笑且能「莫逆於心」，似乎亦示現出當中「情感」的流動，亦即此「愉悅感」，並非由心知所出，而是出自真情實感之「氣」的通透。是故，論及「莫逆於心」者，箇中實則已然內蘊了「達人心；達人氣」的脈絡，兩者可以說是互詮的說法。

　　既然同意「莫逆於心」與「達人心；達人氣」的理論關係，要進一步確定的是達人心之「心」及達人氣之「氣」的詮釋，與「聽之以氣」的心齋工夫如何統合的問題，關乎此一論題，實則可藉由「遊心合氣」的觀點為《莊子》的心氣要旨作出定位。觀乎〈應帝王〉：

> 天根遊於殷陽，至蓼水之上，適遭無名人而問焉，曰：「請問為天下。」無名人曰：「去！汝鄙人也，何問之不豫也！予方將與造物者為人，厭則又乘夫莽眇之鳥，以出六極之外，而遊無何有之鄉，以處壙埌之野。汝又何帛以治天下感予之心為？」又復問。無名人曰：「汝遊心於淡，合氣於漠，順物自然，而無容私焉，而天下治矣。」[104]

天根問無名人何以得治天下，無名人以此為鄙陋之問，反而示以「遊心於淡，合氣於漠」為「治天下」的方法，然此雖名為「治」天下，實則乃「不治之治」，意即「不知有之」的「我自然」之狀態。成疏曰：

---

[104]〔清〕郭慶藩撰：《莊子集釋》，頁209。

「遊汝心神於恬淡之域，合汝形氣於寂寞之鄉」[105]，只是，此一釋義
仍無法為「遊心」與「合氣」作出精當的理解。而徐復觀則對此提出看
法如下：

> 「遊心」的「遊」，是形容心的自由自在地活動。不是把心禁錮
> 起來，而是讓心不挾帶欲望、知解等地自由自在地活動，此即所
> 謂遊心於淡。氣是指綜合性的生理作用。「合氣」，是會合氣
> 力；人當運動或工作時，生理作用自然會合到一起。……「合氣
> 於漠」，是形容無欲望目的的生理活動。[106]

據引文所述，徐復觀所謂能「遊」之「心」，應當為「靈臺」意涵，然
而，其將「遊心於淡」釋為「不挾帶欲望、知解地自在地活動」一段，
似乎把「淡」與「欲望」作一緊密連結，再者，若與其後者對「合氣」
的理解對觀之下，可以見得，徐氏以「生理作用的會合」解釋「合
氣」，並將「漠」同「淡」皆看作「無欲望目的」，二者皆指向一種
「無欲」的精神境界嚮往。只是，「合氣」一詞僅能侷限於徐復觀所謂
的「運動或工作時的生理會合」之義嗎？又，何謂「綜合性的生理作
用」？其與「不挾帶欲望而無目的的生理活動」的關聯何在？關於徐氏
「合氣」的理解，似乎較文本更為周折費解。於此，憨山的註解或許較
為貼合文脈：「漠，沖虛也。言合氣於虛。」[107]憨山此解，除了能符
應「氣也者，虛而待物者也。唯道集虛」一段對氣與虛的連結，更在
「治天下」的應世理論中，可切合「聽之以氣」而「鬼神將來舍，而況
人乎」的外王之功，如此，「遊心於淡，合氣於漠」的理論脈絡便與

---

[105] 〔清〕郭慶藩撰：《莊子集釋》，頁210。

[106] 徐復觀：《中國人性論史・先秦篇》，頁385-386。

[107] 〔明〕憨山德清著：《莊子內篇憨山註》（臺北：新文豐出版股份有限公司，2005
年），頁438。

「聽之以氣」修養緊密扣合。誠如劉滄龍所述：

> 治天下之道與修養工夫有關，工夫的要旨是心氣須遊合於淡漠，
> 方能「順物自然而無容私」，而得治天下之道。在此可以注意的
> 是，「心」和「氣」的密切相關性。對照〈人間世〉中的「心
> 齋」也是由「心」到「氣」歸於虛靜或淡漠，那麼合看〈人間
> 世〉與〈應帝王〉要解答回應生活世界與政治社會的課題，最後
> 都訴諸於「氣的工夫」，此一工夫則與「虛靜」、「淡漠」、
> 「自然」有關。[108]

首先，劉滄龍點出了「內聖」與「外王」的關係，並且指出做工夫與治
天下的聯繫，再者，他併觀〈人間世〉與〈應帝王〉，以「心齋」對照
「遊心合氣」，本書亦贊同此方法，只是，其將「遊心合氣」的心與氣
的密切相關性，與「心齋」的心氣兩階層關係對舉，實為義理上的混
淆。因心齋論心與氣，乃由聽之以心的進路，提升為聽之以氣的修養，
而「遊心合氣」之心氣關係，則係同一層次之論調，意即此時之心，已
非「聽之以心」的心知義，而是與聽之以氣之「已齋之心」，同為「靈
臺」階層的內容。最後，即便本書同意劉氏「合看〈人間世〉與〈應帝
王〉要解答回應生活世界與政治社會的課題」的觀點，卻反對其將修養
論訴諸於「氣的工夫」，一如其所謂「此一工夫則與『虛靜』、『淡
漠』、『自然』有關」，如此，若無透過「在心上做工夫」的階段，何
以能達至主體之「虛靜」、「淡漠」與「自然」，換言之，虛者，心齋
也，若越過「心」的轉化而逕在「氣」上說工夫，實則毫無主體依據可
言。

---

[108] 劉滄龍：〈自然與自由——莊子的主體與氣〉，《國立政治大學哲學學報》第35期
（2016年1月），頁10。

　　承上所言，應當如何在合觀〈人間世〉與〈應帝王〉的理論脈絡中，進一步為「心齋；聽之以氣」、「遊心合氣」與「達人心；達人氣」作出理論的整合，實則對本書將《莊子》詮釋為一部通貫、一致性的典籍有著甚為緊密的關係。順此，於上述觀點中，實則已將「心齋」與「遊心合氣」的關係作出連結，意即能「遊」之「心」，正是透過無為修養而成就的「已齋之心」（或謂靈臺），而「合氣」之「合」須與「漠」同照，按憨山義，即合氣於虛，然虛者，乃心齋之工夫，又可說是「無為」，是故，「合氣」便與「聽氣」相互呼應，而「遊心合氣」亦可視作以「無為」工夫為基礎的理論闡述，並且，結合心齋一段，更可彰顯「聽之以氣」而能「順物自然，而無容私焉，而天下治矣」的外王詮說，如此，〈人間世〉與〈應帝王〉的內在鏈結即可收攝於「即內聖即外王」的論述架構中實踐，且兩篇的義理脈絡將更為靠近。

　　接續上文，本書肯定「心齋；聽之以氣」與「遊心合氣」的密切關係，並將二段所論之「心」視為「靈臺心」，而「氣」則藉由前文林明照的心氣交涉說[109]，將其內容以「虛而待物」能「順物自然而無容私」一說，提點出「在心氣交養下，心無容私地虛化而合氣，又因合氣而使心能感物、順物。」的相互辯證脈絡。以此作為《莊子》氣論乃同時具有工夫論與存有論詮釋指向（聽之以氣與合氣於漠同觀下，不僅能看出箇中的工夫論修養，亦可說明萬物共存的「通天下一氣」之存有論背景，如此，以氣為萬物基始的基礎中，方能透過主體無為後，以「聽」氣（直觀、直覺）的方式，順自然而為，換言之，若無此一存有背景，那麼主體做工夫後，也僅是侷限於個體的精神境界開展，而無法擴及與物同遊的理境），用以回應王邦雄的詮釋困局，並架構出「心齋；聽之以氣」—「遊心合氣」—「達人心；達人氣」的理論橋梁。而

---

[109] 「心齋」之「虛而待物」能「順物自然而無容私」也就是在心氣交養下，心無容私地虛化而合氣，又因合氣而使心能感物、順物。（林明照：〈論《莊子》的心、氣關係〉，頁70。）

此結構，不僅能述明《莊子》內聖工夫的無為修養，亦可延展外王理論的遍潤景象，更能放眼「和諧思維」於《莊子》文本的重要內涵。誠如張立文所言：

> 莊子主張用「氣」而不是用耳、用心智來對待事物，這是強調人的精神直覺的作用，因為只有在精神直覺上，才能泯滅物我界限，成為「與天地精神合而為一」的聖人、神人。……莊子所謂「虛而待物」，不僅是講修身養性，更重要的是對愛民治國而言。「遊心於淡，合氣於漠，順物自然而無容私焉，而天下治矣。」（〈應帝王〉）他要求治國者心氣合於淡漠，無私無欲，順從自然，無為而治，以達到天下大治。[110]

據引文所述，張立文以「直覺」作為「聽之以氣」能泯滅物我界限，且「與天地精神合而為一」的途徑，然此一直覺，乃不用耳、用心智來對待事物的方法，意即「無為」的工夫。而他進一步指出，《莊子》「所謂『虛而待物』，不僅是講修身養性，更重要的是對愛民治國而言」，換言之，他強調了《莊子》的外王面，將「遊心合氣」與外王事功作出更為緊密的扣合，反之，牟宗三則持對反的看法，他以為：「道家思想對於政教皆是採取消極不著之態度，無法解消自然與名教的衝突，亦不能達到自由與道德的統一。」[111]徐復觀亦有相似論調：

> 「遊心於淡，合氣於漠」，乃心齋之另一說明。心齋之心，已如前述，正是藝術之心。他是在心齋中把政治加以淨化，因而使政治得以藝術化。他所要求的政治，不可能在現實中實現，也只有

---

[110] 張立文：《氣》，頁38-39。

[111] 牟宗三：《才性與玄理》，頁361。

　　　　通過想像而使其在藝術意境中實現。[112]

　　有別於牟宗三與徐復觀認定《莊子》無法正面回應社會的觀點，或主張以藝術淨化政治的思維，皆弱化《莊子》作為一部內聖外王典籍的論述效力。牟宗三強調道家思想的超脫性格，並藉以其對儒家「道德主體」的詮釋，轉移至道家外王論的探討，實則有將道家義理綑綁於儒家理論脈絡的詮釋疑慮，故而在「判教」的濃厚色彩中，道家自然無法在自然與名教的衝突中取得平衡，甚至融通。而徐復觀以「藝術精神」為《莊子》論主體純化後的逍遙觀點，雖可突出《莊子》於藝術層面、精神境界的特色，卻也因此否定了《莊子》外王面向的實踐進路，一如其將「心齋」之心釋解為「藝術之心」，透過心齋「淨化」政治，此一說法似乎將「政治」視為「不潔」的制度，除不符合《莊子》內聖外王之道，亦無法合理解釋「入遊其樊而无感其名」的精義。順此，本書仍主張道家思想的「無為而治」，仍是一種不棄絕政治社會的道家式政治理論。

　　承繼上述論題，本書不贊同將《莊子》局限於「內聖」修養，而須同時擴及「外王」事功，此說不僅符應文脈的「正生以正眾生」之論，連結主體修養與外在環境的應對關係，亦強調了主客為一、內外和諧的主張。誠如庖丁解牛所述：「彼節者有間，而刀刃者无厚，以无厚入有間，恢恢乎其於遊刃必有餘地矣。」（〈養生主〉），以无厚刀刃遊走於牛體之間，意味著主體與客體的和諧，也指涉主體於世間的應物智慧，同乎〈天下〉篇對《莊》書的評語：「其於本也，弘大而辟，深閎而肆；其於宗也，可謂稠適而上遂矣。雖然，其應於化而解於物也。」[113]成玄英疏曰：

---

[112] 徐復觀：《中國藝術精神》（臺北：臺灣學生書局有限公司，1981年），頁115。

[113] 〔清〕郭慶藩撰：《莊子集釋》，頁755。

「言此莊書，雖復詼詭，而應機變化。」[114]陸西星則註曰：「順天地自然之化，以解萬物之懸結也，此便是稱適上遂之意。」[115]換言之，無論係成疏之「應機變化」，還是長庚之「順天地自然之化」，皆有將《莊子》指向不止於內聖修養的外王應化之功，於此，在「即內聖即外王」的觀點之下，更凸顯出《莊》書之治世態度「放而任之，則物我全之矣。」[116]的和諧共存向度。

　　既然同意《莊子》內聖外王的說法，亦在此觀點上贊成「聽之以氣」與「遊心合氣」的「外王向度」，接著，要如何看待「達人心；達人氣」於這其中的義理定位，以回應本書對「達人心；達人氣」的理論創發，則成為了本節最重要的問題。回觀前文對「達人心；達人氣」的義理釋解：「德厚信矼，未達人氣；名聞不爭，未達人心」，所謂「德厚」者，成疏曰：「道德純厚」[117]，與後者之「名」同觀，此處之「德」並非「上德不德，是以有德」，而是「下德不失德，是以無德」的內容，換言之，此處論「德」已然將無可名言的「超越界之德」落實於概念之中，作為一「可依據」的「道德價值」。於此，要達人之心、達人之氣，則不能在經驗界的名言與道德價值上立論。

　　首先，論及「達人心」、「達人氣」，必得由乎〈人間世〉「顏回將之衛」一段的脈絡。誠如前文所述，述及「達人心；達人氣」，須與同段「達之，入於無疵」同觀，而論及「入於無疵」之「達」，其內容正是「就不欲入，和不欲出」一核心要旨。郭象以為：「就者形順，入者遂與同。和者義濟，出者自顯伐。」[118]於外顯之行為能隨順，卻不會同流合汙；於內在則包容，且不高高在上而自以為是。如若形就而

---

[114]〔清〕郭慶藩撰：《莊子集釋》，頁757。

[115]〔明〕陸西星撰：《南華真經副墨》（北京：中華書局，2010年），頁490。

[116]〔清〕郭慶藩撰：《莊子集釋》，頁209。

[117]〔清〕郭慶藩撰：《莊子集釋》，頁105。

[118]〔清〕郭慶藩撰：《莊子集釋》，頁124。

入，則係形容從就，同入彼惡，而心和而出，則自顯和之，彼將惡其勝之。前者招致「益多」危國，後者則是「蓄人」危身。由此可見，「達人心；達人氣」同時涉及著「處人」與「自處」的闡述。同於宣穎所謂「人間世不過有二端：處人與自處也。」[119]意即，「達人心；達人氣」若置於〈人間世〉的理論旨趣中而論，則必定不能背離「自處處人」的論述模式。

此時，「達人心；達人氣」之要旨，便能在「即內聖即外王」的思維當中，與「心齋；聽之以氣」、「遊心合氣」二段作出理論上的鏈結。換句話說，三者共構於內聖外王的詮釋進路之中，能達人心者，亦指向「心齋」的無為工夫，並且因靈臺心之虛靜，而能「遊心」於萬物，然萬物因同源於道，皆得自道體之德，在道的和諧性中，故而能言「遊心於德之和」，而萬物共存之和諧性，即是由乎內在之德的燦備，進而符應於道之和諧意涵。再者，能達人氣者，則指向「聽之以氣」的無為修養，而聽氣乃虛而待物，又因合氣於漠即合氣於虛，主體能聽氣，便意味著能合氣而順物，如是，「達氣」、「聽氣」、「合氣」在心氣交涉下可成就「乘物以遊心」的處世智慧，如成疏曰：「乘有物以遨遊，運虛心以順世。」[120]如此，「達人氣」則能擴大其意義，在與「聽氣」、「合氣」的併論之下，開拓箇中的應世意涵，符應於上文將〈人間世〉與〈應帝王〉對照的論調，亦能合於林明照之論：「『心齋』之『虛而待物』能『順物自然而無容私』也就是在心氣交養下，心無容私地虛化而合氣，又因合氣而使心能感物、順物。」[121]，換言之，此時之「達人心；達人氣」者，擴大了其倫理面向，溢於〈人間世〉外，並與外王論接榫。而此說法，除了消極地講述「就不欲入，和

---

[119] 〔清〕宣穎撰：《莊子南華經解》卷二（臺北：廣文書局有限公司，1978年），頁2。

[120] 〔清〕郭慶藩撰：《莊子集釋》，頁123。

[121] 林明照：〈論《莊子》的心、氣關係〉，頁70。

不欲出」之既不「危吾身」亦不「危吾國」一觀點，更積極地托出「主體」與「客體」動態相諧的廻環辯證，意即，主體心齋虛而待物能達人心，又因萬物之一氣的存有和諧性，保證了主體無為後，能感物、順物的必然性，而此時之達於人氣，方能在此辯證之中成為可能。

綜上所述，〈人間世〉「達人心；達人氣」的內容，與同篇之「心齋；聽之以氣」，以及〈應帝王〉「遊心；合氣」三段文獻，在「即內聖即外王」的大架構中，皆涵具工夫論與存有論的向度，能達人心達人氣者，於存有論上乃彼此無礙的通氣關係，而於工夫論中，則因「在心上做工夫」，使心知消彌。然靈臺既出，德性亦能照鑒，而達人心之「心」，與達人氣之「氣」，亦可置於心氣交涉的狀態中，述其兩者之關係乃「氣的能力具體展現在心的活動上。」[122]，於此，兩者並非簡單之「氣為心的比擬之詞」，而是在心上做工夫後，氣的能力自然流露無礙，故而主體能感物、順物、乘物遊心。而客體亦因主體的修養，在同為「天地一氣」的存有狀態中，達至與主體和諧共存的併行不悖，而此即同於〈人間世〉「庖丁解牛」的義理闡發，亦不離乎「入遊其樊而无感其名」的應世智慧。然而，以上觀點，皆可收攝於「齊物思維」中展延理論的論述方向，無論是「內聖外王觀」、「工夫境界論」，以及存有連續性等，在「齊一」、「平等」的意義中，方可藉由「兩行」之超越觀點，解決人間世之「兩難」困局。而能齊等物我、相諧共在，除了主體之修養實踐外，更重要的是客觀「道體」的保證，換言之，何以在工夫能言虛能待物，於存有能說通天下一氣，便係憑據於道體的絕對意涵，意即以道為最終根據，如此，主體之無為實踐、萬物的和諧秩序，才能在聽之以氣的「有序化」中，達至終極、絕對、普遍的理論效力。

---

[122] 林明照：〈論《莊子》的心、氣關係〉，頁70。

第五章　道體對萬物和諧的終極保證

　　本章在全文的論述結構上，與第二章主體性互為前後呼應的寫作模式，意即，在「主體依乎天理」的義理程序上，本章所談之「道論」，即與第二章之主體論形成首尾對照的結構關係，且在「如何達至和諧」的主要思路上，有著主體實踐無為工夫後，以道體作為主客和諧之必然保證的邏輯程序，於此在嚴謹的寫作脈絡上，呈現出本書所欲傳遞的「如何實踐和諧」的論述意涵。本章共分三節，第一節為「道作為和諧的保證」，文中首先討論傳統論者對於《老》《莊》道體論的研究，在思想史的意義上，有著承先啟後的寫作意味，接著，在確定《莊子》道的客觀性後，進一步論述《莊子》道論的和諧內容，並帶出道的客觀性於「和諧思想」的意義。

　　第二節則接續著第一節道論的討論，在確定道的客觀實有後，論述道作為氣化流行的法則，予以說明氣的有序性於工夫論之重要性，以及箇中所指向的和諧意涵，並且在道氣相即的理論中，闡述氣化流行於和諧思想的意義。

　　最後，本章在第三節處，以「道作為主客為一的終極根據」立論，說明道的客觀性與氣的有序性，保證了實踐無為後，「和諧」的普遍性與必然性，並再次提點道的客觀性於主客和諧的重要意義，予以呼應第一節本書所主張的《莊子》之道在理論上必得係「客觀實有」的存有，否則和諧思想的實踐便不可能達成。

第一節　道作為和諧的保證

一、《老》、《莊》道體論比較

　　道家道論的研究為數豐碩，本書並非著重於再次把梳歷來研究的內容比較，而係藉由道論的研究成果，開啟本書「和諧思想」論述的最終根據，並以此作為前文諸多章節脈絡的本體論意涵保證，也為本章節「主客為一」、「物我相諧」的秩序內涵提出更為有力的結構論據。

　　首先，傳統關乎道家思想道論研究，即有《老子》與《莊子》兩部道家主要文獻的討論，而尤以《老子》道論的探析有著明顯的義理分屬，於此，便產生「主觀境界論」及「客觀實有論」的爭辯，袁保新即指出：

> 在當代老學研究普遍傾向客觀形上道體的詮釋系統中，唐先生之說是思維論析最詳密的，故而學者有鑒於唐先生堅持「形上道體」的優先性，並且認為「形上道體」乃吾人直覺所對的客觀實有，遂將唐先生對老子形上義理所詮構的理解系統，名之為「客觀實有型態」的形上學，以有別於牟宗三先生所提出的另一項詮釋系統——「主觀境界型態」的形上學。[1]

按袁保新的整理，當代老學道論研究，主要分為以唐君毅為代表的「客觀實有型態」，以及牟宗三所提出之相當具特色的「主觀境界型態」的兩種形上學論述模式。關於牟宗三的主觀境界論，其理論內容如下：

> 道家式的形而上學、存有論是實踐的，實踐取廣義。平常由道德

---

[1]　袁保新：《老子哲學之詮釋與重建》（臺北：文津出版社有限公司，1991年），頁47。

上講，那是實踐的本意或狹義。儒、釋、道三教都從修養上講，就是廣義的實踐的。儒家的實踐是moral，佛教的實踐是解脫，道家很難找個洽當的名詞，大概也是解脫一類的，如灑脫、自在、無待、逍遙這些形容名詞，籠統的就說實踐的。這種形而上學因為從主觀講，不從存在上講，所以我給它個名詞叫「境界形態的形而上學」。[2]

牟宗三以「實踐的形上學」為理論特色，說明道家的形上本體相較於同為實踐意涵的儒家思想，則須要透過「縱貫橫講」[3]的方式立說，因道家本體論自觀看的意義而言，須從主觀上講，不能由存在上說，換言之，既然為本體為「主觀」所收攝進來的一種觀看方式，故而只能在境界上立說，而無法論及存有意義上的創生，而此一詮釋架構：「境界形態的形而上學」─「縱貫橫講」─「主觀意義」─「不生之生」─「姿態說」的相互辯證關係中，所用以闡述道家道論的一套說明體系，而牟氏之論，則係繼承魏晉時期王弼「以無為本」的說法：

《道德經》說：「常無欲以觀其妙，常有欲以觀其徼。」這是從主觀方面講。道家就是拿這個「無」作「本」、作「本體」。這個「無」從主觀方面講是一個境界形態的「無」，那就是說，它是一個作用層上的字眼，是主觀心境上的一個作用。把這主觀心境上的作用視作本，進一步視作本體，這便好像它是一個客觀的實有，它好像有「實有」的意義，要成為實有層上的一個本，成

2　牟宗三：《中國哲學十九講》（臺北：臺灣學生書局有限公司，1983年），頁103。

3　牟宗三以為相較於儒家乃縱貫縱講的創生實體義，道家之本體須由境界入手：「道家也有道家式的存有論，它的形而上學是境界形態的形而上學。境界形態是縱者橫講，橫的一面就寄託在工夫上，工夫是緯線。道家不是縱者縱講，因為它所謂的生是境界形態、消極意義的生，即不生之生。」（參牟宗三：《中國哲學十九講》，頁121-122。）

為有實有層意義的本體。其實這只是一個姿態。[4]

據牟氏所言，道家以「無」為「本」，乃主體因主觀方面所涉及之道的作用層面，故而非實有層的道體，是故萬物所現之象，僅是物體於特定時空之下所呈現於主體的表象，並非物的自身，當然亦非道的本質。是故在「視之不見；聽之不聞；搏之不得」（《老子·第十四章》）的意義之中，道之本體意涵無能由人之感官經驗所獲取，於此，說道為一本體義，僅是一種觀看方式所產生的意義而言，而此心境上所視作之本體，即只是一種「貌似實有」的托出，因此，牟氏便稱之為「姿態」。

然而，唐君毅則不從「主觀」、「境界」義立論，反之，則自「客觀」、「實有」的層面立說：

> 由此而吾人可賴以為直接順通老子明文中之諸義之始點，遂唯是第二義之形上道體之道，及第四義之人有得於道時所具之德。此中人之所以有得於道，乃由於形上道體之先在；於是唯有第二義之道，堪為吾人次第順通其他諸義之始點。[5]

唐氏以六義說，疏通《老子》道論的先要次序，以第二義之「形上道

4　牟宗三：《中國哲學十九講》，頁127。

5　唐君毅：《中國哲學原論·導論篇》（臺北：臺灣學生書局有限公司，1986年），頁367。按唐君毅述《老子》道論：「吾人今如欲就此六義中擇一義，以為次第順通餘義之始點，可先用淘汰之方法，以觀何者之決不能成為次第順通之始點。吾人今欲言者，即首不宜如近人之以第一義或第三義以為順通之始點。因第一義之自然律則，或宇宙原理之道，乃虛而非實。第三義之道相，如『無』、『有』、『玄』、『妙』等，在老子書中為道相之名，道相本身，亦虛而非實；如離道相而只循道相，以觀世間，亦不能得實體義之道。故由此二義之道，皆難於直接順通老子明文中道之實體義。吾人如知第一義之律則原理之道，為虛而非實；則知第五義之積德修德之方，與生活之術，赳就此方術之本身而言，亦為虛而非實。又吾人如知第三義之形上道體之道相，為虛而非實；則知第六義中之事物或心境或人格狀態之道相，赳就其本身而言，亦虛而非實。」（唐君毅：《中國哲學原論·導論篇》，頁348-365）

體」的先在性，作為其餘五義的根源基礎，換言之，形上道體的實存性，乃道論之諸多面向中最為重要者，若無此一實存意義的道體，則其餘諸項論述便是空談。然而，唐君毅所謂之道的「客觀實有性」，對反於牟宗三的「主觀境界說」，即以「客觀」、「實有」為論道的根本條件，而此一「客觀性」即相對於「主觀」之向內收攝，為一種離開心靈而依舊存在，以及即便不由主觀觀看仍存在的存在意涵。相較於牟宗三以「橫講」言道體在無限心的觀照之下才能呈現的意思，唐君毅的客觀實有論，突出《老子》道論的創生意涵，以及本體意味。觀諸文獻，唐君毅的客觀實有說並非空穴來風：

> 道之為物，唯恍唯惚。忽兮恍兮，其中有象；恍兮忽兮，其中有物。窈兮冥兮，其中有精；其精甚真，其中有信。（《老子·第二十一章》）
>
> 有物混成，先天地生。寂兮寥兮，獨立不改，周行而不殆，可以為天下母。（《老子·第二十五章》）
>
> 道常無為而無不為。侯王若能守之，萬物將自化。（《老子·第三十七章》）

有別於魏晉時期的有無本末論，以崇本息末、以無為本的論述基調，上述《老子》引文的敘述無疑支持了道體的實存意涵。「道之為物」、「有物混成」之論，意味著道所具備的存在性質，而「其中有精，其精甚真」一句，更凸顯道體並非係只是一種「姿態式」存有，而是即便無有人的觀看，無論時空限制，它皆是涵具「獨立」、「周行」的絕對普遍性質。再者，第三十七章言「侯王若能守之，萬物將自化」更意味著上位者只須無為，不以心知干涉萬物，則萬物自然能「自化」，而此無為而無不為的理論，必須由乎道體的客觀性來保證。

　　然而，縱使兩造論述看似彼此對立且毫無相容的空間，但亦只是因

應理論詮釋之須要，意即，基於認識論的意涵，一物存在之客觀與否，本就聯繫著主體觀看的意義而言，主觀論並不妨礙客觀之物的實存性，因主體所能及之範疇具備時空限制，而一物之存在也因被主體攝入其觀看中而產生意義，然此說並非指向不被觀看之物即是不存在於世間者，而僅是人詮釋世界的一種方式。換句話說，在認識論的意義上，才有主觀與客觀之別，而於道家思想中，萬物之存在並非因人的觀看而有其意義，而是萬物本具存在之意義。於此，本書支持唐君毅的客觀實有論，乃因萬物基於道的實存而能存在，然而，此論並非係說牟宗三的主觀境界說毫無價值，而是在不同的詮釋視域中，便有其該特定的意義產生，意即，站在主觀的立場出發，萬物勢必要收攝於主體觀看的角度方能生成相應的意義。而此抑是礙於人認識能力的限制性，是故，本書推斷，在本書內聖外王觀的理論意義之下，無論主體觀看與否，道體之客觀性於「支持世界運作」的原則之下，它必須是實存的，否則，經驗界一切的秩序運行便只能是偶然的。

　　同樣的，歷來談及《莊子》的道論，皆有因強調「精神境界」的論述而削弱其實存意涵的傾向，前文已有所詳論，[6]故此處主要在側重於《莊子》道體的實存性發言，關於《莊子》道體實存的描述，〈大宗師〉有：「夫道，有情有信，無為無形；可傳而不可受，可得而不可見；自本自根，未有天地，自古以固存；神鬼神帝，生天生地。」一段。勞思光指出：「『情』訓為『實』，乃先秦用語之通例。」[7]再觀

6　如徐復觀所謂：「老子的宇宙論，雖然是為了建立人生行為、態度的模範所構造、建立起來的；但他所說的『道』、『無』、『天』、『有』等觀念，主要是還一種形上學的性格，是一種客觀的存在；人只有通過自己向這種客觀存在的觀照觀察，以取得生活行為態度的依據；這是由下向上的外在的連結。但到了莊子，宇宙論的意義，漸向下落，向內收，而主要成為人生一種內在地精神境界的意味，特別顯得濃厚。」（徐復觀：《中國人性論史‧先秦篇》（臺北：臺灣商務印書館股份有限公司，1969年），頁363。）

7　勞思光：《新編中國哲學史（一）》（臺北：三民書局股份有限公司，2018年），頁160。劉振維亦說：「今本《莊子》33篇中，僅出現61次的『情』字，計內七篇19次，

諸憨山德清註解：

> 此言大道之體用也，齊物云，可形已信，有情無形，正指此也。
> 此從老子窈窈冥冥，其中有精，其精甚真，其中有信。此言有
> 情，謂雖虛而有實體，不失其用曰信。[8]

憨山之論，將《莊子》與《老子》的道論緊扣，在理論上有繼承的解釋
向度，換言之，憨山透過《老子》論道的意涵，用以釋義《莊子》之道
的實存性，不僅能統一道家道論的一致性，於思想史的意義上，亦具備
傳承的意味指向。而勞思光指出先秦用語之通例，將情訓為實，亦有支
持道之為物的實體性內涵。陳鼓應在此論調中亦明白說道：

> 莊子繼承了老子道的獨立無待及超越性，其言道為：「自本自
> 根，未有天地，自古以固存；神鬼神帝，生天生地；在太極之先
> 而不為高，在六極之下而不為深；先天地生而不為久，長於上古
> 而不為老。」（〈大宗師〉）道是獨立自存且創生天地萬物的最
> 高實體。不過，莊子闡述道的獨立、超越性，是在強調道作為萬
> 物的本原以及存在依據。至於解釋萬物的存在樣態、變化動力、
> 生命質性，甚而價值依據等議題上，莊子更強調了道在萬物的普
> 遍化與內在化，而提出了道物無際、道無所不在等命題。莊子作
> 這樣的解釋，稀釋了老子道作為域中四大的至上性格，透過道的
> 內在化，回歸物的自身層面，展現萬物無拘束的生命力量與存在

外篇30次，雜篇12次，蘊義絕大多數是指實情，僅少部分指涉如『好惡之情』的心緒，
亦即我們所認知的情感。」（參見劉振維：〈論《莊子》書中「情」字蘊義與情感議
題〉，《朝陽人文社會學刊》第9卷第2期（2011年12月），頁158。）

[8]　〔明〕憨山德清著：《莊子內篇憨山註》（臺北：新文豐出版股份有限公司，2005
年），頁393。

　　　　價值。[9]

　　按陳鼓應所述，《老》、《莊》道體論所同處，在於皆主張了「道的實
體性」，且都說明了道於世間萬物的影響力，而相異之處，在《老子》
強調了道的創生內容與本體意涵，而《莊子》則稀釋了《老子》之道的
創生內容，轉向對萬物本源以及存在的依據上立說，並且加強了道在萬
物的內在化與普遍化，提出了道物無際、道無所不在的命題。而此論調
乃透過道的內在化，回歸物的自身層面，展現萬物無拘束的生命力量與
存在價值。總而論之，《莊子》即便繼承了《老子》論道的實存性格，
然更在實踐的意義下，於理論處擴大了道的內涵，並著重於道在萬物的
層面，以此支撐萬物的內在價值，以及活動的本源依據。

　　綜上所論，藉由註解及諸家學者對《老》、《莊》道論對反攻詰，
本書推斷出《莊子》論道具備「客觀實存」之內涵，原因在「和諧思
想」的討論中，必得由乎道的客觀實存性，方可達致主客和諧、萬物共
存的倫理秩序，否則，「和諧」的意義之於《莊子》義理，便只能是偶
然，且毫無建構價值，接下來的思路，亦將基於此論調而延伸開展。

二、《莊子》論道的和諧內涵

　　相較於《老子・第五十五章》「知和曰常，知常曰明」，強調主體
修養以契悟天道的實踐向度，《莊子》於修養論外亦注重天道自身的和
諧內涵，徐復觀指出：「莊子是以和為天（道）的本質。和既是天的本
質，所以由道分化而來之德也是和。」[10]〈德充符〉即有「德者，成和
之修也」的說法，而〈繕性〉篇亦曰：「夫德，和也；道，理也」，

9　陳鼓應：〈論道與物關係問題：中國哲學史上的一條主線〉，《臺大文史哲學報》第62
　　期（2005年5月），頁110-111。

10　徐復觀：《中國藝術精神》（臺北：臺灣學生書局有限公司，1981年），頁68。

《莊子》以「和」規定德之內涵，乃因德乃得之於道者，天道之本質為「和」，故而德之內容亦秉受道的和諧意涵。亦因如此，〈德充符〉有「遊心於德之和」一段相應，闡述主體修養後與萬物同遊的主客和諧之說。〈天道〉篇亦曰：「夫明白於天地之德者，此之謂大本大宗，與天和者也；所以均調天下，與人和者也。」郭象註言：「夫順天所以應人也，故天和至而人和盡也。」[11]順天以應人，意味著萬物本具之德同源於天道，故而除去心知造作，使自身之德自然活動，便可相應於天道的和諧內涵而達致物我相諧的穩定秩序。在即內聖即外王的範疇中，又可對應人和契於天和，天下均調的外王路徑。是故，相較於《老子》，《莊子》的道體論更著重於實踐的面向，突出道對於世界的影響力，強調道在萬物的意義。

杜保瑞指出：「道是存有的本身的意義是說，整體存在界的出現、發展、規律、目的等的說明，統攝在一個總體的概念範疇中來表述。」[12]道體作為存有物生蓄、發展，以及運行規律、準則，與存在、活動目的的總原則，於理論意義上，乃藉由一個總體的概念範疇來表示，換句話說，道乃一切存有的終極依據，且賦予萬物得以存在、活動，以及其活動之目的的支撐力量。在實體的理論中，《莊子》以「齊物工夫」消彌物物之際限，且使萬物得以自身得之於道的本質，展現出自身之殊異特質，於此盡其所受之命。〈齊物論〉曰：「和之以天倪，因之以曼衍，所以窮年也。」郭象註曰：「天倪者，自然之分也。」[13]成疏曰：「曼衍，猶變化也。因，任也。窮，盡也。和以自然之分，所以無是無非；任其無極之化，故能不滯不著。既而處順安時，盡天年之性命也。」[14]任物自然，以

---

[11] 〔清〕郭慶藩撰：《莊子集釋》（臺北：城邦文化事業股份有限公司，2018年），頁322。

[12] 杜保瑞：《功夫理論與境界哲學》（北京：華文出版社，1999年），頁54-55。

[13] 〔清〕郭慶藩撰：《莊子集釋》，頁87。

[14] 〔清〕郭慶藩撰：《莊子集釋》，頁88。

窮其年，然何以任物，如何和以自然之分，盡其所受之德，〈齊物論〉中有則經典之論，乃透過風吹萬竅，共存齊鳴的和諧交響狀態作喻，說明和諧的最高原則：

> 子綦曰：「夫大塊噫氣，其名為風。是唯无作，作則萬竅怒呺。而獨不聞之翏翏乎？山林之畏佳，大木百圍之竅穴，似鼻，似口，似耳，似枅，似圈，似臼，似洼者，似污者；激者，謞者，叱者，吸者，叫者，譹者，宎者，咬者，前者唱于而隨者唱喁。泠風則小和，飄風則大和，厲風濟則眾竅為虛。而獨不見之調調、之刁刁乎？」

此段文獻為本書講述《莊子》本體論之「和諧」依據的核心段落，觀諸引文，南郭子綦向顏成子游喻示「天籟」的情狀，透過大塊噫氣致使萬竅怒號的景況，闡述不同形狀之孔穴受長風吹襲之下，各自所生成的不同聲響，然眾竅因風而出的籟聲並非紊亂紛雜的噪音，而是「前者唱于而隨者唱喁。泠風則小和，飄風則大和」的齊鳴和諧狀態。再者，「厲風濟，則眾竅為虛，而獨不見之調調、之刁刁乎」一句，呈現出萬竅受風之下，所發出的聲響，或停或歇，或疾或徐，皆含蘊著和諧統一的節奏，順此，萬竅受風後所發出的齊鳴之籟的必然性，也暗示出萬物「和諧」的事實背後，必得有一超越於經驗界的最高理則存在，意即，「大塊噫氣」的客觀性保證了萬竅怒號且和諧共響的現象實現，而此即是《莊子》自本體意涵談及「和諧」根據之所在。如若失落了道的客觀實有意義，則此一現象將成為偶發事件，而落實於人間世的倫理秩序中，則無能保證物我和諧的必然體現，換言之，若《莊子》的道體純然為一境界型態的主觀呈現，則「無為而無不為」的道之作用便無法有效實

現，更遑論其外王向度的實踐。[15]

　　承續上文，王邦雄以為：

> 莊子告訴我們的：所有不同的聲音，都是來自於共同的源頭，都
> 是「天籟」。所以我們說人物的天真，且人間和諧，老子叫「精
> 之至也」、「和之至也」。人人真誠，相處才會相諧，只有通過
> 真誠而來的和諧才是真的；否則不叫和諧，那叫妥協。[16]

王邦雄以「無為」（按王氏意：真誠，即是不用心知）為要旨，說明
「萬竅怒號」的和諧狀態，類比於人間秩序的內涵，乃因指向真情實感
的流露，而非心知造作的交涉，方能達致互相合作且併行不悖的天籟之
景，換言之，透過心知活動互動者不叫和諧，只能是妥協。而王邦雄此
論也點出了一項重要的修養工夫，亦即無為於和諧思維的重要意涵。若
非無為作為個體修養實踐的方法，則自身德性的煥發，便無法在靈臺的
照鑒之中，達致與物共存的和鳴狀態，此即王邦雄所謂「真誠」的意
涵。

　　再者，本書一直主張《莊子》並非僅是側重個人精神主體的超拔，
而無涉於主體於人間世的實際存在狀態。並且，在即內聖即外王的理論
之中，言及內聖勢必帶出外王的向度，兩者並不是隔斷的關係，而正因
為「和諧」之論涉及主體修養及與外在世界的倫理關係實踐，故而述及
《莊子》道論中的和諧意涵時，必不能斷截主客、物我的一體性，而僅
在工夫論的層面自我隔離於與世界的互動意義之外。劉書剛即指出：

---

[15] 可參照拙作潘君茂：〈就不欲入，和不欲出：《莊子·人間世》倫理觀及〈齊物論〉形
　　上依據〉，《中正漢學研究》第37期（2021年6月），頁241-242。

[16] 王邦雄：《走在莊子逍遙的路上》（臺北：臺灣商務印書館股份有限公司，2004年），
　　頁50-51。

　　莊子並非只是發明一種有些自欺欺人的精神修煉術，以此來實現
個體的適意自由，他對「逍遙」「無待」的論說，對「天」之圖
景的想像，都可證明在莊子這裡，人應該如何面對其不得不面對
的生存處境，特別是困境，是一個更為根本的問題，這才是個體
實現精神自由、怡然自適的關鍵。人的生存離不開與他人的遭
遇，人類之外，還有萬物，日月星辰、鳥獸蟲魚，所有的一切，
都構成了個體存在所無法避免的背景，只有對個體與他人、外物
應該如何同生共處有著獨到的理解，才能為生存開拓出更多的空
間。因此，莊子對物與物、人與物、人與人之間的關係進行了相
當深入的思考，並回應了當時思想世界普遍存在的一些問題；他
的思想，雖然確實以探尋個體之自由為旨歸，但這並不意味著就
缺少對於社會倫理的關懷。[17]

據劉書剛所言，個體實現精神自由的關鍵，除了自身的修養外，不得不
面對一個更為根本的問題即是其與萬物互動的生存處境，萬物共同構成
生命的生存背景，故而無法自我阻隔而閉門造車，就其論調，《莊子》
即便以探尋個體之自由為旨歸，但這並不意味著就缺少對於社會倫理的
關懷。所謂「一逍遙，一切逍遙」並非僅是一種唯心論的境界式語言，
它必須涉及與世界的和諧互動中而成立，換句話說，此論調同時亦是涵
具存有論的說法，在萬物同歸共源的狀態之中，物我皆共同生活於此生
命場域，並且在齊物思維的範疇當中，彼此實則無有界限、價值等齊，
職是之故，風吹孔洞而萬竅怒號，其背後由於天道的支持，萬物得以秉
持自身德性而各自活動，而萬物之德的自發活動，也意味著主體虛靜
後，世界不是死寂一片，而是天籟齊奏的和諧景象。當然，萬物之德各

---

[17] 劉書剛：《在物之間：莊子的倫理意識與語言觀念》（北京：北京大學出版社，2020年
　　5月），頁33-34。

自活動，非但不是透過心知之間的妥協往來，而是在「天和」的預定和諧中，因萬物之德所受於道，故而活動時自然能夠不相悖逆，於人之相處關係即謂「莫逆於心」，這便是《莊子》對於社會倫理一秩序內涵之說明。

綜上而論，《莊子》論道的和諧內涵，根據〈齊物論〉「風吹萬竅」一則文獻可知，萬物之間的和諧，不由乎心知名言的對待傳遞，而是在主體實踐無為工夫後，自身之德活動湧現，與共在於世間之萬物因天道本自和諧的設定，而能達致如交響樂般的相諧狀態，而這也意味著萬物之殊異性在道的整全之中，能夠各顯其得之於道的性質，而此即是「齊物思維」意義之下的和諧意涵。再者，主體內在之德，必同時與同源於道的萬物之德有著自天道而來的和諧性質，故而論及主體之修養，必不可將其作用僅侷限於自身精神之超脫，而忽視其所與物共在的場域，於此，除了符應即內聖即外王一論調，亦可使《莊子》擺脫僅能實現內聖的詮釋桎梏，擴及外王思想的向度。

三、道的客觀實有性於《莊子》和諧思想的意義

前文論析道家道體論，比較《老》、《莊》論道的內容，並傾向道家之天道乃屬客觀實有型態的詮解，接著，在此詮釋中，索繹《莊子》之道所內蘊的和諧性質，而此節則延續前二節的文脈，且於理論上符應本書的要旨：「和諧思想」。是故在理論程序上接以「道的客觀實有性於《莊子》和諧思想的意義」。首先，依陳德和所提出的問題為《莊子》道之客觀性於和諧思想的意義作一檢討與開展：

> 牟先生莫不充分展現出創闢的心靈和突破的詮釋，尤其是將老子的道看作「主觀境界」而非「客觀實有」最引人側目。就一般而論，主張莊子內篇哲學中的道概念乃偏境界義而與德概念的區別

> 不大，學界中對如是之意見應當沒有太多的疑慮，但是如果說老
> 子的道概念也是如此，恐怕在牟先生之前除了魏晉時代的王弼有
> 那麼一點意思之外，其他就絕無僅有了，由此即難免引發莊子是
> 否為老學的嫡傳或正宗的問題。[18]

按陳德和的提問，若依牟宗三解《老》，其主觀境界型態的道論乃承繼
王弼的說法而來，但這樣的詮釋仍屬魏晉思想之時代產物，未必能貼合
《老子》的本意，誠如袁保新的發難：

> 如果因為強調老子的實踐性格，將老子形上概念完全限定在觀念
> 發生過程中來了解，收在主觀親證之下，以主觀心境觀道，而不
> 能以道觀道，則未必是老子的本義。[19]

換言之，牟氏將《老子》道論解作主觀境界義，於宇宙論的生發程序
上，確實無法符合《老子》文獻的要求。而陳德和所提出的問題實則可
細分為二點：其一、若依牟宗三理解，將《老子》道論解為主觀境界
說，則除了王弼之外，於思想史上則無出其右，但卻也可符合傳統對
《莊子》內篇之道屬境界義的說法，如此便無二者是否為相續的疑問。
其二、正因牟氏之解與大多數解《老》作客觀實有型態的理解不同，又
因其對《老子》的詮釋未必合乎文脈本義，是故其主觀境界說至今仍具
有許多爭議。只是，若學界解《莊子》內篇多為偏向境界內涵，那麼，
將《老子》之道看作客觀實有義，則將與《莊子》道論產生距離，如
是，便出現陳德和所提出之「莊子是否為老學的嫡傳或正宗的問題」。
　　承上所述，其實「莊子是否為老學的嫡傳或正宗的問題」屬思想史

---

[18] 陳德和：《道家思想的哲學詮釋》（臺北：里仁書局，2005年），頁1。

[19] 袁保新：《老子哲學之詮釋與重建》，頁74。

25

上的議題，而此處較為妥當的問法，應當屬詮釋學的層次，意即，此問題應該轉為「《老子》與《莊子》道論在詮釋上的理論繼承問題」如此，更能精確聚焦問題所在。職是之故，以理論詮釋之面向來理解此一問題的意義，便可在《莊子》道論的討論上符應本書所要探討的和諧向度。

關乎上述問題，前文業已述及本書對道家道論的態度，即主張《老子》道論屬客觀實有義，而《莊子》之道亦同《老子》之客觀義，皆為實有內涵。原因在《莊子》「內聖外王」的論述中，若無道一客觀實有性作為背後的預設支持，則主體實踐無為後，萬物與之相諧則不具有必然性的保證，再者，若道非客觀實有，而僅是一主觀姿態，那麼，道家「無為而無不為」之論調，僅能是一種境界式的發言，無法客觀地施行於天下萬物，而僅是一種精神式的超脫，於此，道家思想便只能是個人自由的精神解放，無法在外王面向展開理論效度，道家式的倫理秩序亦成了空談。誠如吳肇嘉所述：

> 在〈內篇〉的敘述中，莊子儘管多從主觀的角度把握道體，但此乃因為強調實踐的用意使然，並不能因此就認定他的「道」沒有客觀實有的意義。[20]

據吳肇嘉所言，儘管以往多從主觀的角度詮釋《莊子》，抑是為了強調主體實踐的用意使然，並不能因此就認定《莊子》的道沒有客觀實有的內容，將其理論侷限在藝術、精神等面向而觀照。誠如牟宗三之論：

> 道家重觀照玄覽，這是靜態的（static），很帶有藝術性的（artistic）味道，由此開中國的藝術境界。藝術境界是靜態的、

---

[20] 吳肇嘉：《莊子應世思想研究》（臺北：臺灣學生書局有限公司，2011年），頁141。

觀照的境界；縱者縱講是動態的（dynamic），比較之下就顯出「橫講」的意義了。[21]

牟氏有意將道家思想詮釋為「靜態」、「藝術性」、「觀照」的型態，而此論調亦符合其對《老子》主觀境界說的內涵，意即，牟氏藉由《老子》觀妙、觀徼之說，凸顯主體之修養於境界提升的重要性。只是，牟宗三進一步以其《老子》詮解規定《莊子》義理，[22]確實混同了二者的精緻差別。劉滄龍即提及：

> 《莊子》內篇中出現「自然」僅兩處，其一在〈德充符〉是莊子和惠施的對話。莊子解釋他所謂的無情是「不以好惡內傷其身，常因自然而不益生也。」此處的「自然」當可通於老子的「道法自然」，只是不從天地之道著眼，而論人道，或人的養生之道。這也可顯示出老子和莊子的言說方向的差異，老子常從天道說及人道，莊子的下手處則直言人道，再說人道當取法天道。內篇中第二次提及「自然」則在〈應帝王〉，內容是關於天根向無名人問「為天下」之道。無名人的回答是：「汝遊心於淡，合氣於漠，順物自然而無容私焉，而天下治矣」。此則當是最能表現莊子自然思想的關鍵文句。治天下之道與修養工夫有關，工夫的要旨是心氣須遊合於淡漠，方能「順物自然而無容私」，而得治天下之道。[23]

---

[21] 牟宗三：《中國哲學十九講》，頁122。

[22] 牟宗三以為：「主觀的心境一靜下來，天地萬物都靜下來了，就能歸根復命，能恢復各自的正命。不能歸根復命就會『妄作、凶』。當萬物皆歸根復命，就涵有莊子所嚮往的逍遙遊的境界。莊子所嚮往的逍遙齊物等均已包函在老子的基本教義裏，莊子再把它發揚出來而已。」（參見牟宗三：《中國哲學十九講》，頁122。）

[23] 劉滄龍：〈自然與自由——莊子的主體與氣〉，《國立政治大學哲學學報》第35期

據劉滄龍所述，《老》、《莊》雖同為道家思想，卻在論述上亦有著細微的差異，就「自然」一詞而論，所異處有二：一為「老子常從天道說及人道，莊子的下手處則直言人道，再說人道當取法天道」；另一為「治天下之道與修養工夫有關，工夫的要旨是心氣須遊合於淡漠」。觀此二點，第一點的闡述更落實《莊子》的人間關懷，而第二點之「自然」義則更能顯出《莊子》本色，呈現出理論中以心氣講述內聖外王的基調。

　　然而，若上述理論中不以道的客觀實有性為背景，則一概無法合理道出《莊子》「正生以正眾生」的內聖修養及外王實踐的內外一體之論。如是，道的客觀實有性於《莊子》和諧思想的意義，便是在以道之客觀性作為原則基礎的根本之上，方能建構起通達萬物、內定和諧的思想旨趣。在實踐的意義下，主體內聖，其作用同步落實於外王向度，於形軀生命的安養、政治社會的穩定，都因道體的客觀實有而保證了上位者在實踐無為後，所能達致的物我和諧內涵。而此即是「聖人之治也，治外乎？正而後行」的「即內聖即外王」之論。

第二節　道作為氣化流行的法則

一、「齊物思維」與氣化觀

　　《莊子》氣化觀於其道論中乃相當具備特色的義理內容，觀諸氣化思維的文獻，可以見得，箇中關乎氣化、流行、變動等說法，實則皆能收攝於「齊物思維」的架構中呈現其要旨。[24]涉及《莊子》氣化觀之討

（2016年1月），頁9-10。

[24] 如〈至樂〉篇：「雜乎芒芴之間，變而有氣，氣變而有形，形變而有生，今又變而之死，是相與為春秋冬夏四時行也。」；〈知北遊〉：「人之生，氣之聚也，聚則為生，散則為死。若死生為徒，吾又何患！故萬物一也，是其所美者為神奇，其所惡者為臭

論者，王小滕即透過「變」一主旨，闡明《莊子》論氣化的內涵，其中，又可分別為「世事的變動」、「物我的變動」，以及「生死的變動」。於〈莊子「變」的哲思探析〉中，王小滕指出：

> 由於一切皆變，所以莊子指出：一切皆不固定，皆處於流動狀態。由於萬象萬物的變動總是由「此」狀態，向常識所認為的對立面——「彼」狀態發展，所以莊子指出：萬象萬物看似對立的「彼此」狀態，並非對立，而是無有對待、不可切割的整體。[25]

按王小滕之論，《莊子》將萬象萬物的變動狀態，視為一種「彼」「此」相互轉化流動的關係，且消彌物物之間的對立模式，將其看作一整全、不可分割的整體，而無論係「世事的變動」、「物我的變動」，亦或「生死的變動」，其實都是一種「齊物思維」底下的看待方式。關乎「齊物」—「氣化」理論的文獻，內篇中可以〈大宗師〉「莫逆於心，相與為友」一則立論：

> 子祀、子輿、子犁、子來四人相與語曰：「孰能以無為首，以生為脊，以死為尻，孰知生死存亡之一體者，吾與之友矣。」四人相視而笑，莫逆於心，遂相與為友。俄而子輿有病，子祀往問之。曰：「偉哉！夫造物者，將以予為此拘拘也！曲僂發背，上有五管，頤隱於齊，肩高於頂，句贅指天。」陰陽之氣有沴，其心閒而無事，跰𨅍而鑑於井，曰：「嗟乎！夫造物者，又將以予

腐；臭腐復化為神奇，神奇復化為臭腐。故曰：『通天下一氣耳。』聖人故貴一。」皆言及氣化流變之迴環反覆，而此經驗界變化之諸象，實則乃齊物思維之架構下的通一觀念。

[25] 王小滕：〈莊子「變」的哲思探析〉，《東華人文學報》第18期（2011年1月），頁16。

為此拘拘也！」

成疏曰：「尻首雖別，本是一身；而死生乃異，源乎一體。能達斯趣，
所遇皆適，豈有存亡欣惡於其間哉！誰能知是，我與為友也。」[26]成玄
英之論，乃《莊》書對於「死生存亡」的豁達態度，所謂「方生方死，
方死方生」，生與死從來都是一體之二面，於流動變化的狀態中，二者
實無不同，故而「古之真人，不知說生，不知惡死。」換言之，生與死
之於真人，實則於本質上無有分別，在齊物思維的觀點中，能達致不以
生而喜，不因死而惡的情緒跌宕，於此，所言「死生一也」者，確實係
《莊子》齊物思維下，對於萬物乃氣化流轉一狀態的超越性哲思。吳汝
鈞於此則文獻指出：

> 幾個朋友相約在一起，結成莫逆之交。他們都能把無、生、死與
> 頭顱、脊梁與尻骨混和起來，而視為一體，可以交互轉化，都是
> 氣的作用。特別是能把死生存亡之事看成是一體，都是以氣為
> 體。……他（子輿）之能夠以超然閒適的態度來對待自己的醜怪
> 的樣子，完全是由於看透了這是陰陽之氣的錯亂的作用所引致。
> 這是自然世界的一種違離正軌的表現，由不得人的。人在這方面
> 決定不了甚麼。[27]

子輿四人相與為友，結成莫逆，乃因其皆將死生、形貌視為大道之氣化
流轉，然而，吳氏所謂「由不得人」、「決定不了」之語，似有「命定
論」的悲觀主義傾向，此觀點或許不符《莊》書義理的超脫性格，意
即，若基此論調，《莊子》的精神境界並無法自此開出豁達之論。再

---

[26]　〔清〕郭慶藩撰：《莊子集釋》，頁185。

[27]　吳汝鈞：《老莊哲學的現代析論》（臺北：文津出版社有限公司，1998年），頁130。

者，其對於子輿以閒適之貌面對自身之「奇異」狀態的超然態度，肇因於對陰陽之氣錯亂之作用的「看透」，且以「違離正軌」述之，此說法不免仍有「怨懟」、甚至將「醜怪」視為「不常」的對立分別傾向，於此，本書並不支持吳汝鈞的理解。

承上所述，所謂「陰陽之氣有沴，其心閒而無事」一段，觀諸成疏曰：「陰陽二氣，凌亂不調，遂使一身，遭斯疾篤。」[28]成玄英將子輿形軀之「扭曲」視為「疾病」，且須藉由「超然的態度」來「超越」形軀的「變異」，此說法不僅仍無法脫離對人心所執之「常」與「不常」的二元價值立判，有將「醜怪」視為不常的輕蔑意味，亦無能符應《莊子》「恢恑憰怪，道通為一」的齊物論述。

前文曾藉以吳肇嘉的「道命相即」[29]觀點，用以理解道家道論的普遍作用，其中，道家之道與命之間，並非兩個對立的界域，在實踐結果的意義上，兩者乃重合的關係，換言之，道家所論之「命」，乃由「道」所負責，故而客觀世界的限制，亦只是「德」所自然顯現的活動狀態，是故〈德充符〉所謂「死生存亡，窮達貧富，賢與不肖，毀譽、饑渴、寒暑，是事之變，命之行也。」一段，雖謂命之行，實則係大道之作用落實於德的發顯，故而道家在道命相即的理論詮釋下，並無應然與實然的分別，於此，主體實踐與「客觀的限制」之間，便無「遺憾」可言。如此，觀諸子輿形軀之「扭曲」，實則亦只是「德的活動」、

---

[28] 〔清〕郭慶藩撰：《莊子集釋》，頁185。

[29] 儒家面對「道實現與否」的這些客觀世界的現實限制，是在「知命」中求其「立命」，其理論脈絡中沒有必然的保證。它頂多只能盡心著性，讓德性充顯於身，而對「大道之行」終究給不出必然性的保證。如此的理論形態，雖說是符合於理性的認識，但也背負著實踐者難以釋懷的遺憾。相對於這樣的方法效力，道家的實踐理則顯現出一種消極性的必然要求。莊子對於「命」有不少論述，不同於儒家的「道命分離」形態，莊子的「命」與「道」之間並沒有壁壘分明的相對性，而是呈現出「相即為一」的交集傾向。這也就是說，「道的應然」與「命的實然」兩個界域是相重合的，對於實踐的結果而言，沒有「道的作用」所不能負責者。（吳肇嘉：〈論莊子外王思想中的「道」、「命」關係〉，《政大中文學報》第18期（2012年12月），頁159。）

「氣的作用」，並非一種「疾病」式的書寫。此觀點不僅可轉折歷來對此段的疾病說，解釋此則文獻時，使《莊子》不再有以醜怪之形軀為「疾病論」的輕蔑說法，更能符合「道通為一」之論調，保有萬物之存有的特殊性。

　　那麼，應當如何理解陰陽之氣有「沴」一說，郭象註曰：「沴，凌亂也。」[30]意即，陰陽之氣凌亂而致使形軀變異，然而，《莊子》於後卻接以「其心閒而無事」，郭象則曰：「不以為患」[31]換句話說，理解《莊子》「陰陽之氣有沴」一句，不應當作「疾病」論，而應該作為「氣化觀念」中的德的展現，如同徐復觀所言：

> 莊子之所謂命，乃與他所說的德，所說的性，屬於同一範圍的東西，即是把德在具體化中所現露出來的「事之變」，即是把各種人生中人事中的不同現象，如壽夭貧富等，稱之為命；命即是德在實現歷程中對於某人某物所分得的限度。[32]

換言之，即便《莊子》稱子輿形軀之變乃因陰陽之氣有所「凌亂」所致，亦可看作是為了呼應子輿有「病」一說法，意即，世俗觀此形軀之變，將其視為「疾病」，乃出自陰陽之氣不調的結果。只是，按郭象註「不以為患」一說，實則可將「凌亂」、「疾病」等詞語，歸諸於世俗價值判斷之由，於《莊子》氣化觀念，並無所謂氣的凌亂、形軀之疾病可言，而是一種「氣化流轉」的變化罷了。如此，四人相視而笑，莫逆於心，方可在理論上更積極地視為主體修養實踐後的超然意義，而非消極地對「疾病」的情緒疏通。以此符合〈德充符〉「故不足以滑和，不

---

30 〔清〕郭慶藩撰：《莊子集釋》，頁185。

31 〔清〕郭慶藩撰：《莊子集釋》，頁186。

32 徐復觀：《中國人性論史‧先秦篇》，頁376。

可入於靈府。使之和豫，通而不失於兌。」郭象註曰：「苟使和性不
滑，靈府閒豫，則雖涉乎至變，不失其兌然也。」[33]換句話說，事之
變、命之行，乃道所負責，主體只消實踐無為，以靈府證契，便可通曉
氣之沴實則非沴，形之變實則非病，而是氣之流轉變化、大道落實於德
的具體化呈現。

　　形軀的殘全於《莊子》義理從來不是一項「問題」，問題僅出於
「心知」，換言之，世俗將形軀之不全、殘缺視作氣的紊亂，且稱之為
疾，意即價值觀上因有對於「全」、「完整」方為「常」的認知，才會
致使以不常為病態，且有輕蔑、貶抑的觀感。然而，一但通透世事變化
乃大道流行之由，便可以「齊物思維」解消箇中諸多價值分判。誠如林
希逸所言：

> 言假使造物漸漸以予之身化而為他物，吾亦將因而用之，此即順
> 造化而無好惡之意。是雖寓言，亦自有理。得者時，失者順，即
> 前所謂適來，夫子時也，適去，夫子順也，亦是說死生之理。[34]

林希逸以此篇與〈養生主〉「安時處順」段同論，曰：「適來，夫子時
也；適去，夫子順也。安時而處順，哀樂不能入也，古者謂是帝之縣
解。」郭象註：「時自生也，理當死也。夫哀樂生於失得者也。今玄通合
變之士，無時而不安，無順而不處，冥然造化為一，則無往而非我矣，將
何得何失，孰死孰生哉！」[35]郭象之解，透過「齊物思維」的「為一」觀
點述明死生變化乃冥然於造化之中，故而主體體道，安時處順，任乎自
然，便無哀樂於衷。同乎至人，以此為懸解，關乎「懸解」，成玄英疏

---

[33] 〔清〕郭慶藩撰：《莊子集釋》，頁156。按成玄英疏，滑，亂也。靈府，精神之宅，
　　所謂心也。

[34] 〔宋〕林希逸：《莊子鬳齋口義校注》（北京：中華書局，1997年），頁113。

[35] 〔清〕郭慶藩撰：《莊子集釋》，頁100。

曰：「處順忘時，蕭然無係，古昔至人，謂為縣解。」[36]王邦雄則更為明
白地說道：

> 生死間的驚恐並非不可解的，所以我們當然往可以解的路上走；
> 而通往解的路，是在心裡下工夫的。「死生命也」，死亡是形軀
> 生命的必然結局，你不能改變它，但是你可以在心靈上，去解開
> 死亡所帶來的遺憾或傷痛，讓生命在價值上、意義上得到安頓。
> 所謂「懸解」就是解開倒懸。[37]

按王邦雄所述，何以能解開倒懸，並以生死為自然而然者，乃係在心上
做工夫之故。換言之，如何安時處順，明死生之理，乃係透過主體無為
之實踐，以「齊物」觀點看待大道流行之下的萬物現象的生滅。於此，
所謂懸解，即是藉由無為修養而得到生命之安頓、事變之泰然。

　　綜論上述觀點，本節以「齊物思維」並觀《莊子》氣化觀念，一則
合乎本書的研究方法，二則在道論的詮釋上，說明箇中的「氣化」意
涵，並開啟後節對於「氣」之有序性的和諧指向。此節藉由〈大宗師〉
「莫逆於心，相與為友」一則，闡述齊物思維與氣化流行觀，此中，契
悟死生存亡、世事變動、物我流轉的重要工夫，便是在心上做工夫之無
為修養所達致的至人境界，然此境界，並非僅侷限於個人主體的精神提
升，更能在與萬物來往互動的關係上，展開如子輿四人相交莫逆的倫理
內涵，且能與物為春，內外相應，達致主客和諧、德充於內而物應於外
的內聖外王之說。在理論的意義上，齊物工夫不直接創造和諧的氣化流
行，而是在去除心知干涉氣化流動的自然狀態，使得萬物得以自化自
成，是故，萬物因道／德的和之本質，自足秉受於道體的殊異性，彼此

---

[36] 〔清〕郭慶藩撰：《莊子集釋》，頁187。

[37] 王邦雄：《走在莊子逍遙的路上》，頁289-290。

無有心知地互動成一種和諧的景況。

二、和諧的指向：氣的有序性

　　氣的有序性，關乎著《莊子》和諧的指向，意即，若氣的作用、方向為無序、雜亂的性質，則《莊子》「聽之以氣」、「達人氣」、「合氣」便不成可能。述及氣的有序性，必得由乎道體的和諧內容，換言之，在道氣相即的前提下，氣的和諧理論乃建基於道體的和諧內涵。前文曾提及《莊子》以「和」作為天的本質。[38]並以此作為萬物活動之存有論背景。於此，氣的秩序化當然亦是指向於和諧的意涵。

　　首先，涉及先秦時期氣觀念的比較，張立文以為：

> 儒家論氣，重「物氣」、「精氣」和「浩然之氣」（心性之氣），而道家強調自然的「沖氣」、「陰陽之氣」。同時，儒家有的人傾向於將氣規定為天地人物的本原，而道家則以道為天地人物的本原，氣被放置於「道生物」過程的中間環節。老莊的這種思維特點，規定了道家哲學氣範疇發展的基本方向。[39]

先秦儒家論氣，尤以《孟子》最為突出，然儒家所論之氣，仍係屬於道德實踐之方向，而道家之氣，自《老子》言「沖氣」、「萬物負陰抱陽」至《莊子》「陰陽之氣」、「天地之一氣」等存有論之說，道家所言存有之氣者，基本上仍透過道氣之間的關係立論，意即，道家論氣，須立基於道的範疇中而規定其意涵，而此即是萬物與道之間所牽連交涉出的動態思維，即物不離道，並以氣為介質的道氣相即內容。張立文即

---

[38] 徐復觀以為：「莊子是以和為天（道）的本質。」（參見徐復觀：《中國藝術精神》，頁68。）

[39] 張立文：《氣》（臺北：漢興書局有限公司，1994年），頁39。

進一步指出：「『天地者，形之大者也；陰陽者，氣之大者也；道者為之公』（〈則陽〉）氣從屬於道。」[40]換言之，氣須藉以道而產生意義，並且，氣之有序化，便是因於道的和諧內容，曾春海亦以為：「『氣』是流行的存在，『道』內在於氣中條理氣的秩序及氣化的規律，氣充塞於天地之間，道亦隨之而遍在自然萬象間。」[41]曾氏則更明白指出氣的條理秩序與規律乃道「內在」於氣中，然此「內在」之意或有使人誤解為氣的範疇含括道的存有，失落了道的決定意義，於此，本書以為應當將「內在」換作「相即」，一來可扣緊道氣之間的連結，二則提點以道率氣的意涵，誠如其在同篇文章所述：「『氣』是屬於宇宙發生論的存有，『道』是本體論的存有。道氣之間相依互動以『道』率『氣』，以『氣』順『道』。」[42]此論調更可符應於氣從屬於道的說法，廓清二造的主從關係，而以道作為最終之依據與核心。

　　只是，在存有論外，道家論氣仍有屬工夫論的闡述，《孟子》有以心為道德主體的養氣之說，然道家思想中，《老子》則警醒了「以心使氣」所可能造成的衰敗結局。職是之故，《老子》主張「專氣致柔」，任氣自然，使物自化，任何心知造作於其中，皆阻礙了萬物自身的德性發顯。《莊子》氣之工夫論則承繼《老子》對心知的戒慎，強調「聽氣」的心齋修養。而氣的工夫論亦須以氣的有序性為前提方能成立，換言之，若氣為紊亂紛雜毫無方向可言，而道家又不主張心知涉入與物相接的互動之中，那麼，主體能聽氣任物者，必得因氣本就具備和諧的內容、有序的方向之性質，否則聽氣也只能是偶然性的與物相諧。

　　前章節心氣關係的討論中，曾闡述「聽之以氣」、「達人氣」與「合氣」的共構辯證，三者皆與「無為」修養密切扣合，然「無為」即

---

[40]　張立文：《氣》，頁39。

[41]　曾春海：〈莊子的形神觀及其依道製器之藝術實中踐觀〉，《哲學與文化》第8期（2007年8月），頁5。

[42]　曾春海：〈莊子的形神觀及其依道製器之藝術實中踐觀〉，頁5-6。

「無掉心知」，意即靈臺心的發顯，而此實踐進程便是「心齋」工夫的
層層遞進，當中，「聽之以氣」能實現，必然在主體實踐心齋而德性燦
備後，萬物能與之和諧同存，然此必然之和諧，正因萬物皆同源於道而
通為一氣，因此，此一氣之現象世界，必然是有序性的。而「亂」的問
題僅出自「心知」，唯有「以心使氣」才有無序的現象生成。職是之
故，在萬物通而為一且具備秩序性的氣化流行之中，聽任萬物自然，順
物之性方能產生和諧的理論內容。同理，能合氣者，必然能遊心於萬
物，而能遊心者，則因心齋修養而能與物同遊，而與物同遊則係建基於
萬物之氣通透、有序的前提基礎。而達人氣者，亦因能達人心，在心氣
交涉的關係之中，透過無為工夫與人達致相諧不悖，卻又不致危身危國
的窘迫處境，這樣的和諧互動，除了主體自身德性完全顯明而能使物照
鑒其德而活動，亦因自身存有之氣與萬物通透無礙，故而能同於〈齊物
論〉「萬籟俱響」般，奏合起美妙、和諧的天籟曲譜。賴錫三即以為：

> 道家的體一不是離物的抽象純一，所謂「一」實乃萬化交融互滲
> 所共成的氣化流行之存有整體之運動。體道者宣稱不可言說……
> 真人雖然無言但聆聽於「道行」的大音合唱（〈齊物論〉曰：
> 「道行之而成」，正顯示道必然落實為氣化的運動），只是道行
> 的天籟合唱並非以人為的符號來呈現，因此出現《老子》「大音
> 希聲」的詭辭說法。希聲是就人的概念語言之符號遮撥而言，大
> 音則是就道本身氣化流行之活力來說。[43]

賴氏以《老子》「大音希聲」對舉〈齊物論〉「萬籟俱響」的氣化流行
觀，闡述真人體道之境，並非透過片面性的語言符號而呈現箇中的玄妙

---

[43] 賴錫三：《當代新道家——多音複調與視域融合》（臺北：國立臺灣大學出版中心，
2011年），頁308。

意旨，而係藉由遮撥的方式展示體道的奧妙玄境，然語言本就無法全面描述超越的形上道體，大音希聲僅能是一種勉強之論，其背後所欲展現者，乃是道體超越於人類認知限制與語言框架的特質。而天籟之所以為能統合萬竅的殊異性而成就合鳴的和諧奏章，即是眾竅皆為天道所出，同源自一最高本體的秩序之中，故而能在看似不同的現象世界之殊異性中，達致共成一天的美妙成果。而體道之人所以能契悟道體之妙，並非係離開萬物而抽象出道體的內容，而係在道物相即，且以氣為連結的關係當中，證悟大道之「一」實乃萬化交融互滲所共成的氣化流行之存有整體之運動。於此，乘物遊心；遊心合氣，才能在以存有論為背景的支持中實踐。而聽之以氣，亦能在此理論中，同步展開心齋的內在修養與物應於外的恰當互動。於此，達人心；達人氣的論述效度，在與前二項共構的理論意義上，更能開拓以氣的有序性、道的根據性為原則的即內聖即外王之論。

　　綜合上述，《莊子》論氣乃具備存有論及工夫論的向度，並且，在二項論述範疇中，氣之工夫論乃以氣之存有論為背景式的支撐下，才能起自「聽氣任物」、「內外相諧」的即內聖即外王之道。再者，氣在存有論與工夫論的辯證中，實則皆以道作為根據，而在道氣相即的範疇中，有著同於道之和諧內容的指向，於此，在以道率氣，以氣順道的交涉活動中，萬物之間的互動方能不藉由語言概念的妥協而自然達成天籟齊響的和諧理境，而此並非僅在於個人主體精神境界的提升，更涉及主客互動之際，彼此之德雖異卻能因立基於道的齊物觀點而成就共成一天的莫逆相交與終極和諧景象。

三、道氣相即的氣化流行觀

　　前文一直在強調氣與道的關係，並主張氣的有序性關聯於道的和諧性質。何以道體的和諧會影響氣的有序性，且以此有序性於萬物的活動

中產生普遍而絕對和諧的互動模式？關乎此問題，便涉及道氣相即的義理論述，箇中，更關乎著道—氣—物三項範疇的相互辯證。首先，在《莊子‧大宗師》即提及「道生萬物，且以氣為介質」的說法：

> 夫道，有情有信，無為無形；可傳而不可受，可得而不可見；自本自根，未有天地，自古以固存；神鬼神帝，生天生地；在太極之先而不為高，在六極之下而不為深；先天地生而不為久，長於上古而不為老。狶韋氏得之，以挈天地；伏羲氏得之，以襲氣母。

《莊子‧大宗師》言及道的實存性，且藉由狶韋提挈二儀，伏羲畫卦闡述道於天地萬物的影響力，關於「以挈天地；以襲氣母」，成玄英疏曰：「提挈二儀，又作契字者，契，合也，言能混同萬物。襲，合也。氣母者，元氣之母，應道也。」[44]狶韋氏得一，契合於道的運作理則，有混同萬物之功，然混同萬物又可稱作與物無際，屬「齊物」之論；而伏羲氏得一，合氣於道，同乎〈應帝王〉：「合氣於漠，順物自然，而無容私焉，而天下治矣。」換言之，《莊子》藉以遠古神話人物體道之說，用以闡明契悟道體之真人，於內能夠與道同遊，於外則能開化世之功。據此可說「聖人抱一為天下式」，上位者法道自然，萬物則無不歸往。誠如成疏明言此則要旨：「言大道能神於鬼靈，神於天帝，開明三景，生立二儀，至無之力，有茲功用。……故《老經》云天得一以清，地得一以靈也。」[45]而此則中，能契天地，襲氣母，便是因氣乃由道所出，故而萬物同源於道，即透過氣為介質與道通透無礙。於此，道之和諧內容，必定規定著氣的「秩序化」內涵，在道氣相即的觀念中，氣因

---

44 〔清〕郭慶藩撰：《莊子集釋》，頁178。

45 〔清〕郭慶藩撰：《莊子集釋》，頁178。

於道而有序；物因於氣而能與道通透且達成彼此之德的和諧；而道則因於氣作用於萬物才有通天下一氣的外王論建構，於此，主體無為後，方能因存有之氣的一致，成就即內聖即外王的理論效度。

猶有進者，涉及道、氣與物的關係，張立文以為：

> 氣與道的關係。莊子和老子一樣，以道作為自己哲學的最高範疇，亦作為氣的本體。道「先天地生」，氣亦產生於道。氣是道化生萬物過程中的中介環節，是直接構成萬物形體精神的物質材料。……人是由「芒芴」的道化生的。道變而生氣，氣變而產生形體，形體變而產生生命，才有了人。人死了，生命停止，形體分解，復歸於氣，又隨著自然的春夏秋冬運行變化。這是「道—氣—人（物）—氣—道」的循環運動，世界上的萬物莫不如此。無論從道生人物或人物回歸於道的過程看，氣都是兩者之間的聯繫環節，而道是人物、氣的本體。[46]

據張氏所言，道家思想乃以道作為其學說的最高範疇與原則，而氣包含於道的範疇中，以道作為氣之本體，氣可說產生於道者，且係道生萬物過程中的中介環節，具備構成萬物形體的物性特質，以及精神主體聽氣任物的工夫重要條件。復次，張立文亦按文獻指出，道生氣，氣聚則萬物生，氣散則萬物亡，而此聚散存亡之道則同乎四時運轉變化，為自然而然之規律內容。而此種「道—氣—人（物）—氣—道」的循環運動，乃現象世界萬物的共則，無有例外，此說便意味著萬物皆受道的影響，具備普遍而絕對的意義，於此，說道是氣的本體，氣是道與物之間能夠相即不離的重要介質，即在理論上規定著道—氣—物三者之間，雖以概念分而為三，卻實而無間的論述向度。

---

[46] 張立文：《氣》，頁39。

　　然而，關乎道生氣一說，吳汝鈞則較為保守言道：「道是氣的根源，又總括包括氣在內的一切東西。則道生氣似乎是可以說了；即使不這樣說，道總是氣成立的依據，這應是沒有問題的。」[47]即便吳汝鈞更含蓄地表述道與氣的關係，但在理論上，道總是氣成立的依據，確實是無有疑慮的說法。順此，在此論調上講述「以道率氣，以氣順道」，即可凸顯道氣相即的意義之下，道之和諧性質對於氣的有序化的影響，乃係具備理論效力的說法。

　　綜上所述，道氣相即的氣化流行觀，於《莊子》和諧思想的意義而言，在氣作為道物之介質層面中，因道為氣之依據，故而氣的內容乃包括於道的最高範疇中，且具備秉之於道的和諧性質，職是之故，〈齊物論〉「萬籟俱響，物物相諧」的天籟曲譜，方能依於道的終極原則而展開物我的和諧互動狀態。並且，在即內聖即外王的觀點中，真人體道得一，能與道同遊、任物自然，且因於道賦予氣的內在和諧性，使主體在聽氣工夫的心齋修養後，達致合氣順物，讓萬物自展己德，彼此通氣無礙，如此以道為最高理則的神鬼神帝，生天生地之說，即如成玄英所謂：「是知天下萬物，同一和氣耳。」[48]的道氣相即之論，而和諧的意涵便在此論述中托出。

第三節　作為主客為一之終極根據的道

一、和諧的普遍性保證

　　道作用於萬物乃係普遍而周全的，在理論上，沒有一物是脫離道而獨自存有者，而道的和諧性質亦在道物不離的意義上，因物之德乃得之

---

[47] 吳汝鈞：《老莊哲學的現代析論》，頁126。

[48] 〔清〕郭慶藩撰：《莊子集釋》，頁506。

於道，又道物間通貫著氣的流行，故而物物之間的和諧，在以道為最高原則的範疇當中，道的和諧性當然亦是於萬物的活動中而呈現。何以道的作用能普及萬物，〈知北遊〉即明確指出：

> 東郭子問於莊子曰：「所謂道，惡乎在？」莊子曰：「無所不在。」東郭子曰：「期而後可。」莊子曰：「在螻蟻。」曰：「何其下邪？」曰：「在稊稗。」曰：「何其愈下邪？」曰：「在瓦甓。」曰：「何其愈甚邪？」曰：「在屎溺。」

東郭子欲令莊子指名所在，然莊子藉以名與實的關係，說明道在萬物並非因其名稱有所不同而致使差別，換言之，道在萬物乃具備普遍性，非關萬物是否稱名，其實即得之於道者，無有貴賤之別。成玄英疏曰：「大道無不在，而所在皆無，故處處有之，不簡穢賤。」[49]大道周遍萬物而無所逃於物，故言「周徧三者，異名同實，其指一也。」成疏即言：「周悉普徧，咸皆有道。此重明至道不逃於物，雖有三名之異，其實理旨歸則同一也。」[50]物之實理乃同歸於道，且皆秉受於道而存在，故而在齊物思維下，萬物並無價值上的差異，〈齊物論〉即曰：「天地，一指也；萬物，一馬也。」郭象註曰：「天地萬物各當其分，同於自得，而無是無非也。」[51]天地萬物皆同源於道，皆受道影響，以道氣相即之論觀之，〈則陽〉篇便指出：「陰陽者，氣之大者也；道者為之公。」成疏曰：「天覆地載，陰陽生育，故形氣之中最大者也。天道能通萬物，亭毒蒼生，施化無私，故謂之公也。」[52]道之為公，乃因其無

[49]〔清〕郭慶藩撰：《莊子集釋》，頁517。
[50]〔清〕郭慶藩撰：《莊子集釋》，頁517。
[51]〔清〕郭慶藩撰：《莊子集釋》，頁61。
[52]〔清〕郭慶藩撰：《莊子集釋》，頁625。

所偏私，周遍一切，且萬物負陰抱陽，通於大道，彼此流轉，而亦因天道陰陽之氣能通萬物，故而在天地一氣的理論上，道的作用乃無所不及，無處不至，因此能亨毒蒼生，無私無偏，遍及萬物。誠如《老子‧第五十一章》言：「道生之，德畜之；長之育之；亨之毒之；養之覆之。生而不有，為而不恃，長而不宰，是謂玄德。」王弼註曰：「道者，物之所由也；德者，物之所得也。由之乃得，故不得不尊；失之則害，故不得不貴也。亨謂品其形，毒謂成其質，各得其庇蔭，不傷其體也。」[53] 以全曰道，以分曰德，道德實則無有分際，而萬物受之於道，各成自然，在道之為而不有、不以為功的無為之理中，天地萬物自成自化，秉其德而成就自身型態與內涵。

再者，在道生萬物的理論之中，其作用於萬物的普遍性，實則亦規定著物物之間的和諧互動。《老子‧第四十二章》即言：「道生一，一生二，二生三，三生萬物。萬物負陰而抱陽，沖氣以為和。」王弼註曰：「有言有一，非二如何？有一有二，遂生乎三。從無之有，數盡乎斯，過此以往，非道之流。故萬物之生，吾知其主，雖有萬形，沖氣一焉」[54] 誠如王弼所謂「過此以往，非道之流」，萬物皆受道的影響，道的作用遍及一切存有，而萬物沖氣為一，通於一氣之流，而此氣化流行，則由乎的道的作用，而因道的性質為和，故而沖氣亦為和，萬物之間乃和諧共存的理想狀態，〈則陽〉篇亦謂：「萬物殊理，道不私，故無名。無名故無為，無為而無不為。」成玄英疏曰：「夫群物不同，率性差異，或巢居穴處，走地飛空，而亨之毒之，咸能自濟，物各得理，故無功也。功歸於物，故為無為，不執此為而無不為。」[55] 由一而二而三，乃始制有名者，然大道不割，名號僅是一片面意義，僅能述及現象

53　〔魏〕王弼等著：《老子四種》，頁44。

54　〔魏〕王弼等著：《老子四種》（臺北：大安出版股份有限公司，1999年），頁37-38。

55　〔清〕郭慶藩撰：《莊子集釋》，頁624。

之部分，而大道更係無法以名言全稱者，故無能以名稱之，就連「道」字亦只是強為之言。然萬物殊理，率性不同，大道亭毒並非有意為之，而是萬物自濟而各得其理，此謂之無功，而無功亦是因於無為，故而言無為而無不為者，乃係大道不宰，群理自化，以此言無為而能無不為，乃萬物皆因於道的無為而自成，此即道之普遍意涵。

只是，萬物之和諧所以失調，並非係存有論上的本質紊亂，亂之所出在心知造作，主體若由心知作用於萬物，則主客之間便無來自於道之原定和諧可言，於此，道家一再主張「無為」實踐的重要性，若無工夫論的修養，則心知無能消除，靈臺亦無從出，如此則萬物失序，天下大亂。然《老子》有聖人得一能為天下式之說，《莊子》亦有「神人无功」之論，而神人无功即是法道自然，順應於道的內在理則與作用，姚彥淇即以為：「如吾人欲求『无功』，最簡單便捷的法門就是避免所有勞心勞力的作為，或是不主動積極從事某項行為，用《莊子》的術語來說就是『無為』。」[56]人道法於天道，天道即是自然，而神人之所以能化物无功，即如錢穆指道：「莊子神字，亦指一種內心狀態言，亦為心理狀態之一種形容辭。亦可謂是心理境界之一種名號稱謂。人之用心，能達此境界，有此狀態，則亦可謂之曰神人。」[57]主體無為即是法天道之自然之理，順此，主客要能回復於原定之和諧，必得回歸於道的理則，使物自化，鑒他德而展自德，換言之，主體能做的，僅是無心無為，使自身之德燦備，意即，只消無心應物，萬物之德自然因於天地一氣之沖氣和諧而自然達成共成一天的存在樣態。

綜上而論，《莊子》和諧的普遍性保證，建基於存有論與工夫論的論述向度，首先，道體自身具備和諧的性質，萬物於此基礎上亦同秉乎

---

[56] 姚彥淇：〈試論《莊子》的「神人无功」〉，《臺北市立大學學報》第2期（2019年12月），頁6。

[57] 錢穆：《莊老通辨》（臺北：東大圖書股份有限公司，1991年），頁197。

道之和諧，又萬物之間實乃無有限際，為通而一氣的關係，故而在道氣相即的存有論觀點上，道的作用必定無所逃於物，而萬物之間、主客之際所以亂者，在於心知的活動造作，故而無法成就原定之和諧狀態，於此，工夫論之無為實踐，於此亂的意義上，便發揮了偌大的效用。道的普遍性，保證萬物皆由道生德蓄，收攝於道的影響範疇中，故而言普遍性於和諧思想的意涵，即指向道之無為而無不為的遍潤作用，而以道為根據的和諧性，便能在萬物活動的狀態中，展開物然其然，相諧共在的理想境地。

二、和諧的必然性保證

　　《莊子》內聖外王的必然性，以及箇中和諧的穩定性，必須以客觀實有的道為最終依據，意即，在理論上，內聖外王能夠相即不悖，必須要透過客觀道體的實存作為保證，同理，論及《莊子》義理所以能達致「必然和諧」，亦是因於實存之道的究極理則。總觀之，內聖外王必定是和諧指向的，而內聖外王之和諧內容，則必須藉由客觀之道而保證其必然性的運作。

　　關乎《莊子》內聖外王的必然性，則係順乎道的運行理則而論，〈天地〉篇曰：「通於一而萬事畢，無心得而鬼神服。」郭象註曰：「一無為而群理都舉。」[58]天道無為而萬物自化，主體只要無心任物，鬼神自然來舍。更清楚述及外王思想者，乃〈天道〉篇曰：「一心定而王天下；其鬼不崇，其魂不疲，一心定而萬物服。言以虛靜推於天地，通於萬物，此之謂天樂。天樂者，聖人之心，以蓄天下也。」所謂「一心定而王天下」者能通於天地萬物，其關竅處便是「靈臺」的實踐，亦即「虛靜」工夫之涵養，於道家術語即是「無為」的實現，而聖人之

---

[58] 〔清〕郭慶藩撰：《莊子集釋》，頁285。

心，即無為之心、靈臺之心，以無為蓄天下，便是建立於主體之內聖修養而達致外王之功的踐成。《老子‧第二章》亦言：「是以聖人處無為之事，行不言之教；萬物作焉而不辭，生而不有。為而不恃，功成而弗居。夫唯弗居，是以不去。」聖人以無為處事，萬物則自然化成，各顯其德，此乃功成身退之道，故曰弗居，然因弗居於化成之功，而能不離於萬物。復次，人法天，天法道，大道乃聖人所體踐者，聖人以大道為依據，因此，《老子‧第三十四章》曰：「大道氾兮，其可左右。萬物恃之而生而不辭，功成不名有。」道作用於萬物，且無所不至，聖人於斯法乎天道理則，順物自然，與天為徒。

承上所述，《莊子》以「明王之治」立論，〈應帝王〉曰：「明王之治，功蓋天下而似不自己，化貸萬物而民弗恃，有莫舉名，使物自喜，立乎不測，而遊於無有者也。」[59]《莊子》以明王為喻，《老子》言聖人之功，兩者實乃皆指向「无己，无功，无名」之論，〈逍遙遊〉曰：「至人无己，神人无功，聖人无名」，然而，無論係至人、神人、聖人，其實皆是《莊子》闡述體道人格之三種型態的表徵，為名異實同的關係，只是所側重的書寫面向差異而有不同名稱指涉。[60]順此，皆可收合於「齊物思維」的架構中言「无己、无功、无名」之理，無己即與

---

[59] 姚彥淇以為：「明王之治可以實現的一大基礎也是建立在『無名』的前提之上，所謂『有莫舉名，使物自喜』依照成疏的解釋是『推功於物，不顯其名，使物各自得而懽喜適悅者也』，這裡所要隱晦不顯之『名』並非物物之名，從前句『功蓋天下而似不自己』來看，這裡的『名』是指治天下者的令譽美名。要成為理想的治天下者（明王），首要條件就是要能掙脫名譽榮銜的制約誘惑，非是為留美名於史冊而治天下，而是為治天下而治天下。如此一來便能使萬物群生各順適其本性而樂遊於世，天下便可得不治之大治。但為什麼統治者不顯己名就能使萬物群生各順其性呢？在這裡莊子和成玄英似乎都沒有解釋的那麼清楚，其實主要原因就在於，如果統治者之靈府能不受外在之名所制，自然也就不會以外加的形名去亭毒牢籠群生，使群生能保素分而暢其自然天性。」（參見姚彥淇：〈莊子「聖人無名」解〉，《成大中文學報》第33期（2011年6月），頁18-19。）

[60] 葉海煙便有將至人、神人、聖人三者解釋為「三位一體」的理論傾向。（參見葉海煙：《莊子的生命哲學》（臺北：東大圖書股份有限公司，1990年），頁189-190。）

物無際，無功即順物自然，無名則與無功順物，與物同遊相互闡發，於此，言內聖之道實則亦是外王之理，如此「一逍遙，一切逍遙」的即內聖即外王觀點，更拉近〈逍遙遊〉與〈應帝王〉的理論脈絡。

再者，於齊物思維的大架構中，「至人；神人；聖人」皆屬體道之無待性格，故而亦能與〈大宗師〉「真人」併論：「其一，與天為徒；其不一，與人為徒。天與人不相勝也，是之謂真人。」換言之，與天為徒者為真人，真人乃無為實踐的人格主體，洵乃與至人、神人、聖人實同，只是書寫面向而有名稱之異，在無為工夫的實踐進程之後，皆指向著主體精神與天地為一的目標。

然上述內聖外王之道，所以能產生必然性者，乃由乎天道的客觀實存意涵。換言之，主體所以能遊心合氣，與物相諧，除了工夫論之無為實踐，更重要的是天道的客觀性保證了即內聖即外王之內在和諧成立的理論依據，是故，若無客觀實有道體作為整體理論的背景支撐，那麼主體內聖而能外王的理論，以及箇中所涵蘊的和諧理則便都僅能限於主觀精神的想像，無法論及客觀世界的實現效力。於此，和諧的普遍性與必然性皆須因於天道的客觀性而成立，至少在理論意義上，這樣的詮釋是必要的。

三、客觀實有之道作為主客為一的終極根據

總合上述《莊子》「和諧」的普遍性與必然性理論，闡明和諧性質乃內定於萬物的整體存有互動過程之中，且以客觀道體作為最高原則與依據。本節論述則係在確定萬物於存有論的向度中乃具備相諧共存的意涵，以及箇中所呈顯的普遍與必然之指向後，開啟客觀實有之道作為主客「為一」的終極根據要旨，用以說明《莊子》和諧思想中，所涉及的齊物思維與倫理價值。

論及《莊子》「和諧」的內容，乃以客觀之道作為萬物之活動的理

則，其中，主客互動的和諧指向，亦是建基於《莊子》齊物思維的理念，〈齊物論〉曰：「天地與我並生，而萬物與我為一。」陸西星以為：「論同自太虛中出來，則天地與我並生，萬物與我一體，混合為一，曾何大小夭壽之可言哉？」[61]天地萬物與我並生一體，說明主客之間並無價值上的差異，於存有的同源性而言，皆係同歸於道且通於一氣的關係。而此處強調「為一」者，更加強《莊子》「齊等萬物」的一致思維，王小滕以為：

> 天地與我同根並生，我亦融入於萬物；亦即天地、萬物與我流通混融為一。莊子不言「萬物與我合一」，而直言「天地與我並生，而萬物與我為一」，無疑乃特別指明：並非將「天地、萬物、我」劃出界域後，再試圖打破界域、予以堆疊相加成為如同大倉庫的「一」；反之，「天地萬物與我」由始即為「未始有封」（〈齊物論〉）的整全。[62]

陸長庚以「混合為一」論一體性，然則「混合」一義，似乎有「合一」的傾向，然而，如同王小滕所述，《莊子》不言「與我合一」，而直言「與我為一」，看似特別指涉著「本來即一，何須言合」的意涵，而此說不僅能合乎「齊物」之「齊」乃就齊等一致而論，非由切割劃分再而彌合之理，於此，在大道本就「未始有封」的整全觀點中，更能凸顯「為一」的特殊意義。而此觀點也支持著主客之間實則無有分際，無須另行在「一氣」的存有論之外尋求一種特別的方式來架構出整全的圖像。如此，主客所不能為一者，並非從存有論上說，而是就工夫的實踐講。而在無為工夫的實踐進程中，實則乃法自天道的運行原理，陳鼓應

---

[61]　〔明〕陸西星撰：《南華真經副墨》（北京：中華書局，2010年），頁33。

[62]　王小滕：〈莊子「變」的哲思探析〉，頁12。

便以為：「道家所談的人間和諧與社會秩序是以宇宙和諧與宇宙秩序為
主要依據的。」[63]換句話說，「天地與我並生，萬物與我為一」所內蘊
的工夫修養，乃法於天道理則的作用與內容。並且，達致並生為一的
「無為」實踐，乃同時是《莊子》主體逍遙與應世的呈現，一如前文所
述，主體之逍遙並非僅限於自身精神的超脫，也不是一種繞過於「物」
的架空狀態，逍遙必須與應世同觀，方能展現《莊子》即內聖即外王的
特色。劉書剛即說道：

> 在莊子這裡，「逍遙」並不僅僅是一種超然物外的精神境界，而
> 必須經由與「物」的周旋來實現。如果說生存的困境很大程度上
> 來自人注定要生存於與萬物的共處裡，那麼，解決的出路，同樣
> 要在這樣的一個前提下去尋找，莊子對這一問題並沒有迴避，簡
> 單躲進自己的精神世界裡。「逍遙」或「無待」的達成，固然需
> 要個體在精神層面上的調整、對心靈狀態的控制，但並不侷限於
> 此，支撐這些觀念的，還有他對於宇宙圖景的想像，對於萬物關
> 聯的認知。[64]

據引文所述，《莊子》並無迴避實存之「物」的問題而逕以自我精神的
超拔立論，相反的，在「一逍遙，一切逍遙」的理念之中，德充於內而
物應於外的同體實現乃係《莊子》與物同遊的義理旨趣。再者，縱使
「逍遙」或「無待」的達成，須要在個體精神層面下足工夫，但也並非
僅侷限於個人主體的境界提升，若如此，《莊子》之說只能論及主觀境
界而無法拓展為與客觀世界的聯繫，這抑是歷來註家對道家文獻的「偏
見」成因。於是，主體與客觀世界的互動關係，便成了《莊子》詮釋的

---

[63] 陳鼓應：《老莊新論》（臺北：五南圖書出版股份有限公司，2005年），頁341。

[64] 劉書剛：《在物之間：莊子的倫理意識與語言觀念》，頁32-33。

重要指向。

那麼，《莊子》究竟如何談論主體與客觀世界的互動關係，此論題便是本節「天地與我並生，而萬物與我為一」之說何以成立的核心論旨。述及並生為一在齊物思維的範疇中，觀諸〈齊物論〉「其分也，成也。其成也，毀也。凡物無成與毀，復通為一。」一段，在第二章通達觀的論述中，曾論及「道通為一」；「復通為一」；「知通為一」的脈絡連結：關於「通為一」者，「道通為一」乃是作為「知通為一」之主體所能契悟大道的前提基礎，郭象以「各然其所然，各可其所可，則理雖萬殊而性同得，故曰道通為一。」[65]作註，而成玄英則疏曰：「故有是非可不可，執迷其分。今以玄道觀之，本來無二，是以妍醜之狀萬殊，自得之情惟一，故曰道通為一也。」[66]郭註以「理萬疏而性同得」講述萬物同源於道而各自獨化的狀態，成疏則在萬物同源的基礎上進一步指出「以道觀之，本來無二」的「超越界視域」。而「復通為一」則是由此範疇之下所建構出的「返道」觀點，且主體在此本體與工夫意義之中，才有「知通為一」的論述價值，順此，此三者乃環環相扣的緊密鏈結。復次，關乎「為一」之論，涉及本體論、存有論、工夫論，以及境界論的多層面敘述，自上述「道通為一」之本體依據，及以道作為「通天下一氣」的存有論之說，與「知通為一」的無為工夫論實踐，和齊物思想的境界論內涵，皆使得「為一」指向了主客無礙的和諧互動理境實現。於此，能實踐此「為一」之主體，便是《莊子·大宗師》所謂的「真人」型態：「其一也一，其不一也一。其一，與天為徒；其不一，與人為徒。天與人不相勝也，是之謂真人。」林希逸指道：

其一，同也；其不一，異也。好惡之有異同，皆不出乎造化之

---

[65] 〔清〕郭慶藩撰：《莊子集釋》，頁62。

[66] 〔清〕郭慶藩撰：《莊子集釋》，頁62。

> 外，故曰其一也一，其不一也一。人能以好惡為同，則知天者
> 也，故曰其一與天為徒；若以好惡為異，則知人而不知天者，故
> 曰其不一與人為徒。以人勝天，不可也；以天勝人，亦不可也。
> 真人則無好無惡，無異無同，無分天與人，但循自然而已。[67]

　　萬物之德皆不出於造化之外，意即，天下萬物皆包含在道的範疇中，故
而在以道觀之的視域之下，言及一也一，不一也一的齊物之說，而能達
致以道觀之的法道主體，正是能有別於與人為徒之有為造作的無為真
人，然而，《莊子》之真人並非要以天勝人，而是在無分天與人的觀點
中，成就任物自化的自然理則。故而《口義》曰：「一與不一皆一也，
一即大宗師也。」[68]，郭象亦於〈大宗師〉開宗明言：「雖天地之大，
萬物之富，其所宗而師者無心也。」換句話說，能宗而師於大道者，乃
實踐無心無為的體道之人。

　　承上所述，能實踐無為的體道真人，同時亦是至人、神人、聖人，
於〈齊物論〉更是能「能知通為一」的「達者」，置於〈人間世〉「達
人心；達人氣」的脈絡中，此能達人心人氣之主體，必然亦是實踐無為
而應物之達者，王邦雄說：「『達者』是通達的人，不過不是人情通
達，而是道的體悟。『知』不是心知的執著，而是生命的覺醒，因體悟
覺醒而通達於道。」[69]順此，此知通為一之達者，並非藉由心知而通達
於萬物，而是在實踐無為修養後，於一氣的存有思維中，自然能夠以德
相應，互相和諧。而此即是「聽之以氣」而任物自然的外王之功。誠如
憨山所述：「言心虛至極。以虛而待物。」[70]心虛至極即能遊心於物，

67　〔宋〕林希逸：《莊子鬳齋口義校注》，頁105。

68　〔宋〕林希逸：《莊子鬳齋口義校注》，頁105。

69　王邦雄：《莊子內七篇・外秋水・雜天下的現代解讀》，頁95-96。

70　〔明〕憨山德清著：《莊子內篇憨山註》，頁307。

以虛待物則是合氣於漠，兩者相互迴環辯證，成就《莊子》即內聖即外王的倫理內涵。

再者，《莊子》即內聖即外王的倫理內涵，並非單方面的主體修養而萬物一片死寂，反之，正是因為萬物之德的活動性，方能在主體實踐無為後，客體自然能夠以德相應，而這種互相應證的和諧性，在客觀天道的保證之下，乃係必然的趨向，換言之，《莊子》所言之和諧並非是表象和諧，亦非透過心知的妥協，它更不是或然性的偶然事件，意即，《莊子》的和諧思想乃是透過道的客觀性而作用的必然保證。於此，外王之功才有理論效度可言，而《莊子》的倫理觀亦由此托出。

只是，亦有學者認為，《莊子》的齊物論調是對政治社會的一種拒絕，並主張原理上應該無視自己居住的人類社會，或者背向這個社會而採取超然世外的態度。[71]日籍學者池田知久即言：

> 一、把「萬物齊同」哲學中的「是非」「可不可」等價值判斷當
> 作是無意義的東西加以否定、排除，在這樣抹消的延長線上出現
> 的對政治的無視、拒絕。二、站在「天」的立場上，把儒家的
> 「仁義」「忠孝」等倫理及以此為據的各種各樣的人為說成是
> 「人」，在這樣否定的地平線上出現的對政治的無視、拒絕。
> 三、在「遊」的思想中，從作為假象的也包含了人類社會的「萬
> 物」中走出並進入到本體的「道」，在這樣飛翔、沉潛過程中出

---

[71] 池田知久將道家對政治思想的書寫分成三類，第一種是原理上的拒絕政治；第二種是理想主義的烏托邦思想；第三種則是中央集權的政治思想。他說：「在這些政治思想當中，第一種是初期道家原先懷有的政治思想，但是，在道家思想向前展開的歷史過程中，到了戰國時代末期便衰弱或者消失了。從那以後又出現了第二種和第三種類型的政治思想。這兩種都是戰國末期以後的道家同時並行提倡的，可以認為這是道家內部各種不同流派的產物。」（參見〔日〕池田知久著，黃華珍譯：《《莊子》──「道」的思想及其演變》（臺北：國立編譯館，2001年），頁447。）

現的對政治的無視、拒絕。[72]

首先，其將《莊子》「萬物齊同」之論解釋為對是非價值等判斷的否定與排除，並以此延伸作為對政治的無視，此論調有拒絕人間世一切存有價值的傾向，並不合乎「兩行」的理念；再者，其藉由儒道思想的對比，闡述《莊子》由「天道」的立場直接否定儒家的道德價值，及其以道德價值所建立起的政治態度，這樣的觀點並不陌生，荀子早有此批判，《荀子·非十二子篇》評價《莊子》乃「蔽於天而不知人」[73]，評斷《莊子》要旨在於對天道的體證，故而思想內容便無所用於世。一如池田知久所理解之下的《莊子》義理，於政治上實則無所作用。只是，前文業已述及，荀子對於《莊子》的判斷，全然立足於其理論視域而出，對於《莊子》的思想確實不盡公平。而池田知久之論調，則同於荀子的立論，或有「誤解」《莊》書之傾向；最後，他更以「遊」字立論，說明《莊子》視天地萬物之實存為一種「假象」，且欲以超脫的姿態跳出人間世的諸多命題，直指天道的體證，然此說不僅有輕視人間世而以天為崇的意味，亦將《莊子》義理限縮於主體的精神提升，之於《莊子》義理的完整性與最大閱讀性而言，並非善解，同時，亦不符《莊子》「入遊其樊而无感其名」的既超越又內在的義理性格。職是之故，自池田知久所提出的觀點，皆無法說出《莊子》即內聖即外王的義理思想，嚴重者，更將致使《莊子》理論走向極端主義，本書並不支持此說法。

綜上而論，《莊子》主客為一的和諧理則，乃以天道之客觀實有作為一切論述的背景依據，而箇中主體無為而客體相應的「即內聖即外王」之道，更涵蘊著《莊子》倫理觀的闡述，換言之，《莊子》言及之

---

[72] 〔日〕池田知久著，黃華珍譯：《《莊子》——「道」的思想及其演變》，頁448。

[73] 〔清〕王先謙撰：《荀子集解》（臺北：華正書局有限公司，1993年），頁262。

倫理觀，並非如儒家以名言所建立起的禮樂制度為準則，而是透過天道原定之和諧性（「天和」觀），闡述萬物同源於道，自然活動為天籟般的和諧狀態，而不和諧之亂的根源則係出自於心知的造作，而有對萬物的割裂分別，而此便是主客無能為一的唯一問題。一旦主體實踐無為，萬物必然相應，此即「正生以正眾生」之說，換句話說，只消主體逍遙自正，天下萬物亦將逍遙自正，各顯其德。此乃《莊子·應帝王》：「明王之治，功蓋天下而似不自己，化貸萬物而民弗恃。」的理想政治景象。而萬物鬼神之所以應於帝王之德，且主體不須勞神為一，則係同於郭象所言：「物來乃鑒，鑒不以心，故雖天下之廣，而無勞神之累。」[74]，換言之，勞神明為一者，並非道家所主張的外王之道，唯有復通於道，勝物不傷，才能達致物應於外而莫逆於心，且萬物來湊的究極光景。

　　接續上述建基於內聖必外王的論述基調，主體之主觀境界與外在客觀世界的關係，便是一種「即工夫即境界，即內聖即外王」[75]的同步照現，誠如吳肇嘉所言，此即一種將「主觀境界的提升」與「客觀實有的改變」聯繫起來[76]的內聖外王觀點，順此，在主客為一的思維當中，內

---

[74] 〔清〕郭慶藩撰：《莊子集釋》，頁220。

[75] 拙作曾寫道：「道家的『遊』，著實是即工夫即境界，而工夫的踐成即內聖，內聖同時亦是外王，並且，在道家的即內聖即外王說中，同時即是境界的展現。如同『遊刃有餘』的從容自滿，道家論『遊』，即是四項同時具現、同步照出的理想狀態。」（參見潘君茂：〈儒、道二家論遊比較——以《論語》「游於藝」與《莊子》「遊刃有餘」為對舉〉，《淡江中文學報》第41期（2019年12月），頁297-298。）

[76] 吳肇嘉在討論神人「物莫之傷」的主客關係時說道：「這意思是說，提升主觀境界即能在客觀世界裡產生陶鑄善化的作用，如此，則內聖修養也就同時是外王實踐。以這樣的角度重新審視，『之人也，物莫之傷，大浸稽天而不溺，大旱金石流、土山焦而不熱』這些描述便有了不同意義。它們雖然是在談論神人的不為物所傷，但其中蘊含的可不只是衛生保命之道而已。『物莫之傷』若作為客觀的實在義，它意味著主體生命與天地萬物間有一先在的和諧關係，這種和諧的先在性，指向一種超乎政治意義的存在秩序之貞定。」（參見吳肇嘉：《莊子應世思想研究》，頁28。）

外相應，萬物相諧的和諧理論，正是以客觀道體作為《莊子》和諧思想
依據的最終詮釋原則。

第六章 結論

第一節 萬物和諧的終極理境

　　《莊子》「和諧思想」的研究,其內在理論思路之建構,實則包括以下諸點的討論:一、為何《莊子》須要講和諧的價值?二、《莊子》認為不和諧的狀態為何?三、《莊子》如何實踐和諧?首先,何以須要談論「和諧」於《莊子》思想的定位,實則關乎著第二點的討論。再者,基於以往對於《莊子》「和諧」的討論,並不足以詳盡「和諧思想」於《莊子》義理的理論建構與整體思維。況且,涉及《莊子》和諧之方法,乃直指第二點之不和諧狀態的問題所致。於此,自這三個面向的探討,除了環環扣起問題與方法之間的思維途徑,更可以完整而清晰地談出《莊子》論「和諧思想」的義理優位。

　　首先,在實踐的意義上,本書於第二章論及主體性於《莊子》「和諧思想」的重要性,乃與第五章談客觀實有之道的前後理論架構之呼應,換言之,主體何以實踐無為且能達致與客觀世界的和諧,乃係依於主體體道進路的實踐過程,唯有客觀道體的保證,主體方能在實踐無為工夫後,與客觀世界之萬物達致和諧共存的理境。觀諸內文推論,《莊子》不管在自處之個人修養、與人之處事態度,抑或政治觀點、倫理議題上,皆不離「無為」的工夫實踐為要義。但是,這並非意味著《莊子》之詮釋僅能侷限於「工夫論」的探討,甚至將《莊子》的理論退卻為「出世」,甚至「避世」之論,而僅將其框架在藝術、美學之內,並否定其於政治或倫理上的實際作用。這樣的詮釋方法,不僅無法開拓《莊子》的外王論調,更有使《莊子》詮釋之路窄化之結果。換言之,若如牟宗三之詮解,認為儒家道德主體才有「正德、利用、厚生」的作

用，而外王僅能為儒家之勝義，那麼，《莊子》的義理只能作為精神境界之超拔，無法在外王理論上有其效力。這並非當代莊學詮釋所樂見的闡述。

意即，以「無為」工夫作為解決一切問題的方法，非意味著《莊子》僅能在「工夫論」上有所成就，而是一切問題皆由「無為」所解消，換句話說，「無為」是《莊子》工夫論的唯一方法，並且，其作用範圍乃普遍且必然涵括一切客觀存有，而這亦是由道的客觀性所支撐而成立。於此，關於「即內聖即外王」的闡述，乃建基於上述論調的理路上之說法，在此理論架構中，主體於《莊子》和諧思想的意義，同時涉及內聖與外王兩者，然而，在即內聖即外王的觀點中，兩者實而二而一的論述，藉由主體無為的轉化，與萬物展開相諧共存的生命狀態，其中，〈人間世〉「達人心，達人氣」的實現亦必須由乎「生命主體」與「存有客體」的互動關係中展開，意即，此能「達」的工夫，並非僅是精神主體的境界提升，而是在「就不欲入；和不欲出」的互動模式中，達到全生保身的整全意涵，此即是不危身不危國的具存具顯，在此一萬物和諧的範疇中，才能體現《莊子》內聖外王的真義。

承上所述，在「全生保身」而與萬物相諧的互動狀態中，便意味著此一「主體」乃係與世界互動的模式，而非純然以追求精神之超越為終極目標，若如此，一個失去與世界互動意義的自我觀，或係捨棄身體向度的純粹精神主體，不僅無能在當代人類社會中延續其文化典範，更有使傳統「鏡映心」理論走向詮釋侷限的可能，於此，如何在挺起真君主體的同時，開拓無窮精神生命，並與世界展開交流，正是本書在延續鏡映心傳統的思維之下，參照氣思維主體之論述所展開的詮釋指向。意即，即便本書以鏡映心作為主體性的定位，仍不堅持以往此理論對於形軀生命之輕視的論調，轉而將形軀生命的重要性，包容於鏡映心的詮釋當中，以此符應《莊子》全生保身之說。職是之故，「鏡映心」的說法，才能夠在精神超脫的工夫轉化中，同步保留身體的客觀意義。

　　接續上文，本書主張精神主體的闡述，不必然要將形軀身體視為一種「罪惡」而亟欲除之而後快，而係將問題轉為對「形軀生命」的執著，如此，便符合本書基源問題的說明，將輕視身體之詮釋，轉而為「心知」對身體的執念，這樣的理解，除了可以解決以往詮釋精神主體就得絕棄形軀的論調，亦可將問題收攝於基源意義立論，更符應於本書的原則。

　　然本書主體性的討論，實則涉及眾家學者對《莊子》主體論的爭議，最明顯者，便是當代莊學研究中的兩大思路模式，一為本書所據之「精神主體」；另一則為「氣思維主體」的述說方式。只是，兩造的說法顯然地並非孰是孰非的價值問題，而是彼此所預設的方法論不同，所導致的詮釋差異。換句話說，以內篇文獻為本的「精神主體」論，係建基於內篇義理之基礎而論，而「氣思維主體」的闡述，則多取材自外雜篇的氣論為主。即便兩造之間有此差異，但所同處皆將《莊子》視作一部具系統性的文獻，只是所根據取用的文本材料不同，於是而有不同詮釋目標的指向。再者，即便本書以內篇作為莊學系統的義理設準與定位，亦不妨礙本書取法氣思維主體論之理論長處的效度，換言之，「精神主體」的方法乃更符合於本書詮釋原則的論述取向，而這並不意味著本書要全然絕棄「氣思維主體」的內容，誠如前文所言，兩造之間僅是所擇所據之方法不同，所觀看的方法不同，若要說與本書詮釋原則有著嚴重分歧者，莫若於將《莊子》拆解為不同系統來理解，才真是與本書有著偌大的詮釋差距。

　　本書透過「精神主體」作為《莊子》主體性的論述定位，據文本而言，「心」多置於負面意涵的脈絡，乃「無為」工夫所對治的對象，按徐復觀的一心說，在理論上視《莊子》論心的本質為清虛靈明的主體，此乃就其「體」而論，然而，心之所以有其負面性，乃就其「知」的作用而言，而「知」的分別與割裂作用須藉由「無為」的實踐，在負面的心知作用上做工夫，使離位的本性，從異化狀態回復於「靈府」、「靈

臺」的清澈靈明。然此一「異化」、「離位」之狀態，即是本書對不和諧之亂的主張，意即「知」的作用乃割裂物我、分別萬物的概念性理解，此一作用已然導致主體的靈明清澈，異化為產生爭亂的不和諧狀態。於此，「無為」的工夫，乃對心之離位進行「齋」之修養，使離位之心回歸能體現道／德的「靈臺」、「靈府」。

綜上所述，在名言與心知共構的存在情境下，主體的活動將更加黏著於此生活場域中，且日漸深陷，而這亦是主體於內在精神無法逍遙，於外在世界無能和諧的根本原因。順此，如何實踐萬物先在之和諧，勢必論及主體之實存，工夫之轉化，以及主體實踐無為後，道之客觀性對萬物必然和諧的保證。換言之，何以須論及《莊子》道的「客觀實存」意涵，其原因即在「和諧思想」的討論中，必得由乎道的客觀意義，才能達致主客和諧、萬物共存的倫理秩序，否則，《莊子》之和諧思想的實現，便只能是偶然的，如此則無有理論之建構價值可言。

承上所述，《莊子》無為工夫的實踐，乃係一種順天以應人的闡述，此論調意味著萬物之德乃同源於天道，內定著先在的和諧性質，因此，僅須透過無為消除心知造作，讓萬物自身之德自然活動，便可在沒有心知干擾的狀態下，展開自身的存有殊異性，且相應於天道的和諧內涵，於此達成物我和諧的穩定秩序。而將此說法進一步置於「即內聖即外王」的範疇中，亦可相應人和契於天和，聖人無為而天下均調的外王闡述。

道為萬物存有的究極根據，並賦予萬物予以存在、活動，以及存有與活動之目的的支撐力量。而存有萬物的德性展現，猶如風吹孔洞而萬竅怒號，背後的支持則係由於客觀天道的無為內容，於此，萬物得以秉受其性分而展現其存有目的，然而，萬物之德的自然活動，亦指涉著主體虛靜後，世界必非一片死寂，而是天籟齊鳴的和諧景象。並且，萬物之德能各自活動而不相傾軋，並非透過彼此心知的妥協進退，而是在

「天道」的先在和諧中，因萬物之德亦秉承於道體，故而活動時自然能夠符合天道的和諧內容，而展開玄妙理想的共在理境。

　　總言之，本書開宗論及《莊子》主體性的探討，乃與第五章客觀實有道體的保證互為前後呼應。主體性的確立，指向著《莊子》實踐和諧的基礎，而此實踐和諧的主體，便透過客觀道體的保證，環環扣起並展開本書「通達觀」、「心氣關係」的一連串論述，換言之，本書以「主體」與「道論」為理論首尾，夾擊出主體體道的層層論述，以此符合本書「和諧思想」的實踐向度，而非僅停滯於討論「何謂和諧」的現象探討。於此，「為何《莊子》須要講和諧的價值？」；「《莊子》認為不和諧的狀態為何？」；以及「《莊子》如何實踐和諧？」的迴環辯證，才能在此理論架構中環環展開，而「和諧如何可能」的實踐內容，方可在主體與道體的確定之中，開展出論文第三章「通達觀」與第四章「心氣關係」的體道內容詮釋，意即，藉由「達人心；達人氣」如何可能的提出，進一步開啟《莊子》和諧思想如何可能的實踐進路。

　　那麼，《莊子》達人心；達人氣之說，所欲通達之內容為何？郭象於《莊子註》序文中點出《莊子》一書乃「通天地之統，序萬物之性，達死生之變，而明內聖外王之道。」[1]郭註之解，提點《莊》書全文要旨，明內聖外王之道，達死生、泯是非，通天地、序萬物，然內聖外王實為一事，故而以無為內聖之道，亦能達致無不為的外王之功，其中，在「齊物思維」的觀點下，論及萬物之齊、世事之變，箇中實則關乎著氣的有序性理則，而此氣的有序性，乃指向《莊子》和諧的意涵，換言之，若氣的作用、方向為雜亂的性質，則《莊子》「聽之以氣」、「達人氣」、「合氣」便不成可能。而氣的有序性，在道氣相即的前提下，乃承之於道體的和諧內容為論述基礎，意即，氣的和諧理則乃根據於道體的和諧內涵立論。

---

[1]　郭慶藩：《莊子集釋》（臺北：城邦文化事業股份有限公司，2018年），頁10。

　　接續前文，本書以為工夫論之氣亦須以氣的有序性為前提方能成立，若氣為紊亂紛雜毫無方向可言，而道家又不主張心知涉入與物相接的互動之中，那麼，主體能聽氣任物者，必得因氣本就具備和諧的內容、有序的方向之性質，否則聽氣也只能是偶然性的與物相諧。而《莊子》以「心齋」工夫闡述「聽之以氣」的說法，在工夫論的意義上，對舉「庖丁解牛」層層遞進的體道路徑，以无厚刀刃遊走於牛體的有間肌理，並且順暢有餘之故，即是主體能「依乎天理」的和諧性內涵所致。換句話說，主體能夠依乎天道理則，箇中因素乃是在屏除心知作用後，透過直觀與物同遊。然而，為何主體實踐無為，天下萬物自然會與之相諧共存而不相悖逆，其中，實則內蘊主客和諧的存有論內容，意即在「齊物思維」的意義下，能達致彼我無際、內外通達的「天下一氣」理論。

　　而「天下一氣」的存有論調，同時亦關涉著物我之德的先在和諧，《莊子》在理解主客之間的和諧關係時，其論述向度皆指向著萬物之「德性」完全實現後的相諧共在景象，然此狀態，即是〈德充符〉「唯止能止眾止」的義理脈絡。在彼我之德同出於道的同源性之下，主體一旦能無為，德性燦備，則客體亦可在此無為的共存狀態中，照鑒自身之德，呈現其活動與存有之目的。誠如〈天地〉篇指出：「故通於天地者，德也；行於萬物者，道也」，萬物皆分別秉自於道體的部分內涵，成就自身殊異的存有特質，然正因萬物皆同出於道，就分說，為萬物之德，就全說，則為整體之「一」，道作為萬物存有的終極根據，也內定著萬物和諧共在的存有模式，此即所謂「通於一而萬事畢，無心得而鬼神服。」之論（〈天地〉）而通於一者，即指向實踐「無為」後，萬物在「齊物思維」的共存情境中，自然達成合宜的互動狀態。

　　復次，〈人間世〉曰：「夫徇耳目內通而外於心知，鬼神將來舍，而況人乎！」心知乃萬物和諧所以窒礙阻塞的唯一原因，因此，「以虛靜推於天地，通於萬物。」（〈天道〉）即指涉著虛靜無為之道的實

踐，能應於天地萬物之德，故可通於萬物，並且，此「通於萬物」之「通」所以可能，實則由乎「天下一氣」所支撐之論調。

　　《莊子》文獻所闡述之「通」與「達」，在「通為一」的超越範疇中，主體以「無為」實踐「復返於道」的體道歸向，並成就「知通為一」的境界開顯。再者，於〈人間世〉的「兩難」困境中，藉由「內通」之「虛室」的無為修養實現吉祥止止的德性燦發，且開啟「鬼神來舍」的外王事功。此外，在面對事之變的生命情境時，透過有德者之超越範疇的「道命相即」觀點，將人生諸多限制以「安之若命」的態度收攝於道的作用負責之中，言其「使之和豫，通而不失於悅」，並展示與物有宜且喜怒通四時的生命境界，此亦相應於「同於大通」的義理闡述，在道的作用中，萬物皆由道所負責。關乎上述論題，皆圍繞著「心知」的對治而輻輳，而以「大通」之本體論為架構，進一步確保〈人間世〉萬物的互動關係中，以「達」作為相諧共存的工夫論依據，於此，《莊子》言及「達人心；達人氣」的必然性，才得以透過「道通為一」之前提而產生作用。

　　承上所述，主體以「無為」作為「達」的工夫，臻至「就不欲入，和不欲出」的必然和諧，其中，唯有以「道」作為內在於萬物且為萬物所同源的根據，此一和諧的意義才得以完成。總論《莊子》「通達觀」的工夫論內容，乃見於〈人間世〉「夫徇耳目內通而外於心知」與「達人心；達人氣」，以及「達之，入於無疵」三處。而道家自「達人心；達人氣」的論述中，論及外王事功如何可能的問題，實則關係著《莊子》「即內聖即外王」說的義理向度。換言之，即內聖即外王之所以能在「達人心；達人氣」的論題核心產生意義，實則同時關聯著存有論、工夫論的諸多理論建構。意即「夫徇耳目內通而外於心知」與「達人心；達人氣」，以及「達之，入於無疵」的工夫論內容，其背後所支撐者，乃是「道通為一」的價值視域，而《莊子》通達觀的本體論依據，乃是以「客觀實存」之「道」作為萬物必然和諧的終極保證，內聖外王

洵為一事的說法，亦須由此論調說出。

以上論點皆環繞著「心知」—「無為」的迴環辯證，亦合乎本書研究方法中的「基源問題研究法」的依據，在「和諧」的大架構中，「心齋」能使鬼神來舍，「坐忘」可同於大通，其方法皆係出自「無為」的實踐，而《莊子》之「無為」乃是實現萬物之德且作為其工夫論的唯一實踐原則，於此使主體上通造化之大道流行而與物無際，故而在萬物自鑒其德且自正其性的觀點中，達到與萬物相諧共存之齊一之境，而此正是《莊子》外王論之先在秩序的實現。

最後，在心氣關係論述中，「無為」工夫作為「聽之以氣」、「達人氣」與「合氣」的修養依據，即指向對「心知造作」的解消，而回歸靈臺心的發顯，然此實踐進程便同於「心齋」工夫的層層遞進，其間，「聽之以氣」的實現，必然在主體實踐心齋而德性燦備後，萬物能與之和諧同存，然此必然之和諧，正因萬物皆同源於道而通為一氣，職是之故，此一氣之存有世界，必然是有序性的。而「亂」的問題僅出自「心知」，唯有「以心使氣」才有無序的現象生成。順此，在萬物通而為一且具備秩序性的氣化流行之中，聽任萬物自然，順物之性方能回歸和諧的秩序內容。同理，能合氣者，必然能遊心於萬物，而能遊心者，因心齋修養能與物同遊，而與物同遊則係建基於萬物之氣為通透、有序的前提基礎。再者，在心氣交涉的關係中，能達人氣者，亦為能達人心者，以無為修養達致與人相諧不悖，卻又不致危身危國的窘迫處境，這樣的和諧互動，一方面乃主體自身德性完全顯明而能使物照鑒其德而自然活動，另一方面則因自身存有之氣與萬物通透無礙，故而能同於〈齊物論〉「萬籟俱響」般，奏合起美妙、和諧的天籟曲譜。

第二節 《莊子》和諧思想中的物我關係

本書主張《莊子》義理並非僅能言及個人精神主體超拔的講述,於此忽視主體於人間世之實存場域的互動關係。故而在論述「即內聖即外王」的理論時,談論內聖修養,必然同步帶出外王面向的討論。換言之,內聖外王並非隔斷而有差距的理路脈絡,在「和諧思想」涉及主體修養與外在世界的倫理關係之論調中,箇中的實踐意涵,於主體體道且以道作為和諧的終極根據時,必不能斷截主客、物我的和諧關係,而係就一整全、齊一、氣化流行的活動模式而理解,意即,若僅強調於工夫論的層面,講究自我的精神超脫,而將主體隔離於與世界的互動意義之外,那麼,《莊子》所論之和諧,亦不能脫離以往對於莊學的傳統論述。

承上所述,主體實踐精神自由的關鍵,不能僅限縮於個人內在精神世界的超拔,更重要的是,它必須同時涉及與外在世界的互動關係,而這亦是人生於天地之間,所不得不面對的根本議題。意即,在與世間萬物同構共存的生命場域當中,如何將《莊子》的倫理觀點,跳脫於以往傳統的個人主體精神之超越的框架限制,而達致與物同遊且共存的和諧世界,並進一步涉及對社會倫理運作的關懷,乃是本書以「和諧思想」為主旨所建構之倫理觀所要道出的意涵。所謂「一逍遙,一切逍遙」並非僅是一種唯心論的境界式語言,它必須涉及與世界的和諧互動中而成立,如此,方能呼應以道作為通貫主客的和諧根據。換句話說,即便《莊子》有以探尋個體之自由為旨趣的論述,也不意味著理論本身就缺乏對社會倫理之關懷的論調。況且,這樣的理解並非空穴來風,而是有本有據的說法,無論係〈養生主〉「庖丁解牛」的主體與世界的應對,〈人間世〉「達人心;達人氣」的自處處人,〈大宗師〉「莫逆於心」的人際互動等,諸多在政治、社會、自我省察等面向的倫理探討,皆係由「和諧」一思維所開展出的義理論述。

　　本書倫理觀的建構，主要在「和諧思想」的大架構中所成立，其中，以「達人心；達人氣」作為論述核心，進而擴及諸多層面的討論，首先，本書擴大「達人心；達人氣」的君臣倫理關係，將其理論與《莊子》他篇脈絡做出連結，除了能放大此一「達人心；達人氣」的倫理意義，更能有效統合《莊子》系統，讓諸篇的鏈結更加緊密，由此符合本書對莊學系統的理解。於此，論及「達人心；達人氣」者，同時亦關聯著「聽之以氣」的聽物任物，以及「遊心合氣」的順物自然，三者之間本就是一體性的脈絡思路，亦是在基源問題「心知」的對治下，以無為修養所達致的和諧狀態。而「無為」作為《莊子》和諧理論的唯一工夫，必然也是《莊子》倫理觀的唯一實踐方式。意即，《莊子》所謂之「倫理」，並非由名言系統所建構，而是藉以「無為」工夫所達成的「和諧」關係。此中更涉及存有論與工夫論的探討，並且，在「齊物思維」的詮釋原則中，予以開展一幅萬籟齊鳴的終極和諧景象。

　　再者，在統整完《莊子》倫理觀的論述後，所要進一步探討的問題是「本書倫理觀的論述」於傳統莊學系統的理解哪裡不同？意即，本書以「和諧思想」作為《莊子》倫理觀的架構，於前人研究中所繼承的問題，及對於此問題的解決，與開拓出的創見是什麼？簡言之，本書所論之《莊子》的倫理觀較前人的理解又推進了什麼討論，乃是本書所言之「創見」所在。

　　首先，本書批判地繼承前文對於《莊子》倫理觀的討論，對以往自「天和」、「人和」、「心和」的三分觀點中透過天和與人和的分疏合論，並且，以「心和」作為人際相處對待關係之實踐的詮解方式做出評判。這樣的三分法，確實無法有效統合「和諧」一大範疇於《莊子》的理論優位，更無法力證《莊子》作為一部具系統性的文獻。於此，本書在此基礎上，重新建構出一套「和諧思想」的理解，並以此「和諧」思維，托出箇中所蘊涵的倫理意涵，便是本書所主張的系統性思維理解進路。

　　職是之故，本書主張將「天和」、「人和」、「心和」收攝於「和諧思想」一大範疇中立論，與此解決理論脈絡分疏的割裂性，同時力主《莊子》為一部具備系統性的思想文獻。此論點不僅可以將詮釋主力置放於《莊子》對於「和諧」的討論，以此突出「和諧」於《莊子》理論的優位性，更可透過「不和諧」的基源問題：「心知」的對治，展開一連串對於社會倫理、世界運作之不和諧的針治，於此點出《莊子》唯一的工夫修養：「無為」的重要性。如此，在「心知」—「無為」—「和諧」的理論架構中，更能有效扣緊《莊子》諸篇理論之間的論述脈絡，並透過「齊物思維」的詮釋原則，環環處理《莊子》倫理觀的討論。

　　然而，《莊子》倫理觀的理解，既然不能在禮樂制度中實現，亦不同於儒家以「道德價值」作為倫理系統的建構。那麼，《莊子》的倫理觀又要如何跳脫儒家的道德框架而開展出屬於莊學系統的倫理特色，便是本書所提出的觀點：即主客和諧、萬物共存的倫理秩序，乃先在於道的存有內容中，而萬物秉受道之部分，成就各自的德性，展開內定之和諧，而此和諧的穩定性，即是不透過心知對待而自然生成的天籟景象。

　　承上所述，無論係「莫逆於心」的朋友倫，「就不欲入，和不欲出」的君臣倫，「道命相即」的親子倫等等，於《莊子》而言，實則不必區分成諸多類別，換言之，在「道通為一」的「齊物思維」中，倫理的意涵並非以名言序列、規範而成的秩序，反之，唯有解消諸多名言框架的限制，跳脫名實之間的鏈結指涉，才能真正釋放《莊子》對於「倫理」的理解，意即，天下萬物皆係同源於道的存有，無有分別，而倫理的意義之於《莊子》，僅是一種「秩序」的道出，並非對於萬物的割裂，於此，以此「和諧思想」所觀出的倫理意義，即是一種無關分屬、類別，亦不須透過妥協、溝通的先在和諧，只要無有心知涉入其中，萬物之間自然各正其性，和諧共存。

　　以上觀點，乃接著前人所留下的論述而展開的探討，本書批判地繼承以往論《莊》的理解，以此為基礎，開展出屬於《莊子》思想的倫理

特色。在統整與開拓的意義上，為《莊子》「和諧思想」的理論優位性
提出其論述價值，同時勾勒出箇中所蘊涵的倫理觀，期以為《莊子》倫
理觀的理論做出學術貢獻。

　　最後，一個論題的探討，勢必要具備理論的延續性，以及在此延續
性上，所能涉及的諸多面向之跨域討論。意即，本書所論之「和諧思
想」，在倫理學的概念體系中，能輻輳出何種層面的討論，抑或與其他
體系的倫理觀念進行對話溝通，甚至比較，乃是本書對於《莊子》「和
諧思想」之理論開拓性與延續性所建構的論域空間，或稱之為「和諧思
想」的論述平臺。

　　關乎上述「和諧思想」平臺的發想，其所涉及的問題關聯有以下幾
點：一、何以須要建立這個平臺；二、這個平臺的重要性是什麼；三、
這個平臺之於倫理觀的意義是什麼；四、這個平臺之於《莊子》的意義
是什麼；五、這個平臺之於道家思想的意義是什麼；六、這個平臺之於
中國哲學的意義是什麼。

　　首先，關乎平臺的建立，及其重要性的疑問，乃包括了後四點的論
題探討。意即，何以要藉由《莊子》「和諧思想」建立一個能夠展開對
話辯訐的討論平臺，其原因正是因為，唯有透過理論系統的比較，方能
開拓更多關乎「和諧」議題的研究與思考，換言之，這個「和諧思想」
作為一論述場域，它勢必能夠達致引導、啟發、甚至進行理論攻訐的效
用，進而開展出以「和諧」為目標的「倫理觀」討論，甚或係對「和
諧」─「倫理」之關係的辯證論析。於此，在不斷對話與攻防的來往辯
駁之中，無論係對於《莊子》本身的倫理觀點推進，抑或是道家思想體
系內部的倫理議題發揮，或者在中國哲學一大範疇的學說體系之倫理觀
比較，皆可做為一架接溝通的論述橋梁，展開平臺與平臺之間的論述節

點連線，於此擴大對中國哲學中「和諧思想」的討論，而延續性即由此展開。[2]

　　綜上所論，《莊子》「和諧思想」的論述，及其所內蘊的倫理觀探討，在本書以「和諧思想」作為一平臺建構的想法中，就本書對於《莊子》倫理觀的統整，以及其理論之開拓的基礎上，予以延續和諧理論的論述價值，於此，透過開放式的對話溝通，方能為《莊子》思想的當代詮釋，開展更多論述議題的可能性，同時，也為本書後續之理論延伸奠定一詮釋版圖與研究想像。

第三節　研究方法的再反思

　　一套研究方法的步驟與原則，指向其所欲達成的目標與成果。開宗處，本書即述及中國哲學研究進程之特色，及其不同於西方哲學的特質，而《莊子》義理的研究法，除了須置放於中國哲學的大範疇中，展現其理論定位，更重要的是，本書詮釋的進路，乃為了使「和諧思想」的優位性及其理論系統的一致性於《莊子》思想達致最大化的閱讀效果，職是之故，本書乃以「莊學系統」的詮釋定位，將內外雜篇視作同一體系的義理脈絡，順此，不僅能統合《莊子》體系的完整意義，更能使本書在闡述「和諧思想」之時，具備更厚實的文獻依據與高度的邏輯一致性。

　　前文之文獻回顧處，歷來研究者論及《莊子》之「和諧」，總不離「和諧是什麼？」的討論，並且，有意將「和諧」的內容細分為「天和」、「人和」、「心和」三大論述範疇，然而，此作法雖然能分述文

2　如探討儒、道思想對於「和諧」的深入比較，抑或在諸家對「和諧」的理解中，展開更為詳實的認識，甚至，可擴大與其他領域的比較，對觀當代哲學研究，延續先秦哲學的當代價值。

獻中《莊子》對於「和」的字詞論述，卻不免導致義理分散且無法統合的趨向，如此，對於《莊子》「和諧思想」的探討，或許並非最理想的詮釋方法，意即，歷來研究者雖將《莊子》之「和諧觀」三分為天和、人和與心和，但這樣的作法，似乎切割了理論的統一性，無法達致整體意義的釐清，更無法統合天和、人和、心和三大範疇於《莊子》和諧思想的完整意涵。換言之，這樣的研究方法，不管在系統上，甚至基源問題上，皆無法有效理解且突出「和諧」之於《莊子》義理的優位意義。而本書基於基源問題研究法的原則，將《莊子》體系的首要且基本問題指向「心知」的造作，而此亦是無法達致「和諧」的亂源所出，而解決辦法，則係藉由在心上做工夫的實踐方法：「無為」。然此一無為工夫的提出，便指向對治「心知」的造作問題，成為了解決無法「和諧」的唯一途徑，如此，「心知」—「無為」的環環扣合，便是本書研究進路的核心要旨，文中所有論述皆圍繞著這項理論原則所建構。

再者，本書於詮釋方法中，統合內外雜篇為一「莊學系統」，且以「內篇」作為貞定外、雜篇思想的核心地位，原因在內篇不管於思想史意義上，亦或文獻之理論的完整性上，皆具備較為可靠且具論述效度的定位意義。只是，以內篇為《莊子》理論最精微者，並以此貞定外雜篇，或有可能導致外雜篇思想「內篇化」的疑慮，然而，不管係歷來對《莊》書的內容評斷，甚或文獻的可信度而言，眾家學者皆一致同意內篇義理於《莊子》思想的重要意義，於學界實是一種共識。況且，此處以外雜篇為輔證材料，亦是建基於徐復觀之「莊學系統」的說法，換句話說，在使《莊子》一書義理不致殘破分離的原則之下，唯有將內外雜篇統合一致，才能啟致對《莊子》理論閱讀原則最大化的詮釋理解。

承上所述，在以內篇貞定外雜篇義理之後，進一步要提出的詮釋原則，便是以「主題式」的「齊物思維」作為《莊子》一書的脈絡統整，無論係內七篇，亦或外雜篇，皆須透過此主題作為核心原則，此方法不僅能貫串整部《莊子》文脈，使得《莊子》義理的哲學體系具備設準與

依據，復次，一可統合莊學系統為一具有高度體系性之學問，二則能在理論的建構上，不離乎基源問題研究法的原則，換句話說，為了寫作時的一體通貫性，以及對治核心問題的理論效力，「齊物思維」作為本書「和諧思想」建構的義理內核，在針對心知的基源問題上，亦或文本依據上，皆是一最有效的詮釋方法。

接續前文，本書「和諧思想」的理論，實為出自對「達人心；達人氣」如何可能之問題的擴大，而此問題乃批判地繼承王邦雄對於「聽之以心；聽之以氣」之「氣」的兩層問題的討論，然而，此一氣的兩層問題，同時亦關涉「氣」在《莊子》體系的整合議題，亦密切關連著本書論「和諧」的內涵。甚至可以說是一體兩面的討論，意即，氣的討論，除了影響著整部《莊子》文獻的體系問題，更牽連本書如何詮釋《莊子》「和諧思想」的重要意義。於此，統整《莊子》「氣」的論述，勢必牽動著《莊子》如何談「和諧」的理論建構，職是之故，本書於此討論上，便不同於以往自天、人、心三大範疇的路線，而是就「氣」如何影響著和諧理論的「實踐」問題而立論，以此談及「和諧」於《莊子》如何可能。

那麼，如何談論內外雜篇的氣，便影響著整部《莊子》文獻能否成為體系的重要命題，而此一問題，同時亦關聯於上述對內外雜篇是否該理解為同一系統的問題，可以說，兩造問題乃二合一的詮釋指向。於論文討論中，可以見得，本書將王邦雄「氣」的兩層論述於心齋工夫的矛盾，透過「心氣」關係的整合，以「遊心合氣」一說，收攝存有論與工夫論之氣於一「氣」的大範疇中而闡述，當中，除了整合氣於《莊子》文獻的義理，更重要的是，此作法有助於將《莊子》內外雜篇統合為一具備體系性的文獻，並達致對《莊子》最大化閱讀且有效的理論詮釋。

當然，亦有學者不認為《莊子》內外雜篇同屬一系統，而主張將內篇與外雜篇的義理分別為不同脈絡，並且，在存有論之氣多出自外雜篇的文本依據而言，以此作為與內篇脈絡分疏的理由，拆解《莊子》的理

論體系之完整性，只是，此作法真的是最適合於《莊子》思想的進路
嗎？如若將《莊子》分解為內篇與外雜篇兩套系統，又要如何達致最大
化的閱讀原則呢？即便有學者反對將內外雜篇視作莊學系統而涵具理論
的一致脈絡，可能亦有其詮釋理由，於此，如何看待此一分合爭辯，實
則對《莊子》的研究方法產生相當具有爭議性的分歧問題，然而，本書
基於最有效、最大化的詮釋效力理由，傾向於將其視作同一系統而作為
詮釋原則，原因在於：一、《莊子》若不是一部具系統性的文獻，那麼
「和諧」的討論便不能建構於基源問題的意義上進行研究。二、《莊
子》若不是一部系統性的文獻，那麼「氣」的兩層問題便無法得到合理
且有效的敘述。三、《莊子》若不是一部具系統性的文獻，那麼以「和
諧思想」為基礎的倫理觀，將被迫拆解為內篇的倫理觀，與外雜篇的倫
理觀之差異。四、《莊子》若不是一部系統性的文獻，那麼本書的詮
釋方法將無法進行。基於以上理由，本書將《莊子》視作一部具系統性
的文獻，乃是合乎本書的詮釋原則，以及期待的研究成果。

綜合上述詮釋要旨，本書和諧思想的討論，首先將內外雜篇視作同
一系統，再而以內篇貞定外雜篇義理，接著在前二者基礎上，制定「齊
物思維」作為一主題式的統括，涵蓋本書的詮釋理路，而此思維核心，
正是為了符應於基源問題研究法的進路，作為對治破壞和諧之亂源的
「心知」問題，展開實踐和諧的無為工夫，而此一理論進程，即是實踐
和諧思想所建構出的一套論述。其中，詮釋方法的具體作為，便是本書
所整合提出的三項具體原則：一、依語以明意；二、依意不依語；三、
理論邏輯一致。

有關三項詮釋的具體原則，實則亦是為了相應於本書詮釋理路的作
法，作為系統內部的文獻詮釋進路，三個階段乃循序漸進的次第關係，
較後面的原則假定較前面的原則，意即，理論之詮釋基礎必先始自「依
語以明意」的字詞理解，再而論及「依意不依語」的義理探討，此即徐
復觀所言之「反轉」的意義。這樣的詮釋循環乃以局部推導出整體，再

而由整體衡定局部，最後達致第三階段對理論邏輯一致性的要求。然而，此作法並非跳躍式的揀取任一階段作為詮釋的原則，意即，第二階段的實行，必得先由乎第一階段的檢視，如若第一階段的字詞理解無法有效展開義理的釐清，則須透過局部與整體的反覆推敲，達成對文獻最合宜的解釋，而義理的釋義，除了字詞的定義，更重要的是，本書視《莊子》為一部具備體系性的文獻，是故，必得符應於理論的一致性原則。換句話說，本書以理論體系的系統性與統一性為最高詮釋原則，此「三階段」的論述模式乃脫胎於牟宗三的哲學詮釋方法，並以勞思光「基源問題研究法」為論述內核，此三項進程乃環環相扣，後者假定前者之原則的詮釋方法，為得是在不離於文獻的討論下，對《莊子》進行最大意義的義理探析，以及理論建構。

承上所述，一套方法論的提出，即預設著一種觀點設準，也指涉著最終研究成果的輪廓。根據「依意不依語」所展示的面向，即是對理論建構具備系統性的要求，才不致停留於第一階段之「依語以明意」而產生義理紛雜且散亂的現象。再者，基源問題研究法所提出的最後一條件乃「全面判斷的統一性」，此一說法即符應於本書第三階段之「理論邏輯一致」的要求，換句話說，系統的理解，必然要合乎前後邏輯一致的原則，職是之故，整部《莊子》體系方能在基源問題的掌握中，進而展開諸多面向的探討。

《莊子》思想的研究，在內外雜篇的歷史爭論，以及內部義理的哲理分判中，本就係一部具備詮釋爭議的文本，然而，這亦關乎先秦文獻的成書時間，以及道家人物的神秘特質等因素所致，於此造成理解上的意見分歧。但是，在原意不可知的詮釋意義之下，《莊子》詮釋本就作為一種後設的理論研究，無法論及文獻原意的真相，只能盡可能地貼合於文獻所欲呈現的敘述脈絡，然而，即便如此說，也是不可逃離主觀的詮釋理解而言，意即，一部文獻的義理詮釋，之所以能構成理論系統的建立，當中的研究方法勢必帶著註家個人的主觀意見，於此，詮釋並無

絕對客觀的特性，只能要求盡可能地展現其相對客觀性。而此詮釋的相對客觀性，乃涉及該時代的論者如何理解文獻本身，以及如何將該時代因素帶進文本詮釋之中。換言之，一部文獻於該時代的詮釋方式，可能涉及該時代的時代條件與背景，而這亦是「思想史」的脈絡意義。

那麼，何以本書要藉由上述詮釋方法來理解《莊子》的「和諧思想」，簡而言之，為什麼要這樣寫《莊子》的和諧內容，這樣的理解會否有罅隙。換個問法，如果不這麼詮釋，會造成什麼結果？再者，和諧理論若不如此詮釋，是否有更合適的詮釋方法，意即，若換一種方法來認知《莊子》的「和諧思想」，能否更加精當。以上論點，都是本書所須考慮的詮釋命題。

首先，本書一再疏清詮釋方法的運作及理由，而本書的詮釋理解，立基於理論的一致性，及最大化的閱讀原則。然而，將文本視為一部具體系的典籍，當然要面對其他持不同意見之學者的挑戰，只是，本書基於預期成果的展現，以此方法作為理解進路，自然係本書所選擇的詮釋立場，也具備支撐的理據，如若要究其爭議性而論，那麼《莊子》內外雜篇的理論脈絡並無共識可言，如此，《莊》書的詮釋將無法在此爭議性上往前邁進，於此，為了使莊學理論的探討開啟更具時代意義的討論，有效地統合理論的脈絡在《莊子》研究來說，是有其意義與影響力的。再者，如若不如此詮解《莊子》義理，其問題亦是因理論的分散而導致弱化《莊子》的理論效力，且可能致使義理之間的落差，甚至產生排斥，於詮釋上並非最合適的方法。職是之故，目前對於「和諧思想」的研究，在基於基源問題研究法及系統一致性的原則之下，本書以為，當以此種進路方能產生最大化的理解。

承上所述，基於諸種詮釋理由的條件支持，並以此展開理論建構的思路要件，在相對客觀的義理理解上，並不會造成《莊子》義理的扭曲或變形，在理論的理解上，實則乃批判地繼承先前學者的研究成果，並以此基礎展開一連串的論述，換言之，本書並非憑空杜撰一套詮釋方

法，而係脫胎於諸家學者的智慧結晶，於此接續的意義上，本書的研究方法確實是可行的。況且，本書持以開放立場，保留眾家詮釋空間，用以建構一和諧思想平臺的討論，於此論域的構築上，期待更多對話的可能。

參考文獻

一、傳統文獻（按「朝代」排列）

- 〔東漢〕許慎撰，〔清〕段玉裁注：《說文解字注》（臺北：洪葉文化事業有限公司，1999年）。

- 〔魏〕王弼等著：《老子四種》（臺北：大安出版股份有限公司，1999年）。

- 〔宋〕朱熹：《四書章句集注》（臺北：大安出版股份有限公司，1996年）。

- 〔宋〕林希逸：《莊子鬳齋口義校注》（北京：中華書局，1997年）。

- 〔明〕王夫之：《莊子解》（香港：中華書局，1976年）。

- 〔明〕陸西星：《南華真經副墨》（北京：中華書局，2010年）。

- 〔明〕焦竑：《莊子翼》（臺北：廣文書局有限公司，1979年）。

- 〔明〕憨山德清：《老子道德經憨山解》（臺北：新文豐出版股份有限公司，2005年）。

- 〔明〕憨山德清：《莊子內篇憨山註》（臺北：新文豐出版股份有限公司，2005年）。

- 〔清〕王先謙：《荀子集解》（臺北：華正書局有限公司，1993年）。

- 〔清〕王先謙：《莊子集解》（臺北：東大圖書股份有限公司，2006年）。

- 〔清〕宣穎：《莊子南華經解》（卷二）（臺北：廣文書局有限公司，1978年）。

- 〔清〕陳壽昌：《南華真經正義》（臺北：廣文書局有限公司，1978

年）。

● 〔清〕郭慶藩：《莊子集釋》（臺北：城邦文化事業股份有限公司，
2018年）。

二、近人論著（先按「姓氏筆畫」，後按「出版時間」排
列）

● 王邦雄等著：《論語義理疏解》（新北：鵝湖月刊社，1982年）。
● 王邦雄：《中國哲學論集》（臺北：臺灣學生書局有限公司，1983
年）。
● 王邦雄：《莊子道》（臺北：漢藝色研，1993年）。
● 王邦雄等編著：《中國哲學史》（臺北：國立空中大學，1995年）。
● 王邦雄：《走在莊子逍遙的路上》（臺北：臺灣商務印書館股份有限
公司，2004年）。
● 王邦雄等著：《孟子義理疏解》（新北：鵝湖月刊社，2010年）。
● 王邦雄：《莊子內七篇·外秋水·雜天下的現代解讀》（臺北：遠流
出版事業股份有限公司，2013年）。
● 王邦雄：《老子的哲學》（臺北：東大圖書股份有限公司，2017
年）。
● 王臣瑞：《倫理學》（臺北：臺灣學生書局有限公司，1980年）。
● 王叔岷：《莊子校釋》（臺北：中央研究院歷史語言研究所，1993
年）。
● 王叔岷：《莊子校詮》（下冊）（臺北：中央研究院歷史語言研究
所，1999年）。
● 王叔岷：《莊子校詮》（上冊）（北京：中華書局，2007年）。
● 王志楣：《莊子生命情調的哲學詮釋》（臺北：里仁書局股份有限公
司，2008年）。

- 方東美：《中國哲學精神及其發展（上）》（臺北：黎明文化事業股份有限公司，2004年）。
- 方東美：《中國人生哲學》（臺北：黎明文化事業股份有限公司，2005年）。
- 安樂哲：《中國哲學問題》（臺北：臺灣商務印書館股份有限公司，1973年）。
- 牟宗三：《中國哲學十九講》（臺北：臺灣學生書局有限公司，1983年）。
- 牟宗三：《政道與治道》（臺北：臺灣學生書局有限公司，1983年）。
- 牟宗三：《現象與物自身》（臺北：臺灣學生書局有限公司，1984年）。
- 牟宗三：《才性與玄理》（臺北：臺灣學生書局有限公司，1989年）。
- 牟宗三：《中西哲學之會通十四講》（臺北：臺灣學生書局有限公司，1990年）。
- 牟宗三：《中國哲學的特質》（臺北：臺灣學生書局有限公司，1994年）。
- 任繼愈：《中國哲學發展史：先秦》（北京：人民出版社，1998年）。
- 伍至學：《老子反名言論》（臺北：唐山出版社有限公司，2002年）。
- 余英時：《歷史與思想》（臺北：聯經出版事業公司，1988年）。
- 杜保瑞：《莊周夢蝶》（臺北：書泉出版社，1995年）。
- 杜保瑞：《功夫理論與境界哲學》（北京：華文出版社，1999年）。
- 杜保瑞：《中國哲學方法論》（臺北：臺灣商務印書館，2013年）。
- 吳汝鈞：《老莊哲學的現代析論》（臺北：文津出版社有限公司，

1998年）。

- 李凱：《孟子詮釋思想研究》（臺北：萬卷樓圖書股份有限公司，2012年）。

- 李申：《道與氣的哲學——中國哲學的內容提純和邏輯進程》（北京：中華書局，2012年）。

- 吳怡：《新譯老子解義》（臺北：三民書局股份有限公司，2017年）。

- 吳怡：《新譯莊子內篇解義》（臺北：三民書局股份有限公司，2017年）。

- 吳肇嘉：《莊子應世思想研究》（臺北：臺灣學生書局有限公司，2011年）。

- 吳肇嘉等合著：《諸子學刊·第二十一輯》（上海：上海古籍出版社，2020年）。

- 林明照：《先秦道家的禮樂觀》（臺北：五南圖書出版股份有限公司，2007年）。

- 胡適：《中國古代哲學史》（合肥：安徽教育出版社，1999年）。

- 胡道鏡主編：《十家論莊》（上海：上海人民出版社，2004年）。

- 唐君毅：《哲學概論》（臺北：臺灣學生書局有限公司，1974年）。

- 唐君毅：《中國哲學原論·導論篇》（臺北：臺灣學生書局有限公司，1986年）。

- 唐君毅：《中國哲學原論·原道篇》（臺北：臺灣學生書局有限公司，1986年）。

- 徐復觀：《中國人性論史·先秦篇》（臺北：臺灣商務印書館股份有限公司，1969年）。

- 徐復觀：《中國藝術精神》（臺北：臺灣學生書局有限公司，1981年）。

- 徐復觀：《中國思想史論集》（臺北：臺灣學生書局，1993年）。

● 袁保新：《老子哲學之詮釋與重建》（臺北：文津出版社有限公司，1991年）。

● 袁保新：《從海德格、老子、孟子到當代新儒學》（臺北：臺灣學生書局有限公司，2008年）。

● 高柏園：《莊子內七篇思想研究》（臺北：文津出版社有限公司，1992年）。

● 陳鼓應：《莊子今註今譯》（臺北：臺灣商務印書館，1986年）。

● 陳德和：《道家思想的哲學詮釋》（臺北：里仁書局，2005年）。

● 陳鼓應：《老莊新論》（臺北：五南圖書出版股份有限公司，2005年）。

● 陳鼓應：《道家文化研究第二十五輯——莊子研究專號》（北京：三聯書局，2010年）。

● 陳鼓應：《老子今註今譯及評介》（臺北：臺灣商務印書館，2013年）。

● 張恆壽：《莊子新釋》（湖北：湖北人民出版社，1983年9月第一版）。

● 張恆壽：《莊子新探》（湖北：人民出版社，1983年）。

● 張岱年：《中國思想史方法論發凡》（北京：中華書局，1983年）。

● 張默生：《莊子新釋》（臺北：天工書局有限公司，1993年）。

● 張立文：《氣》（臺北：漢興書局有限公司，1994年）。

● 張亨：《思文之際論集：儒道思想的現代詮釋》（臺北：允晨文化實業股份有限公司，1997年）。

● 崔大華：《莊學研究》（臺北：文史哲出版社有限公司，1999年）。

● 崔大華：《莊子歧解》（北京：中華書局，2012年）。

● 畢來德著，宋剛譯：《莊子四講》（臺北：聯經出版事業股份有限公司，2011年）。

● 湯一介：《郭象與魏晉玄學》（臺北：谷風出版社，1987年）。

- 項退結：《中國哲學之路》（臺北：東大圖書股份有限公司，1991年）。

- 馮友蘭：《中國哲學史新編》（第二冊）（臺北：藍燈文化公司，1991年）。

- 馮友蘭：《中國哲學史新編（上卷）》（第二冊）（北京：人民出版社，1998年）。

- 傅偉勳：《從創造的詮釋學到大乘佛學》（臺北：東大圖書股份有限公司，1999年）。

- 曾春海主編，曾春海、葉海煙、尤煌傑、李賢中合著：《中國哲學概論》（臺北：五南圖書出版公司，2005年）。

- 傅佩榮：《究竟真實》（臺北：天下遠見出版股份有限公司，2006年）。

- 勞思光：《新編中國哲學史（一）》（臺北：三民書局股份有限公司，2018年）。

- 楊儒賓：《莊周風貌》（臺北：黎明文化事業公司，1991年）。

- 楊儒賓主編：《中國古代思想中的氣論及身體觀》（臺北：巨流圖書公司，1993年）。

- 楊儒賓：《儒門內的莊子》（臺北：聯經出版事業股份有限公司，2019年）。

- 葉海煙：《莊子的生命哲學》（臺北：東大圖書股份有限公司，1990年）。

- 葉海煙：《道家倫理學：理論與實踐》（臺北：五南圖書出版股份有限公司，2016年）。

- 詹康：《爭論中的莊子主體論》（臺北：臺灣學生書局有限公司，2014年）。

- 鄭世根：《莊子氣化論》（臺北：臺灣學生書局有限公司，1993年）。

- 蒙培元：《中國哲學主體思維》（北京：人民出版社，1997年）。
- 蔣錫昌：《莊子哲學》（上海：商務印書館，1935年）。
- 劉笑敢：《莊子哲學及其演變》（北京：中國社會科學出版社，1988年2月第一版）。
- 劉書剛：《在物之間：莊子的倫理意識與語言觀念》（北京：北京大學出版社，2020年5月）。
- 樊浩：《中國倫理精神的歷史建構》（臺北：文史哲出版社有限公司，1994年）。
- 蔡仁厚：《中國哲學史》（臺北：臺灣學生書局有限公司，2009年）。
- 錢穆：《中國思想史》（臺北：臺灣學生書局有限公司，1983年）。
- 錢穆：《莊老通辨》（臺北：東大圖書股份有限公司，1991年）。
- 賴錫三：《莊子靈光的當代詮釋》（新竹：清大出版社，2008年）。
- 賴錫三：《當代新道家——多音複調與視域融合》（臺北：國立臺灣大學出版中心，2011年）。
- 賴錫三：《道家型知識分子論：《莊子》的權力批判與文化更新》（臺北：國立臺灣大學出版中心，2013年）。
- 蕭裕民：《《莊子》「心」思想研究：一個「道」「物」兼含與「心」「物」溶融之示例》（臺北：文津出版社有限公司，2013年）。
- 蕭振聲：《老子之人性論與無名思想》（臺北：萬卷樓圖書股份有限公司，2018年）。
- 戴君仁：《戴靜山先生全集（二）》（臺北：戴靜山先生遺著編輯委員會，1980年）。
- 鍾泰：《莊子發微》（上海：上海古籍出版社，2002年）。
- 鍾振宇：《道家的氣化現象學》（臺北：中央研究院中國文哲研究所，2016年）。

- 關鋒：《莊子內篇譯解和批判》（北京：中華書局，1961年）。
- 〔日〕小野澤精一、福永光司、山井涌等編著，李慶譯：《氣的思想：中國自然觀與人的觀念的發展》（上海：上海人民出版社，1980年）。
- 〔日〕池田知久著，黃華珍譯：《《莊子》——「道」的思想及其演變》（臺北：國立編譯館，2001年）。
- 〔美〕帕瑪（Richard E. Palmer）：《詮釋學》（臺北：桂冠圖書股份有限公司，1992年）。

三、期刊論文（先按「姓氏筆畫」，後按「出版時間」排列）

- 王邦雄：〈莊子系列（二）齊物論〉，《鵝湖月刊》第211期（1993年1月），頁15-28。
- 王邦雄：〈老莊道家論齊物兩行之道〉，《鵝湖學誌》第30期（2003年6月），頁43-65。
- 王邦雄：〈《莊子》心齋「氣」觀念的詮釋問題〉，《淡江中文學報》第14期（2006年6月），頁15-32。
- 王叔岷：〈論莊子之齊物觀〉，《中國文哲研究期刊》第2期（1992年3月），頁1-12。
- 王小滕：〈莊子「一」之哲理析論〉，《東華人文學報》第14期（2009年1月），頁1-37。
- 王小滕：〈莊子「變」的哲思探析〉，《東華人文學報》第18期（2011年1月），頁1-30。
- 牟宗三：〈莊子〈齊物論〉演講錄（一）〉，《鵝湖月刊》第319期（2002年1月），頁1-10。
- 吳汝鈞：〈莊子的靈台心與自然諧和論〉，《哲學與文化》第21期

（1994年8月），頁680-694。

● 沈清松：〈莊子的人觀〉，《哲學與文化》第6期（1987年6月），頁13-23。

● 沈清松：〈從「方法」到「路」——項退結與中國哲學的方法論問題〉，《哲學與文化》第32期（2005年9月），頁61-78。

● 李賢中：〈中國哲學研究方法之省思〉，《哲學與文化》卷34，第4期（2007年4月），頁7-24。

● 吳肇嘉：〈牟宗三「作用的保存」概念所蘊涵之道家認識觀〉，《耕莘學報》第9期（2011年6月），頁65-77。

● 吳肇嘉：〈《莊子‧應帝王》中「即內聖即外王」的應世思想〉，《清華中文學報》第5期（2011年6月），頁205-230。

● 吳肇嘉：〈論莊子外王思想中的「道」、「命」關係〉，《政大中文學報》第18期（2012年12月），頁139-168。

● 何乏筆：〈氣化主體與民主政治：關於《莊子》跨文化潛力的思想實驗〉，《中國文哲研究通訊》第4期（2012年12月），頁21-73。

● 林明照：〈莊子的道論與反身性〉，《哲學與文化》第10期（2010年10月），頁24-45。

● 林明照：〈外內玄合與聖王之道：郭象哲學中「應」的意涵〉，《哲學與文化》第12期（2013年12月），頁55-74。

● 林明照：〈《莊子》「兩行」的思維模式及倫理意涵〉，《文與哲》第28期（2016年6月），頁269-292。

● 林明照：〈《莊子》他者倫理中的情感性〉，《哲學論集》第49期（2018年2月），頁61-79。

● 林明照：〈論《莊子》的心、氣關係〉，《哲學與文化》第8期（2019年8月），頁57-74。

● 洪嘉琳：〈論莊子之自我觀〉，《哲學與文化》第5期（2007年5月），頁157-174。

- 陳鼓應：〈論道與物關係問題：中國哲學史上的一條主線〉，《臺大文史哲學報》第62期（2005年5月），頁89-117。
- 陳政揚：〈從戴君仁先生〈魚樂解〉試探莊子的淑世精神〉，《臺大文史哲學報》第88期（2017年11月），頁1-31。
- 姚彥淇：〈莊子「聖人無名」解〉，《成大中文學報》第33期（2011年6月），頁1-22。
- 姚彥淇：〈試論《莊子》的「神人无功」〉，《臺北市立大學學報》第2期（2019年12月），頁1-14。
- 袁保新：〈當代儒學詮釋的分化及其省察〉，《宗教哲學》第53期（2010年9月），頁127-147。
- 袁保新：〈中國哲學的特質在於主體性嗎？——試論儒學在後現代語境中的自我定位〉，《宗教哲學季刊》第62期（2012年12月），頁13-23。
- 徐聖心：〈位移・開眼・合一・反相——《莊子》論天人關係重探〉，《臺大中文學報》第57期（2017年6月），頁17-58。
- 張鼎國：〈「較好地」還是「不同地」理解？——從詮釋學論爭看經典註疏中的詮釋定位與取向問題〉，《中國文哲研究通訊》第3期（1999年09月），頁87-109。
- 畢來德：〈莊子九札〉，《中國文哲研究通訊》第3期（2012年9月），頁5-39。
- 勞思光：〈對於如何理解中國哲學之探討及建議〉，《中國文哲研究集刊》第1期（1991年3月），頁89-115。
- 曾昭旭：〈論莊子的整體存在感與人我相通感〉，《鵝湖月刊》第1期（1991年7月），頁13-16。
- 湯一介：〈中國哲學中和諧觀念的意義〉，《哲學與文化》第2期（1996年2月），頁1313-1319。
- 曾春海：〈莊子的形神觀及其依道製器之藝術實中踐觀〉，《哲學與

文化》第8期（2007年8月），頁3-19。

● 葉海煙：〈莊子齊物論的對話倫理〉，《哲學與文化》第8期（2002年8月），頁681-688。

● 楊儒賓：〈昇天、變形與不懼水火——論莊子思想中與原始宗教相關的三個主題〉，《漢學研究》第1期（1989年6月），頁223-253。

● 楊儒賓：〈遊之主體〉，《中國文哲研究集刊》第45期（2014年9月），頁1-39。

● 楊祖漢：〈孟子告子之辯的再探討〉，《鵝湖學誌》第60期（2018年6月），頁83-116。

● 鄭宗義：〈知識、思辨與感觸——試從中國哲學研究論牟宗三先生的方法論觀點〉，《鵝湖學誌》第18期（1997年6月），頁23-52。

● 潘小慧：〈從「君子和而不同」談和諧的多元整全意涵——以先秦儒家典籍為主軸〉，《哲學與文化》第37期（2010年7月），頁165-178。

● 劉榮賢：〈從《莊子》之「遊」看黃老天德觀念的形成與發展〉，《興大中文學報》第29期（2011年6月），頁77-93。

● 劉振維：〈論《莊子》書中「情」字蘊義與情感議題〉，《朝陽人文社會學刊》第9卷第2期（2011年12月），頁151-178。

● 劉滄龍：〈自然與自由——莊子的主體與氣〉，《國立政治大學哲學學報》第35期（2016年1月），頁1-36。

● 劉滄龍：〈「內在他者」——論莊子思想中「生命的有限性」與「實踐的可能性」〉，《清華學報》第2期（2019年6月），頁267-292。

● 潘君茂：〈就不欲入，和不欲出：《莊子·人間世》倫理觀及〈齊物論〉形上依據〉，《中正漢學研究》第37期（2021年6月），頁221-248。

● 潘君茂：〈乃若其情，則可以為善矣——「情」作為《孟子》道德判斷的優先性〉，《輔仁中研所學刊》第41期，2021年5月，頁57-84。

- 潘君茂：〈儒、道二家論遊比較——以《論語》「游於藝」與《莊子》「遊刃有餘」為對舉〉，《淡江中文學報》第41期（2019年12月），頁277-304。
- 蕭裕民：〈論《莊子》的「德」字意涵——個別殊異性〉，《高雄師大學報》第18期（2005年6月），頁149-161。
- 賴錫三：〈身體、氣化、政治批判——畢來德《莊子四講》與〈莊子九札〉的身體觀與主體論〉，《中國文哲研究通訊》第3期（2012年9月），頁59-102。
- 賴錫三：〈《莊子》的物化差異、身體隱喻與政治批判〉，《臺大中文學報》第40期（2013年3月），頁55-100。
- 賴錫三：〈《孟子》與《莊子》兩種氣論類型的知識分子與權力批判〉，《清華學報》第1期（2013年3月），頁1-52。
- 賴錫三：〈《莊子》精、氣、神的工夫和境界——身體的精神化與形上化之實現〉，《漢學研究》第2期（2014年12月），頁121-154。
- 賴錫三：〈《莊子》的養生哲學、倫理政治與主體轉化〉，《中國文哲研究集刊》第47期（2015年9月），頁49-90。
- 賴錫三：〈《莊子》的他者倫理——以〈德充符〉的文學書寫為例〉，《東華漢學》第30期（2019年12月），頁1-52。
- 鍾振宇：〈批判的氣論——莊子氣論之當代開展〉，《中國文哲研究通訊》第23卷第4期（2013年12月），頁139-167。
- 鍾振宇：〈莊子的形氣主體與無用的共通體——由楊儒賓的思考出發〉，《中國文哲研究通訊》第4期（2017年3月），頁55-69。
- 顏銘俊：〈辨析「氣」概念在《莊子》哲學中的意涵面向〉，《彰化師大國文學誌》第30期（2015年6月），頁107-147。

四、學位論文（按「畢業年度」排列」）

● 張安東：《莊子天道思想之研究》（臺北：中國文化大學哲學所碩士論文，1985年）。

● 金白鉉：《莊子哲學中「天人之際」研究》（臺北：輔仁大學哲學所博士論文，1986年）。

● 張云瑛：《莊子天人思想探究》（嘉義：南華大學哲學所碩士論文，2002年）。

● 林世永：《老子和諧思想之研究》（嘉義：南華大學哲學所碩士論文，2008年）。

● 吳肇嘉：《莊子應世思想研究》（桃園：國立中央大學中文所博士論文，2008年）。

● 張百文：《《莊子》和諧觀》（高雄：國立高雄師範大學經學所碩士論文，2008年）。

● 胡筱嵐：《老、莊「和」思想之研究》（臺北：中國文化大學中文所碩士論文，2009年）。

● 陳文彬：《莊子身心靈和諧觀之研究——以內七篇為中心》（嘉義：南華大學哲學與生命教育所碩士論文，2011年）。

● 廖于萱：《莊子的感通倫理》（臺北：國立臺灣師範大學國文學系碩士論文，2019年）。

國家圖書館出版品預行編目(CIP) 資料

達人心,達人氣：<<莊子>>心氣關係交涉中的和
　諧思想辯證/潘君茂著. -- 初版. -- 臺北市：
　元華文創股份有限公司, 2024.07
　　面；　公分

　　ISBN 978-957-711-386-3 (平裝)

　　1.CST: 莊子2.CST: 研究考訂

　121.337　　　　　　　　　　　　　113008904

達人心，達人氣：
《莊子》心氣關係交涉中的和諧思想辯證

潘君茂　著

發 行 人：賴洋助
出 版 者：元華文創股份有限公司
聯絡地址：100 臺北市中正區重慶南路二段 51 號 5 樓
公司地址：新竹縣竹北市台元一街 8 號 5 樓之 7
電　　話：(02) 2351-1607　　傳　　真：(02) 2351-1549
網　　址：www.eculture.com.tw
E-mail：service@eculture.com.tw
主　　編：李欣芳
責任編輯：陳亭瑜
行銷業務：林宜葶
出版年月：2024 年 07 月 初版
定　　價：新臺幣 550 元

ISBN：978-957-711-386-3 (平裝)

總經銷：聯合發行股份有限公司
地　址：231 新北市新店區寶橋路 235 巷 6 弄 6 號 4F
電 話：(02)2917-8022　　　　傳　真：(02)2915-6275